Classical Thought
A History of Western Philosophy : 1

古典思想

牛津西方哲学史（第1卷）

［英］特伦斯·欧文（Terence Irwin）著
张卜天 宋继杰 译

中信出版集团｜北京

图书在版编目（CIP）数据

古典思想：牛津西方哲学史.第1卷/（英）特伦斯·欧文著；张卜天，宋继杰译. -- 北京：中信出版社，2023.9
书名原文：Classical Thought - A History of Western Philosophy : 1
ISBN 978-7-5217-5792-7

I. ①古… II. ①特… ②张… ③宋… III. ①西方哲学－哲学史 IV. ① B5

中国国家版本馆 CIP 数据核字（2023）第 115843 号

Classical Thought by Terence Irwin
Copyright © Terence Irwin, 1989
Classical Thought was originally published in English in 1989. This translation is published by arrangement with Oxford University Press. CITIC Press Corporation is solely responsible for this translation from the original work and Oxford University Press shall have no liability for any errors, omissions or inaccuracies or ambiguities in such translation or for any losses caused by reliance thereon.
Simplified Chinese translation copyright © 2023 by CITIC Press Corporation
ALL RIGHTS RESERVED
本书仅限中国大陆地区发行销售

古典思想：牛津西方哲学史（第1卷）

著者：　　　[英]特伦斯·欧文
译者：　　　张卜天　宋继杰
出版发行：中信出版集团股份有限公司
　　　　　（北京市朝阳区东三环北路 27 号嘉铭中心　邮编　100020）
承印者：　嘉业印刷（天津）有限公司

开本：880mm×1230mm 1/32　　印张：9.5　　字数：221千字
版次：2023年9月第1版　　印次：2023年9月第1次印刷
京权图字：01-2023-3042　　书号：ISBN 978-7-5217-5792-7
定价：78.00 元

版权所有·侵权必究
如有印刷、装订问题，本公司负责调换。
服务热线：400-600-8099
投稿邮箱：author@citicpub.com

序　言

本书是为那些对希腊罗马世界的哲学家或其文学历史背景知之甚少或完全不知的读者而写的。当然，我也希望它会对正在上希腊哲学课的学生和教师有所帮助。这些读者或多或少会从中得到他们所期待的东西。第二章到第四章并未涵盖人们通常设想的所有那些"前苏格拉底哲学家"，倒是涵盖了值得早期希腊哲学初学者进一步研究的一些作者和问题。第五章到第七章用了很大篇幅来讨论柏拉图和亚里士多德，但又试图避免让他们占据主导。第八章到第十一章希望让读者对亚里士多德之后哲学中的变化和延续有所了解。

书中引用了一些古典作家作品的译文。读者应当注意，有时一个省略号可能就暗示略去了许多原文。我用尖括号〈　〉来补充原文中未曾表达但明确想要表达的词语。我用方括号［　］来表示解释性的插入语，它们本来并非译文的组成部分。在注释中，有时出现在作者名字前后的方括号表示伪造或存疑的著作。

我并未提供一份系统性的历史概要，但我试图在文中合适的间隔处给出主要哲学家的年代，它们与所引其他作者的年代在索引中重复出现。显然，许多哲学家的年代是不准确或不可靠的，或者既不准确又不可靠。[*fl.*（=*floruit*）即"盛期"，意指有某些明确的证据表明某人活跃于给定的年份。]通常，我只在似乎有可能出现混乱的地方才给年代加注"公元前"（BC）或"公元"（AD）。

　　由于本书部分地源于我自己在这一领域的教学尝试，我得益于许多本科生趣味盎然、深思熟虑的问题和评论，以及与詹妮弗·怀廷（Jennifer Whiting）、亨利·纽厄尔（Henry Newell）、戴维·布林克（David Brink）和苏珊·索韦（Susan Sauvé）等同仁的有益讨论。盖尔·法恩（Gail Fine）持续不断的大量批评和建议大大改进了本书前几稿的质量。出版社的审读者们也对后来几稿做了有用的评论。我特别荣幸地把这本书献给格雷戈里·弗拉斯托斯（Gregory Vlastos）。

T. H. 欧文
康奈尔大学
伊萨卡，纽约
1988 年 1 月

1996 年重印说明

我修改了注释和参考书目，以包括最近的一些出版物。

目　录

第一章　导　言　1
　　一、范　围　1
　　二、时　期　2
　　三、问　题　3
　　四、资　料　5

第二章　荷　马　7
　　一、荷马的重要性　7
　　二、理想的人与理想生活　8
　　三、自我与他人　10
　　四、优先性　11
　　五、荷马伦理学中的困难　13
　　六、诸神与世界　15
　　七、诸神与道德理想　17
　　八、宙斯与世界秩序　18
　　九、荷马史诗中的主要困难　20

第三章　自然主义运动　23
　　一、自然主义观点　23
　　二、自然作为质料　24
　　三、对自然的构想　26
　　四、变化与稳定　27
　　五、自然与历史　30
　　六、自然与医学　32
　　七、方法问题　34
　　八、一般法则　37
　　九、理性与论证　39
　　十、伦理学　40
　　十一、诸　神　44

第四章　对自然主义的怀疑　49
　　一、各种倾向　49
　　二、悲剧与自然主义　50
　　三、超越自然主义　53
　　四、现象与自然　54
　　五、自然与目的　57
　　六、自然与宇宙正义　59
　　七、自然主义与人性　60
　　八、关于自然主义历史的问题　63
　　九、自然主义的某些影响　64
　　十、彻底的怀疑　66
　　十一、惯例、真理与实在　67
　　十二、怀疑论、约定论与道德　69
　　十三、政治紧张　70
　　十四、政治辩论的发展　71

十五、实践结果　73

十六、尚未解决的问题　75

第五章　苏格拉底　77

一、苏格拉底受审　77

二、苏格拉底的申辩　80

三、苏格拉底的假设　81

四、苏格拉底的论证　84

五、道德与宗教　86

六、道德的统一性　89

七、正义问题　90

八、对苏格拉底的理智上的误解　93

第六章　柏拉图　97

一、苏格拉底和柏拉图　97

二、苏格拉底的论证理论　98

三、探究与回忆　100

四、知识与信念　101

五、关于苏格拉底式定义的理论　103

六、感　觉　105

七、关于理型的问题　106

八、关于苏格拉底式知识的理论　108

九、柏拉图对怀疑论的回应　111

十、灵魂与身体　113

十一、灵魂与自我　114

十二、正义问题　115

十三、理性与欲望　117

十四、对正义的辩护　118

十五、美德与哲学　119
　　十六、知识、道德与政治　122
　　十七、知识与自由　125
　　十八、宇　宙　127
　　十九、对柏拉图的误解　129
　　二十、柏拉图的意义　132

第七章　亚里士多德　135
　　一、亚里士多德和他的前辈　135
　　二、观察与经验　136
　　三、哲学论证　139
　　四、自然与变化　140
　　五、形式与质料　143
　　六、原　因　145
　　七、自然与形式　147
　　八、灵魂与身体　149
　　九、二元论与唯物论　151
　　十、人的善好　152
　　十一、幸福与美德　156
　　十二、美德与他人的善好　158
　　十三、伦理与社会　159
　　十四、伦理与自足性　161
　　十五、亚里士多德的意义　163

第八章　伊壁鸠鲁主义　167
　　一、希腊化世界　167
　　二、伊壁鸠鲁：一般目标　169
　　三、怀疑论的挑战　171

四、诉诸感觉　173
五、感觉与科学　175
六、原子论与灵魂　177
七、诸　神　178
八、必然性与自由　179
九、快乐、幸福与美德　182
十、关于伊壁鸠鲁主义伦理学的问题　184
十一、体系的融贯性　186

第九章　斯多亚主义　189
一、斯多亚主义体系　189
二、标准的问题　190
三、自然、形式和质料　192
四、自然与世界秩序　194
五、决定论与自由　196
六、自然、幸福和美德　199
七、自我与社会　202
八、斯多亚派的超然　204
九、自我与宇宙　207
十、结　论　208

第十章　普罗提诺　213
一、柏拉图主义的复兴　213
二、普罗提诺的宇宙　214
三、形式和质料　215
四、灵　魂　217
五、理　智　219
六、太　一　220

七、从太一中流溢　　223
　　八、质料与恶　　225
　　九、灵魂与自我　　226
　　十、普罗提诺的意义　　229

第十一章　基督教和希腊思想　　231
　　一、引　言　　231
　　二、早期基督教　　233
　　三、基督教的道德教诲　　234
　　四、人　性　　236
　　五、基督的工作　　237
　　六、基督的位格　　240
　　七、神的教义　　242
　　八、奥古斯丁和他的环境　　244
　　九、摩尼教的二元论　　245
　　十、对摩尼教徒的批判　　246
　　十一、新柏拉图主义　　248
　　十二、新柏拉图主义与基督教　　249
　　十三、奥古斯丁的最后观点　　250

注　释　　253
参考文献　　281
译者后记　　289

第一章
导　言

一、范　围

本书介绍了从荷马到圣奥古斯丁的大约 1100 年里古典思想中一些有哲学趣味的议题。因此，它主要关注希腊哲学（也就是用希腊语表达的哲学思想）及其直系后裔。

本书的出发点并不是随意选择的，因为荷马的诗歌属于最早的希腊文学作品，对后来的古典思想产生了深远影响。对终点的选择则要随意得多。奥古斯丁于公元 430 年去世，此时正值（说拉丁语的）西罗马帝国崩溃。古典哲学传统在（说希腊语的）东罗马帝国和阿拉伯国家得以延续，直至被重新引入西欧；令人遗憾的是，部分帝国的衰落标志着哲学史上的一次重要中断。不过，将奥古斯丁视为中世纪哲学的开端并非完全错误；如果本书在他那里终止，我们就会对哲学在后来几个世纪里的走向有一个合理的看法。[1]

要对古典思想中所有主要哲学家和哲学议题做出概述，要么需要鸿篇巨制，要么需要大大压缩，而我并不试图无所不包。我略去了一些主要的前苏格拉底哲学家、柏拉图的大部分后期对话、怀疑论的许多内容、斯多亚派更具技术性的学说，以及整个古代逻辑学。[2] 另一方面，我讨论了一些并非哲学家的作者。在前三章中，我这样做是为了说明有哪些问题和论证使哲学得以产生。在最后一章中，我就基督教思想发表看法是为了暗示古典哲学的一个重要影响。在这些情况下，我始终铭记有些读者是在缺乏古典历史文学背景的情况下来了解古典哲学家的。不过，我已就古典思想的一些并非严格哲学的方面给出了一幅非常不完整的图像。医学、数学、天文学、动力学、地理学、历史、语法、文学批评，所有这些都在古典世界中得以发展，而且常常与哲学的发展紧密联系在一起。哲学与这些学科之间的相互影响（无论好坏）在本书中只是偶尔得到关注。[3]

我并不试图涵盖所有这些话题和哲学家，而是试图详细讨论一些问题，以显示它们的一些趣味和意义。读者无须广泛阅读艰深的文本，就能有效地思考我所选择的话题。引入正确问题的最佳方式常常是提出反驳和批评。我这样做是为了向读者暗示方向，而不是告诉他们应当怎样想，或者某个议题的每一方可以说些什么。评论旨在激发思考，而不是给出结论。

二、时 期

我们怀着适当的谨慎来处理时期之间的随意划分，不妨将古典哲学初步划分为四个时期。

思辨哲学（第二章至第四章）。苏格拉底之前的哲学是通过前苏格拉底自然主义者们相继建立的一个个思辨体系发展起来的。其中许多思想家都就世界的本性和起源提出了非常一般的观点；他们有时回想起关于诸神的神话，有时似乎又是原始的自然科学家。

批判哲学（第五章至第七章）。苏格拉底、柏拉图和亚里士多德把哲学建构成一门迥异于神话和经验科学的学科，关注的是知识与道德的基础。

系统哲学（第八章至第九章）。斯多亚派和伊壁鸠鲁派用前苏格拉底的、柏拉图的和亚里士多德的材料自觉地构建出若干哲学体系，将单独一组原理应用于有关知识、自然和道德的问题。

超验哲学（第十章至第十一章）。柏拉图主义在后来的古典世界中的复兴，使哲学家的注意力从理解可观察的实在转向了寻求关于不可观察的超感觉之物的知识。这种看法使后来的柏拉图主义成为基督教神学的天然伙伴。

这些划分过于粗糙，不能看得太认真。除了第一个时期与第二个时期之间的区分，所有区分都没有任何明确的古代权威；亚里士多德坚持这一区分，（正如我们稍后会看到的，）我们有很好的理由同意他的看法。其他区分则远非那么清晰，但表明了关于哲学家在不同时期的态度与假设的一般想法。

三、问 题

如果本书的各个主题非常紧密地联系在一起，那么本书的目标将无法达到。因为希腊哲学的部分趣味在于某些哲学家相对独立于他们的前辈，以及在不同时代进入哲学范围的广泛问题。特别是，柏拉图与亚里士多德之所以重要，主要是因为他们提出了新的哲学问题，找到了新的哲学探索领域；当然，他们也回答了老问题，但这是次要的。出于诸如此类的理由，试图在这一阶段定义哲学问题或哲学论证将是错误的；最好是观察哲学思考的发展,看看是什么成了这种思考的典型特征,以及为何如此。不过,我还是选择了一些主要论题并在某种程度上集中于它们,以便展示贯穿于整个古典思想史的某些相互联系且连续的论证。

知识论。最早的哲学家们试图认识和理解世界,他们很快便提出了关于我们的知识来源,以及观察与理论或者感知与推理作为知识来源孰轻孰重的问题。知识来源问题促进了知识论,而对于知识可能性的怀疑则激起了怀疑论的回应。

形而上学。理解世界与发现自然法则有关,并且迫使我们追问如何才能将对自己的看法纳入对其余自然的理解。关于自然过程的科学理论有时似乎并没有给我们关于自己是有意识的、理性的、负责任的能动者的信念留出余地。有关人的意识与能动性在一个受物理定律支配的宇宙中的地位问题引出了关于身体与心灵的问题,以及因果关系与自由意志的问题——这是形而上学(对实在本性的探究)的两个核心问题。

伦理学。哲学家们既寻求从理性上理解自然,也寻求从理性上理解道德。他们希望找到一些合理的原则来指导人的行为,并且证明社会政治结构是正当的。苏格拉底及其继承者们争论如何正确地论述一个人的善,一个人自己的善与他人的善之间的关系,以及自我利益与道德之间的关系。他们试图提出一个批判性的道德体系,以表明我们未经反思的道德信念中有哪些是真的,以及如何纠正这些信念。

神学。最早的哲学家们的关切类似于宗教与神话的关切——理解世界的起源和本性,以及我们在世界中的位置。古典哲学在不同阶段都对宗教看法提出了挑战,独立于宗教向前发展,并试图将传统宗教吸收到理性神学中。奥古斯丁表明了后来希腊哲学中的一场运动如何渐渐接受了基督教的主张,并且形成了基督教神学。哪种对待宗教的态度可以算作哲学的进步或衰落——哲学是否应当试图捍卫、批判、忽视或削弱宗教观点的全部或部分主张，这仍然是一个悬而未决的问题。

虽然区分这些不同的哲学研究领域不无裨益，但不应让人觉得这些领域彼此之间无甚关联，或者每一位哲学家都对这些领域如何关联持相同的看法。本书接下来的内容将会力图消解任何这样的印象。

四、资　料

读者若想比本书更深入地考察古典思想，可以参阅注释。这些注释给出了我所依赖的某些文本，因此有助于读者自己去查阅原文。我引用的证据不仅涉及对各位哲学家的论述，而且涉及有关历史背景或政治背景的某些要点，所以读者也可以参考这些资料。我引用的所有哲学文本以及几乎所有非哲学文本都有英文翻译。[4]

本书对现代书籍和文章的提及具有高度的选择性，所引用著作的难度和专业性也千差万别。它们并不旨在系统审视二手文献，且对不同主题的覆盖程度是不同的，因为某些主题引出了更多有趣的工作。参考文献旨在向读者介绍对本书所包含主题的某些更有趣的讨论，或者与我不同的观点，或者对我只是简要提及的问题的讨论。[5]

第二章

荷　马

一、荷马的重要性[1]

最早的希腊哲学家之一克塞诺芬尼（Xenophanes，公元前580—前480）解释说，他批评荷马是因为"从一开始，人人都依照荷马来学习"[2]。他正确地指出，荷马（Homer，盛期约在公元前750年）获得了独一无二的权威性。因为希腊人没有对应于《圣经》或《古兰经》那样的经典，但他们拥有《伊利亚特》和《奥德赛》这两部被归于荷马的长诗。[3]这两部诗作并非权威性的文本，无法免于批评或由经过授权的诠释者予以阐释，也不构成任何宗教体系的正式教义标准。但它们仍然与《圣经》相似，因为许多有教养的希腊人都学习荷马的诗歌；荷马时代之后1000多年，奥古斯丁仍会学习这些诗歌。雅典人聆听这些诗歌被当众吟诵。一位把荷马引作道德权威的演说家这样评论道：

> 你们的祖先认为他是一位非常卓越的诗人，因此通过一项法律，规定每隔四年，应当让吟诵者在泛雅典娜节上表演他的作品，所有诗人中只有他获此殊荣。[4]

关于诸神及其与人类的关系，许多希腊人都从荷马那里汲取了（并不总是有意识地）他们观念中核心而有影响的要素，以及在遭到彻底批判之后仍然很有影响的一种道德观点和理想。

因此毫不奇怪，后来的哲学家常常会引用和提及荷马。[5] 他不总是充当权威；事实上，他有时会成为靶子，因为有思想的希腊人会攻击和挑战他的道德和宗教观点。[6] 要想认清他们认为应当挑战什么，我们也应从荷马开始。

荷马可能生活在公元前 7 世纪中叶，也许比希腊哲学思考的开端早 150 年左右。他可能生活在西亚的一个希腊人地区爱奥尼亚（Ionia），希腊哲学正是从那里发端的。[7] 他以叙事诗而不是哲学论证来提出他的观点（或者他的诗歌中表达的观点），但这些观点既不原始，也并非无理。如果我们看到这些观点为什么可以合理地诉诸常识和经验，我们就会知道早期哲学家为何会认为有必要对作为合理信念来源的常识和经验提出质疑。

二、理想的人与理想生活

荷马的道德观点最容易从它对理想的人的构想来理解。《伊利亚特》的主要角色是昔日的英雄，他们的善（好，goodness）、卓越（excellence）或美德（virtue）——翻译希腊词 *aretê* 的三种方式——在荷马那个时代是无可匹敌的。但荷马所认为的善并不是我们最可能想到的那种东西。

有些善是超出一个人的控制的。好人必定出生在一个好家庭，他自己必须富有和强壮。荷马指出，一个人在成为奴隶的当日就丧失了一半的善。虽然荷马并未考虑那些赢得财富而没有高贵出身的人，但认同其看法的那些人拒绝承认这样的人是真正善的。一个人的善当中世袭的、社会的和物质的成分是如此重要，以至于如果拥有它们，即使你行为恶劣，也仍然是一个好人。逃避责任的帕里斯（Paris）未能做出好人的行动，但仍然是一个好人，因为他满足善的其他条件。就此而言，一个人的善不在其控制之中。[8]

然而，善的某些方面的确在他的控制之中，他被期望在行动中，特别是勇士和领袖的行动中表现出卓越性。好人以战斗见长，其典型美德是力量、技巧和勇气。他天生就占据着社会中的领袖地位，享有大量社会资源，并且拥有所需的美德来保护其地位免受攻击。因此他被期望胜过他人。阿喀琉斯（Achilles）的父亲把他送到特洛伊，让他"总是做得最好，胜过他人"；而且和其他主要角色一样，阿喀琉斯也试图在品质和行动上表现卓越。阿喀琉斯是"亚该亚人（Achaeans）当中最好的"，这首先是因为他在这些美德上表现杰出，阿喀琉斯的父亲要他胜过他人时想到的正是这些美德。自卫也需要睿智来酝酿计划，需要技巧来说服他人合作以执行计划。但与勇士的美德相比，这些美德是次要的。

卓越人物的特征可以从他想要达到的目标类型上看得更清楚。在引出《伊利亚特》主要情节的冲突中，阿喀琉斯与阿伽门农（Agamemnon）发生了争吵，因为阿伽门农夺走了阿喀琉斯的战利品、美女布里塞伊斯（Briseis），这样便貌视了阿喀琉斯的荣誉。荷马所设想的荣誉（timê）首先包括他人的良好意见，其次包括物质的和社会的"荣誉"，它同时是这种意见的原因和结果。就英雄主要关注他自己的成功和名誉而言，他是个人主义的；他所追求的首先不是包括他人或整个社会的善的某种集体目标。另一方面，就他必须关注控制着他所追求的善的人的良好意见而言，他也是他人取向的。此外，正如亚里士多德所指出的，英雄必须尊重而不仅仅是操纵他们的意见,因为这种意见界定了使目标值得他去追求的价值。[9]

三、自我与他人

我们会发现,荷马对一个好人的构想非常令人惊讶。如果我们认为一个人比另一个人更好,或者希望自己比现在更好,大多数人不会首先想到荷马式的美德。我们常常认为,好人是善待他人的人。类似地,在荷马的伦理学中,英雄也被期望关心他人的利益,但英雄对他人的关心之本质和界限并不是我们所期望的东西。

英雄当然并非对他人漠不关心。事实上,《伊利亚特》中的许多情节都源于某些人对他人利益的关切。忒提斯(Thetis)关心她的儿子阿喀琉斯,赫克托尔(Hector)关心他的妻子安德洛玛刻(Andromache)和儿子阿斯蒂阿纳克斯(Astyanax),而阿喀琉斯则关心他的朋友帕特洛克罗斯(Patroclus)。关心的对象也不仅限于个人。有的时候,在某个合作项目中,人们也会关心所属群体的福祉。对于希腊领袖来说,这一群体就是希腊军队,其集体意见一致认为,阿喀琉斯和阿伽门农都应受到谴责,因为他们无视军队的福祉,为自己的荣誉而进行私人争吵。类似地,在试图说服阿喀琉斯放弃争吵时,奥德修斯(Odysseus)诉诸群体的共同利益。对于特洛伊人来说,共同的善就是他们城邦的善。赫克托尔向他们强调这种关切的重要性,并且亲自展示了这种关切。[10]

一个拥有更大力量和更高权力的英雄会有一些不及他的人依赖于他,他被期望保护这些人。他们通常会合理地期待他的帮助。一个好国王,比如奥德修斯,关心其人民的福祉。一个好丈夫,比如赫克托尔，关心他的妻子。阿喀琉斯做了人们期待更大的英雄要做的事，关心照料他的侍从、朋友帕特洛克罗斯。

除了对特定人物在与英雄的特定关系中的这些特定期望，人们一般期望英雄能被共同的人类情感所打动。帕特洛克罗斯指责阿喀琉斯对希腊人的苦难漠不关心，不仅因为阿喀琉斯是远征军的一分子，而且因为希腊人的苦难正是源于他的行动。阿喀琉斯在杀死赫克托尔以及侮辱他的尸体时，显示出同样冷酷无情的漠不关心。他与赫克托尔的父亲普里阿摩斯（Priam）会面时最终放弃了这种态度：此时他想起了自己的父亲，理解了普里阿摩斯的情感并为之感动。惯常的恳求行为部分地依赖于这种针对某位求助者的同情。如独眼巨人那样缺乏人类情感者，更像野兽而不像人。——事实上，甚至连独眼巨人也对他的动物有这样的情感。[11]

因此，他人的利益对英雄来说是重要的。如果英雄像阿喀琉斯那样对这些利益漠不关心，他就会受到批评。然而，英雄对这些利益的态度并不是他的善的一个显著部分。阿喀琉斯虽然自私地对他人漠不关心，但并未因此失去任何英雄美德；他仍然是亚该亚人当中最好的，没有人认为他自私的漠不关心会损害他那善的声誉。然而，如果他被海盗俘虏并且卖作奴隶，他就会失去一半美德。对这种漠不关心的批评仍然相当温和，因为与一个人的善的主要成分相比，自私的漠不关心仅是一个小缺点。

四、优先性

《伊利亚特》从不同的观点澄清了他人的利益这一次要地位。首先，对于英雄的首要目标来说，对他人的某些关切是纯粹工具性的。一个勇士的成功常常依赖于其战友的合作。一个英雄若能既保护他自己，又保护其侍从，他的权力和力量便得到了最有效的彰显。由于这种对他人的关切相较于他对自己荣誉的关切是工具性的，所以当他人的利益与他自己荣誉的要求相冲突时，他没有理由去关心他人的利益。

然而，英雄对他人的所有关切似乎并非都是纯粹工具性的。不难看到，与战友的合作和对侍从的保护如何促进了英雄的首要目标。然而，要想仅仅通过工具性价值来解释基于共同人类情感的态度或为之做辩护，却并非易事。而且，这些态度即使不是纯粹工具性的，也绝对是次要的。人们期望英雄显示出对他人的关切，但从未期望英雄因此牺牲他自己的任何权力或地位。因此，没有人批评阿喀琉斯第一次撤出战斗；事实上，其他希腊领袖大都认为他们应当向阿喀琉斯提供补偿。他确实因为拒绝接受希腊领袖代表所提供的补偿而受到批评（第九卷），但没有人认为他不像以前那样善，或那样配得上荣誉了。他重回战斗并非因为关心其他希腊人，而是因为帕特洛克罗斯被杀了。他关心帕特洛克罗斯的死甚至不是因为帕特洛克罗斯自身，他所悔恨的乃是他因未能保护其侍从而显示出的软弱。

在荷马史诗的英雄中，赫克托尔最能意识到他人的主张，特别是他的家庭和城邦的主张。然而，他的首要动机与阿喀琉斯完全相同。赫克托尔两次选择避免使自己感到耻辱和蒙羞，即使他的行动会危害其家庭和城邦。他承认，倘若自己退却，特洛伊将会受益，但他理所当然地认为，而且没有人反驳他，荣誉和羞愧感要求他不屈服，面对阿喀琉斯，他甘愿赴死。在不得不做出最残酷的选择时，赫克托尔表明他受到了荷马史诗中首要动机和美德的促动。[12] 如果认为自私的人希望牺牲他人、保全自己，我们也许不情愿说他自私，但他对他人的利益的确惊人地漠不关心。

因此，对于荷马史诗中的英雄来说，他人的利益常常是重要的，但确实总是次要的。事实上，这些利益与首要美德相比微不足道，以至于一个人的善恶最终只取决于首要美德，而与他对他人的关切完全无关。

五、荷马伦理学中的困难

荷马史诗的观点给接受这种观点的人造成了冲突。有些冲突出现在个人身上。他不得不让自己关于目标和利益的观念去适应那些可以给他带来荣或辱的人的要求。如果他人赞同他的目标，这也许不会造成冲突。但不同人的不同目标可能会造成一个人的目标与他人所认可的行动之间的冲突。在这样的冲突中，一个人不能要求遵循自己的价值观而不顾他人的期望；因为他的价值观认为最重要的就是他人的认可，如果他未受他人看法的指引，他便违反了自己的价值观。

阿喀琉斯所表明的正是这种坚持己见与符合他人要求之间的冲突。他为荣誉而与阿伽门农竞争，阿伽门农因为夺走了布里塞伊斯而赢得第一回合；但倘若接受阿伽门农提供的补偿，阿喀琉斯本应赢得第二回合。在这一点上，阿喀琉斯似乎完全摆脱了通常情况下英雄对他人看法的依赖。他自称满足于过一种没有荣誉的、默默无闻的生活，因为荣誉是不稳定和短暂的，在一个人死后也不会有多大影响。然而事实表明，阿喀琉斯并不像他声称的那样独立和自我导向。帕特洛克罗斯之死所带来的羞愧感迫使他回到战场，即使他知道这样会导致他失去生命。[13]

荷马式的伦理学不仅给个人造成了这些冲突，而且也在社会中造成了冲突。因为它使每一个成员都有理由做出不利于整个社会的行动。既然英雄都追求自己的荣誉，并且在与他人的竞争中看到了赢得荣誉的合理机会，所以英雄不愿避免竞争；但是当人人都容忍这一体系时，它可能对每个人都是坏的。

如果英雄的道德甚至对于从中获益最多的英雄们来说都是坏的，那么对于英雄的社会下属来说，它就更坏了。在英雄追求自己的荣誉所设定的限度内，他们可以期望英雄的保护，但毋宁说，这些限度使英雄成了不可靠的保护者。假设我是一个英雄，正在就一项法律诉讼进行裁断，它涉及我的一个贫穷侍从和一个与我社会地位相当的富人。倘若与这位上等人结盟更有利于我的地位和荣誉，我看不出有什么理由应当做出有利于这个穷人的判决。我将是一位不可靠的保护者，一如阿喀琉斯之于帕特洛克罗斯，或者赫克托尔之于他的家庭和城邦，因为很容易想象这样的情境：面对凌驾一切的荣誉要求，保护者的职责不得不退居第二位。英雄的骄傲和自尊要求他去追求英雄的美德，并且在追求不到时感到羞愧。

荷马并没有在《伊利亚特》中显示荷马伦理学的这一推论。它在《奥德赛》中，特别是在珀涅罗珀（Penelope）的追求者的行为中，更接近于显露出来。他们自私的寄生行为对于整个集体来说都是坏的；但从某种观点看来，这种行为显然是英雄式的，因为它使那个与珀涅罗珀结婚的幸运儿有可能在荣誉与地位上获得丰厚回报。与荷马近乎同时代的诗人赫西俄德（Hesiod）却揭示了荷马式道德的反社会方面。像荷马一样，他也承认过去有一个英雄时代；但在他自己的时代，他目睹了"吃贿赂的国王"在法律上欺骗穷人。荷马史诗中的英雄与赫西俄德的吃贿赂的国王相去并不遥远。即使荷马并不倡导赫西俄德所抨击的腐败行为，他自己的道德观点似乎也证明这种行为是正当的。[14]

荷马基本上忽视了作为荷马式道德牺牲品的非英雄阶层遵奉这种道德所产生的后果。他只是在《伊利亚特》的一个片段中关注了这些后果。忒耳西忒斯（Thersites）是一个粗鲁而自信、难以管束且可憎的暴民煽动者，这类似于某些人对工会领袖的偏见。他提出了一个反对国王及其观点的出色论证，谴责他们是自私的寄生虫，浪费了社会资源。技艺高超的辩论者奥德修斯回应了他，但这一次奥德修斯不是依靠辩论技巧，而是依靠强行压制。荷马并不是赞成这样对待没有自知之明的粗野之人所提出的颠覆性论证的最后一个保守派，也不是把较低阶层描述为同意给那些抱怨比自己地位高的人这种对待的最后一个。

荷马式道德的捍卫者也许会争辩说，尽管这种道德会对某些人产生不便后果，但从整体上看，它对于一个容易受到外部攻击的不稳定的社会来说是最好的；作为战士和保护者，荷马史诗中的英雄似乎会对他的社会起到有益的作用。这是一种软弱的辩护，其软弱暴露了诉诸社会制度在社会中的正面作用为社会制度进行解释和辩护的一般缺陷。即使需要某种辩护，为什么荷马史诗中的英雄就应当是唯一的或更可取的辩护手段呢？而且，如果他对争吵和战争并非那么投入，他的服务还会被如此需要吗？他自己的价值观帮助创造的社会条件使这些价值观看起来很合适。[15]

六、诸神与世界

当时西亚神话（以及希腊神话）的某些最惊人的方面很少显示于荷马史诗中。在这些神话中，诸神非常密切地对应于自然力，有时甚至似乎与之等同；他们部分是人，部分是动物，常似怪物，可用祭品和魔法来讨好、安抚。在赫西俄德的著作中，我们可以看到一些这种观点（虽然是以相当复杂的方式），而在荷马史诗中则出现很少。就连《奥德赛》中的巨人、巫师以及神话传说中的其他造物，也相当人性和常见。[16]

荷马之所以使诸神富于人性，是因为他想让诸神变得可理解，从而使事件变得可理解。如果面对的是一个半人半兽的怪物，我们就很难知道应当期望它什么，或者它会对不同种类的对待做何反应。一般来说，人要更容易理解。如果我们知道某人是勇敢的，珍视自己的荣誉，献身于自己的家庭，等等，那么在通常情况下，我们会期望他的行为能多多少少适合于某个持这种观点并处于这种情况之下的人。具有固定目标的理性行动者是可预测和可信赖的。

这便是荷马对诸神的构想。诸神并非由魔法或祭品来操纵的机械装置。虽然他们确实关心祭品，但他们并不严格或机械地受制于祭品。雅典娜在以反特洛伊为坚定目标时，不会为祭品所动；倘若祭品果真有某种自动的机械效应，她就会就范。宙斯决定他会准许阿喀琉斯的多少祈求。赫拉、阿芙洛狄特、波塞冬和雅典娜在这两部史诗中都有固定的、可理解的目的。因此，自然力不是随意发出的，而是源于诸神的固定目标和意图。荷马在自然过程中寻求规律性、法则和秩序，他所开启的探索支配着希腊且不仅是希腊的哲学思考和科学思考。[17]

但同样重要的是注意到荷马世界观中秩序和规律性的界限。虽然诸神一般来说较为恒常，但他们也像人类英雄一样变化无常，而且是出于类似的理由。不仅如此，他们对自然秩序的控制也是不完全的。荷马有时（虽然不那么典型）近乎将诸神与（在他更通常的观点看来）他们控制的自然过程等同起来。但他从未暗示，比如每一次地震或暴风雨都反映了据说应为此负责的海神波塞冬的某个固定的、可理解的长期目标。希伯来先知阿摩司（Amos）在每一次自然灾难中都能看到神之手："灾祸若临到一城，岂非耶和华所降的吗？"但荷马并未做出这种一般假设。在荷马的宇宙中，有些事情是偶然随机发生的，没有任何特定的理由。[18]

七、诸神与道德理想

诸神向接受荷马式道德的人展示了一种明确的、有吸引力的理想。事实上，这种理想是如此有吸引力，以至于一个人除非像赫拉克勒斯（Heracles）那样足够幸运地成为一个神，否则不可能实现它。不过，他可以视之为一个竭尽所能去实现的理想。[19]

诸神稳固地拥有公认的荣誉和地位。虽然他们也会遭受某些挫折，但这不会影响他们生活的性质。发怒的诸神通常会得到某种满足，荷马所描述的诸神无一会沮丧和不满到认为自己的生活是彻底悲惨的。他们常常在宴饮欢歌，称得上心满意足。总的来说，他们享受着自己不朽的生命。因此，他们常常被称为"有福的"或"幸福的"。[20]

过一种如神一般充满成功与享受的生活，并且拥有稳固的荣誉和权力，是人应当追求的理想。追求这种理想的英雄以荣誉和权力为目标，但发现这些东西是不可靠的和短暂的。阿喀琉斯似乎一度更偏爱神圣生活的安全，即使为此他必须牺牲荣誉和权力，但他最终选择了神圣生活的其他要素，而不是安全。荷马毫不怀疑，这是英雄应当做出的正确选择。[21]

如同荷马伦理学的其他方面，神圣幸福的理想把一种冲突强加于个人。他必须牺牲安全来冒险追求不稳固的荣誉，或者必须为了安全而确定无法实现其他重要目标。如果我们的目标面临这样一种冲突，我们也许有理由问，追求所有这些目标是否正确。鉴于这种冲突，并非所有希腊人都对荷马的诸神所提供的这种理想感到满意。

八、宙斯与世界秩序

在荷马的诸神和宇宙观中，宙斯具有特殊的地位。他反映了在荷马史诗中从未明确面对的某些对立和潜在冲突。

在某种意义上，宙斯只是诸神中的一位，尽管是其中最强大的。他与波塞冬和哈迪斯都是克洛诺斯的儿子，在以暴力推翻了他们的父亲之后，他们分享了权力。（值得注意的是，这个故事的严酷细节是由赫西俄德而不是荷马讲述的。）他遭到其他诸神的训斥和哄骗；在书中一整卷（第十四卷）里，他甚至遭到妻子赫拉的迷惑和引诱。宙斯能在计划彻底误入歧途之前适时地重新掌权，似乎全凭运气和机遇。

但这并非有关宙斯的全部真相。他比所有其他神祇加在一起还要强大。特洛伊战争和对特洛伊的洗劫使他的意志得以实现。荷马在史诗开篇就强调了这一点，并且提到了宙斯在接下来的盛衰变迁中的意志。《奥德赛》的开篇指出，宙斯的至高权力依赖于其他神祇的赞同，但他的意图仍然得到了贯彻。[22]

然而，宙斯自己的意志得到贯彻这一点并不总是清楚的。他与"命运"（*moirai*，意为"部分"）非常模糊地联系在一起。一个人的"命运"决定了他死亡的时间；当两个英雄战斗时，宙斯权衡这两位的命运，看看哪个英雄必须死。有时宙斯也会考虑是否要把某位英雄从其命运中拯救出来，但他从不实际违背命运的安排。他也不会有违考虑好的决定而屈从命运，因为他考虑好的决定最终总是与命运相一致。[23]

这些命运并不构成单一的命运，即一种决定宇宙中任何事件的必然秩序。荷马意义上的命运只反映了这样一个模糊信念：某些事件，特别是一个人的死亡时间，不可避免地由之前的事件所决定，这些事件超出了我们的控制，也许超出了任何（人的或神的）理性动因的控制。由于秩序和规律性在荷马的宇宙中是不完全的，所以命运只决定了其中的某些事件。[24]

但荷马仍然暗示，宙斯的意志控制着局面。这一暗示也许在《奥德赛》中更明显，但《伊利亚特》也同样坚定地接受了它。此外，与其他神祇不同，相比自己的荣誉和成功，宙斯关心的似乎更广。他也关注人类社会中的正义。最终他惩罚了特洛伊人，因为他们宽恕了帕里斯对宾主之间固有关系的破坏。他对正义的破坏感到愤怒，荷马的英雄们在对待其社会下属时很容易受到这种破坏的诱惑。他似乎乐于加强对他人的道德要求，这些要求在荷马的伦理观中似乎是次要的。[25]

宙斯和命运显示了荷马思想中的两种倾向，这两种倾向既潜在地彼此冲突，又都与荷马的基本伦理观点有潜在冲突。这种基本观点承认，宇宙是部分地有序的；荷马的诸神像人一样行为，关心发生的某些事情，而另一些事情则径直发生了，既无原因也无明确的秩序。然而，宙斯和命运暗示着两种不同类型的秩序。命运暗示一种非人格、非道德的秩序，独立于诸神或人的选择。宙斯则暗示了一种道德秩序，体现了一种超越通常英雄价值的理智和意志，但仍然可以认为属于一个理智的道德动因。通过这两种不同的方式，荷马指出了超越他自己观点之局限的可能思路。

九、荷马史诗中的主要困难

很容易看出荷马史诗对想象和情感的诉诸。也许不那么明显的是，荷马的观点还诉诸常识和观察。但这一点是值得强调的，因为后来希腊人惊讶地发现，某些特别诉诸常识的方面最容易受到批评。

荷马的伦理学之所以诉诸常识，是因为荷马史诗中的英雄所追求的都是明显可取的目标，而且非常现实地追求这些目标。成功、社会地位、权力、财富和荣誉都是很容易理解的目标，英雄追求它们无须辩解。面对危险，他并无幻想，但生活的危险并未使他陷入绝望。他朝气蓬勃地追求着自己的利益，并不把对他人的责任看得太重，不会因此而妨碍追求自己的利益。

荷马的诸神之所以诉诸常识和观察，是因为他们避免幻想和夸张。他们不是怪物，也不是不可想象的超人。因为和我们一样，他们也用我们容易理解的方式来解释宇宙的某些方面。此外，荷马明智地没有诉诸诸神来解释宇宙万物，宇宙中的某些事物仍然是偶然或不受控制的。荷马的世界观并不包含什么自然法则或神的法则，这些法则蕴含着关于在特定条件下会发生什么的明确预测（例如，如果发生了一场自然灾难，那是某位神祇在惩罚你）；事实上，难以想象世界上有任何混乱或灾难是荷马神学所无法容纳的。就此而言，信仰荷马的诸神是毫不费力的；一切可能发生之事似乎都无法提供不信的正面理由。

对荷马的批评尤其聚焦于无序和冲突的出现。荷马的伦理学给每个人以利益来支持一个其结果会危害每个人的系统。对于那些从这一系统中受益的人来说，它也是足够有害的，因为每个英雄的目标都会导致与其他英雄的破坏性冲突。然而，对于那些在荣誉竞争中永远无法取胜的非英雄来说，由于补偿性利益更少，该系统将更具破坏性。

道德批评可能源于对一个盛行的道德体系内部冲突的反思，或者源于意识到该体系与人类社会要求之间的冲突，而这两种批评都适用于荷马的伦理学。个人对荣誉的追求与他人（比如阿喀琉斯的希腊同伴和赫克托尔的特洛伊同伴）的正当要求相冲突。不受限制的英雄伦理往往会威胁到任何可容忍的社会形式中的合作关系，因为非英雄不可能信任英雄，而英雄也不可能彼此信任。

荷马的伦理学的确促使后来的希腊思想家沿着诸如此类的思路进行批评。但事实也证明，荷马伦理学适应性很强，即使面对理论批评，在实践中也仍然很有影响。它的清晰、理智和诉诸常识有助于解释它为何会幸存下来。

荷马的宇宙论也充满了冲突。荷马的世界图景展示了许多实际冲突或潜在冲突的力量，不同的力量体现了理解世界的相互冲突的尝试。诸多神祇和自然力暗示世界只是部分可预测，而且只是部分受制于理智控制。宙斯的至高无上暗示完全的理智控制。命运的角色暗示完全决定，但也许没有理智控制。要想暴露荷马作品中的潜在冲突，批评者只需推进荷马本人所提出的某些问题。其他神祇可以在多大程度上阻挠宙斯的意志或命运呢？如果准许海洋自行其是，它能阻挠诸神的意志或违抗命运吗？如果宙斯愿意，他能违抗命运吗？

理性宇宙论正是始于这些关于荷马的问题，因为荷马和理性宇宙论者拥有足够多的共同兴趣，所以会提出一些正确的议题。他希望在宇宙的运作中辨识出某种规则的、可预测的模式。但在试图描述这一模式时，荷马暴露出它的某些困难：诸神的角色、命运和部分地是偶然的自然力从未被澄清过。思维缜密的读者也许有理由对荷马的描述感到不满。

这些关于荷马的问题正是希腊科学和哲学思考的出发点。

第三章

自然主义运动

一、自然主义观点

在荷马时代（公元前 8 世纪中叶）与苏格拉底时代（公元前 5 世纪末）之间，希腊人开始对自然秩序和道德秩序进行系统的理性研究。亚里士多德区分了两种人，一种人谈论诸神并提供了诗意论述或神话论述，另一种人则提供了可以被认真研究的理性论述：

> 赫西俄德的学派和所有神学家只考虑让他们自己信服的东西，而很少考虑我们。……但神话的诡辩是不值得严肃考察的，我们必须询问那些提供了理性论证的人。

与赫西俄德及其追随者相对立，他称第二个群体为"自然研究者"或"自然主义者"（*phusiologoi*），因为他们抛弃了神话而去追问事物的自然本性（*phusis*）这个新问题。亚里士多德对"神话学家"的评论是无情的，甚至是不公正的，但他有充分的理由认为，一场新的运动开始于"这种哲学的创始人"泰勒斯（Thales，约公元前 625—约前 545）。他正确地认为，值得对这些思想家做一种理性的讨论。[1]

许多人都仿效亚里士多德，将自然主义者当作最早的哲学家和科学家。[2]要想查明这一判断是否正确，我们应当看看这些思想家的特色是什么。本章将讨论主要的自然主义学说，下一章则讨论这些学说所引发的一些批评、回应和进一步发展。

二、自然作为质料

亚里士多德声称，自然主义者将自然等同于事物的"质料"（*hulê*）或"基体"（*hupokeimenon*）：

> 早期哲学家大都认为，万物的唯一来源是质料性的。因为他们说，万物始所从来、终所从入的某种〈基体〉，其属性变化不已而本体常如，这就是事物的元素〈基础〉和起源。于是他们认为，没有什么事物能够产生或消亡，因为他们假设在任何变化中，这个自然［即基体］恒定不变。因为正如我们所说，苏格拉底并没有在他变得善好或有教养时绝对地产生，也没有在他失去这些品质时〈绝对地〉消亡，因为基体，即苏格拉底本人，始终存在。因此〈他们说〉，也没有任何其他事物〈会绝对地产生或消亡〉，因为必定有某个自然（一个或多个），当其他事物从中产生时恒定不变。[3]

我们也可以在更广泛的变化中认识到有一个持续的基体：如果我们把一个边长1厘米的青铜方块制成一枚直径2厘米的圆形铜币，那么这块青铜就是持续的基体，发生变化的只有它的体积和形状。持续的基体可能不像青铜那样容易做持续观察：如果我们用燕麦和水来煮麦片粥，结果看起来可能完全不像燕麦或水，但它们仍然是其所是，它们就是经历变化的持续基体。

如果找到了变化的持续基体，我们似乎就找到了事物的本性。举一个普通的基体（苏格拉底、铜币、麦片粥）为例，我们可以问它的本性是什么，或者这一基体究竟是什么；一个合理的回答会告诉我们，它基本的、背后的基体是什么。晒成褐色或苍白并非苏格拉底的本性，因为他可以失去这些性质而仍然存在；但我们可以说，他的本性是一个人，这个人就是基体。类似地，我们可以说麦片粥是被烹制在一起的燕麦和水，这个回答比"麦片粥是一种乱糟糟的黏稠之物"或"麦片粥是浅灰色的"更好，因为它使我们可以说出麦片粥是如何产生的，也使我们可以原则上解释麦片粥的属性和行为。如果知道了燕麦和水是什么样子以及如何相互作用，我们就可以预言某个特定身体类型的人吃下麦片粥后肚子里会发生什么。在亚里士多德看来，自然主义者希望以同一种方式来解释整个世界。他们想通过发现事物的基本质料来发现事物的本性。

在荷马那里，事物的本性和构成对于解释事情的发生并不扮演首要角色。他常常通过某种外在的神圣作用来解释事件，这种作用会影响大海以产生风暴，或者会影响人体以产生瘟疫。由于自然主义者们诉诸事物的本性和构成，所以他们认为这种荷马式的看法是错误的。在他们看来，事物之所以显得偶然或需要神的干预，仅仅是因为我们尚未充分了解组成材料和过程。

三、对自然的构想

阿那克西曼德（Anaximander，约公元前610—约前540）假设有一种原初材料是"无定的"（或"未界定的"，*apeiron*），因为它在性质上是不确定的。它本身并无寻常事物（岩石、河流等）甚至是其构成物（土、水等）的典型特征，但在它之中却有所有这些事物的基础。为了给出一种粗略的、不完整的说明，我们也许会说，地球中的煤既不是煤气也不是焦炭，既不是肥皂也不是沥青，但煤是所有这些事物的基础。阿那克西曼德的"无定"与我们所熟悉的可观察之物就是这种关系。无定的不停运动产生了一个"生成源"（generative source），这使它与无定相分离，并转而产生了四个基本对立面——热与冷，干与湿，它们构成了世上的不同事物，并且是所有可观察的过程与变化的基础。[4]

这些对立面最终再次消亡，复归于一直存在的、"永恒的、永久的"无定。阿那克西曼德在现有的世界状态中看到了对立面的相互摧毁：水使事物变冷和潮湿，热则使事物温暖和干燥；因此河流会淤塞，而海岸则会遭到侵蚀，于是在一处干侵犯了湿，而在另一处则是湿侵犯了干。如果其中某个过程持续太久，它就会摧毁我们所知的这个世界。然而，无定"似乎是其他事物的初始本原，似乎包围和支配着所有事物。……它是神圣的，因为正如阿那克西曼德和大多数自然主义者所说，它是不朽的和不可摧毁的"。无定维持着对立面的秩序，使这些对立面"因其不义而按照时间顺序彼此支付恰当的罚金和赔偿（正如他用不无诗意的文字所说的）"。无定强征对于侵犯的恰当罚金，从而在现有秩序持续的有限时间内，维持着现有世界秩序的稳定。

无定无始也无终，因为阿那克西曼德认为，生于无和灭于无都违反了支配生灭的基本法则；除非生和灭来自某个事物，又归于某个事物，否则生和灭都无法得到解释。除非存在着某种不生不灭的东西，否则存在要么在过去结束，要么在未来结束。无定之所以被需要，"是因为只有以这种方式，生和灭才不会失灵——如果产生之物所从出的来源是无定"[5]。

这些关于无定的主张表明，阿那克西曼德关注宇宙中的法则和规律性。他并不想说，世界秩序毫无缘由地始于某一特定时刻。但他未能说明是什么导致了发生源在某一特定时刻的分离；据推测，这个原因必定是无定中某种先前的变化，他似乎未能解释这一变化。他也没有解释为什么对立面要复归于无定。在这两点上，他似乎诉诸无原因的变化。如果是这样，他必定留下了一个他想要避免的随意要素。阿那克西曼德的主要原则和总体方案清楚地表明了自然主义的目标。他对这些目标不完全的实现，暗示严格的自然主义者必须继续前行。

四、变化与稳定

赫拉克利特（Heracleitus，盛期约在公元前 500 年）提出了一种新的自然主义，对阿那克西曼德既做了扩展又做了批评。他清晰而自觉地陈述了自己的自然主义目标：

> 世界秩序［宇宙］对万物都是同样的，不是由神所造也不是由人所造。它过去、现在、未来永远是一团永恒的活火，在一定的分寸上燃烧，在一定的分寸上熄灭。[6]

赫拉克利特不同意阿那克西曼德的观点，声称世界从未产生；他看不到有一个有序的世界生于无定或灭于无定。他也许看到，阿那克西曼德关于一个有序世界的开端的信念需要无前因的变化；因此他认为，要想更加一致地运用阿那克西曼德的自然主义原则，需要一个不可产生的、永恒存在的有序世界。这个世界"在一定的分寸上"燃烧和熄灭，因为世界秩序中的任何变化都有"分寸"，也就是由某种规律性和自然法则决定。

赫拉克利特并不相信通常类型的基体或质料。所谓基体，乃是某种经历变化（比如苏格拉底变得苍白）而持续存在的东西。但篝火是由木头、草、纸张、树叶等以正确的比例造成的，只要有更多的正确材料加入，它就能持续燃烧，而且遵守同样的物理法则。似乎根本不存在什么持续存在的基体，因为没有木头、树叶等遗留下来；但存在一个持续的过程，因为火仍然在燃烧。过程的持续性与基体的间断性使赫拉克利特想到，世界秩序与火类似。过程取代了阿那克西曼德所说的持续存在的基体——无定。

赫拉克利特认为，必须承认，整个世界和其中那些据说稳定的、持续存在的事物，其实还不如火更是持续存在的基体。他的论证是这样的：

（1）昨天的火和今天的火并不是同样的基体，因为它们是由不同的材料复合而成的。

（2）一般而言，如果 t_1 时刻的 x 和 t_2 时刻的 y 由不同的材料合成，则它们不是同样的事物。

（3）但即使据说是稳定的事物，也是由不同材料在不同时刻合成的。

（4）因此，它们并不真正持续存在。

（1）中火的特例阐明了（2）中所陈述的复合体的同一性原则。一旦看到我们已经预设了这一原则，我们就必须将它同样应用于河流：河水总在流淌和被取代，因为组分的失去意味着毁灭，所以它们总被其他河流所毁灭和取代。赫拉克利特推论说，我们不能两次踏入同一条河流；正如没有什么持续存在的基体是同一团火，也没有什么持续存在的基体在两天里是同一条河流。在这两种情况下，都只存在着一个持续的过程。

他用火和河流来捍卫一种关于实在和持续的一般主张。正如柏拉图所说：

> 赫拉克利特曾说，一切皆流，无物常驻。他在把存在比作河水的流动时说，人不能两次踏入同一条河流。

任何看似稳定的事物都在生长与衰败，并与他者发生相互作用；它每时每刻都在经历转化，因此脱离存在而被其他事物取而代之。如果复合体的持续性原则为真，则此结论也为真。事实证明，朴素地相信在不同时刻具有相反性质的持续存在的基体，这一信念是混乱不清的。因为，虽然我们接受了这种观点，但我们也接受了复合原则，所以不得不承认普通事物毕竟是不稳定的。赫拉克利特将事物消解于过程之中。[7]

赫拉克利特对持续基体的拒斥也解释了他关于"对立统一"的信念。他说，向上的道路和向下的道路是同一条道路。同样的水既是好的（对鱼来说），又是坏的（对人来说）。装了弦的弓被拉开时，与弦结合在一起。神既是昼又是夜，既是夏又是冬，既是战又是和，既是饱又是饥。"战争是万物之父和万物之王"，因为万物都依赖于对立面之间无休止的争斗。[8]

赫拉克利特的意思并不是说对立面不可区分，比如我们可以将一行笔迹中曲的部分和直的部分区分开。但他认为，并不存在超出两个对立面的基体。因为没有持续存在的基体，所以也不存在超出对立面的东西。从已经遭到复合体的同一性原则挑战的头脑简单的观点看来，对立面是一个持续存在的基体的属性，但没有理由相信任何这种基体的存在。

然而，不稳定并非赫拉克利特的主要关切。在他看来，宇宙的稳定特征并不是岩石、树木等显现给常识的寻常事物，而是这些寻常事物所经历的变化过程。无休止的变化似乎意味着宇宙中的不稳定性，但事实上，这些变化是稳定的，因为与常识和荷马的信念相反，变化遵从规则而稳定的自然法则。赫拉克利特看不出有什么斗争或分裂在破坏通常的固有秩序。"战争是普遍的，正义就是斗争，一切都通过斗争和必然性而产生。"对赫拉克利特来说，"隐秘的秩序强于表面的秩序"。也许存在表面的混乱，因为不存在稳定的事物；但也存在隐秘的秩序，因为这些事物遵从着规则的、无例外的法则。整个宇宙过程是规则而有序的，没有间断。[9]

五、自然与历史

自然主义者将他们关于自然的主张用于理解整个世界，也用于理解自然世界中的过程。但我们对其物理理论只有片段的了解。在某种意义上，通过查明他们的观点如何影响了历史的书写以及医学的理论与实践，我们更容易把握这些观点的重要性。

希罗多德（Herodotus，约公元前484—约前420）的《历史》在许多方面都像一部用散文写成的史诗。他在该书前言中说，他旨在记录希腊人和非希腊人那些伟大而非凡的事迹,以使其赢得所应有的声望。这种动机在荷马那里很常见,对于欣赏荷马的读者来说,希罗多德的《历史》将是明白易懂和令人愉快的。[10]

然而,希罗多德超出了史诗的范围。他详细考察了进入其《历史》的主要非希腊民族的习俗、信念和制度。他比较了希腊人和波斯人的政治制度,不同希腊城邦的政治制度,以及同一城邦在不同时期的政治制度。他借助这些社会、文化、政治的差异来解释不同民族之间的冲突和互动以及结果。在此过程中,他还诉诸一般法则,诉诸关于在某个社会中具有特定习俗的人在特定环境和特定条件下可能如何行动的原则。这些原则将希罗多德的作品从纯史诗的叙事变成了历史分析和解释。

在解释雅典人的成功时,他不仅提到了个别雅典人的行为,而且提到了民主在雅典的发展,以及由此引发的个人对城邦的关切和责任感。他第一次描述了雅典民主政治的集体行为,而不仅仅是贵族们的个人行为。此外,他不是通过个人英雄主义,而是通过集体的道德政治观点来解释斯巴达人的勇武:

> 作为个体的战士,斯巴达人不逊于任何人,但集合在一起,他们是所有人中最好的。因为他们是自由的,但并非在所有意义上都自由;因为他们有法律作为其统治者,他们害怕法律远胜于您[波斯国王]的臣民害怕您。因为他们依法律的命令而行,而法律的命令总是同一个:无论人数多寡,决不要临阵脱逃,而要坚守岗位,要么取胜,要么战死。

斯巴达人的集体训练和集体抚养从总体上解释了他们的行为。[11]关于人类社会及其环境的更广泛和更一般的法则也出现在希罗多德的著作中。他将埃及人不同寻常的规范习俗与他们不同寻常的气候联系起来。他也许暗示，希腊的自然贫瘠促使希腊人发展出合适的法律和制度来克服它。在其《历史》的结尾，他依赖于一条关于自然环境和人类对它的反应的一般原则。他认为是波斯皇室的奠基者居鲁士（Cyrus）决定让波斯人待在贫瘠的地区，而不移居到肥沃的平原，因为"疲弱之地生疲弱之人"[12]。

希罗多德暗示，历史事件和变化不能完全由个人决定、奇想或争吵来解释，也不能由诸神突然而无法预料的干预来解释，也不能由无法解释的偶然来解释。有些事件和变化可以由关于社会类型、社会政治制度对行为的影响，以及人与环境之间关系的一般规律来解释。

六、自然与医学

公元前5世纪，希腊的一些医学理论家和医生不再依赖魔法，自然主义者对一般法则的寻求影响了他们。[13]在外行只能看到不可预测和无法解释的变异的地方，关注身体基本组分的医生看到了规律性。

> 以下是疾病的情形，我们由此做出诊断；我们从万物的共同本性和每一个事物的特殊本性中学习，从疾病、病人、使用的疗法和治疗者那里学习——这些使诊断变得更容易或更困难。……我们还必须考虑由这些东西产生的后果。……
>
> 所有疾病都有同样的方式，但其位置有所不同。由于这种位置上的差异，疾病似乎彼此很不相像，但实际上都有同

一种特征［*idea*/理念］和原因。……

　　所有这些似乎都与天界有关；但如果重新考察，我们就会发现，研究星辰对医学贡献甚大，甚至极为巨大。因为随着季节的变化，人们的疾病和消化器官也会发生变化。[14]

自然主义的医学理论家认为可以发现关于人体构成的一般法则，以表明各种症状原则上都能通过认识它们的构成和环境来预测。

希波克拉底的论文［被归于科斯岛的希波克拉底（Hippocrates of Cos，约公元前470—约前400）］《论神圣疾病》抨击了对癫痫的传统态度。这种疾病之所以被称为"神圣的"，是因为它似乎是诸神引人注目的干预，扰乱了事物的正常进程。但作者认为它无权拥有这一名称：

　　关于所谓"神圣疾病"的真相如下：在我看来，它和其他疾病都不是神圣的。事实上，它有一种本性和解释，但人们假定它是某种神圣的东西，因为他们缺乏经验，容易少见多怪，也因为这种疾病完全不像其他疾病。

魔法师和巫师之所以坚持认为这种疾病是神圣的，是因为他们的治疗并不依赖于理性解释：

　　由于不知所措和缺乏有效的疗法，他们藏身于神灵背后，宣称这种疾病是神圣的，以免暴露他们知识的缺乏。

只要发现一种理性解释，我们就不再认为"神圣疾病"比任何其他疾病更神圣:"它们都是神圣的,也都是人的。"[15]

自然主义医生否认有任何疾病来自神的特殊干预,或来自无法解释的运气:

> 这些〈疾病〉中的每一种都有自己的本性,没有一种是独立于本性而产生的。……因为当我们考察运气时,会发现它其实什么也不是;因为我们已经发现,每一个产生的事物都是由某个原因产生的,事实表明,运气在这个原因中并无实在性,而只是一个空洞的名称罢了。[16]

作者声称万物都由遵从一般法则的原因决定,暗示他并不相信事件的发生是由于神独立于自然法则的干预,也不相信有纯粹偶然的事件能够完全无原因地发生。他关于一般法则的主张假设了决定论原则,即任何事物都由之前的事件依照自然法则所决定。正如我们在讨论赫拉克利特时所看到的,这个决定论原则被自然主义者广泛地(虽然不是普遍地)应用于宇宙论。

七、方法问题

自然主义者不可能通过传统方法得出自己的观点。诗人最终要诉诸神的权威,诉诸作为诗歌源泉并且赋予诗人真实记忆的缪斯女神。他们更直接地诉诸记忆和传统。[17] 如果自然主义者接受这种发现和确证之法,他们就永远也得不出自己的观点,更不用说去说服他人同意自己的观点了。因此,自然主义者会抨击传统和权威。来自米利都(Miletus)的历史学家和地理学家赫卡泰

（Hecataeus，盛期在公元前500年）在其所撰历史的开篇就说："我写下这些在我看来似乎真实的事情，因为在我看来，希腊人的史话有许多是荒谬可笑的。"克塞诺芬尼认识到，"从一开始，人人都依照荷马来学习"；因此，他不得不批评荷马和传统。赫拉克利特则批评诗人们对宇宙有错误看法。[18]

也许可以（非常朴素地）说，我们不能通过诉诸观察和经验来证明荷马的神话世界观是正当的。因此也许可以认为，如果更认真地观察事物，我们就可以弄清楚为什么事物在不同场合会那样发生，以及荷马那样描述事物为什么是错误的。像这样头脑简单地诉诸观察的价值，几乎不可能证明自然主义者正确而荷马错误，因为许多自然主义者并不研究可观察的现象。他们思索的是不可观察的事物，比如世界的起源和毁灭、天体的本性，以及一般而言事物会如何发生。通常情况下，他们并不从观察和经验来论证事物实际上如何发生。在我们看来，观察所扮演的相对次要的角色也许显得令人惊讶和遗憾。但如果考察自然主义者对待观察的态度，我们将会看到，他们诉诸观察时的小心谨慎为何要比我们可能以为的更加合理。

在很多情况下，他们对观察的实际诉诸都是非常思辨性的。阿那克西曼德也许曾诉诸海水对陆地的侵蚀以及港口的淤塞来说明对立面的冲突。至少，克塞诺芬尼曾诉诸这些观察到的过程以及远离当前海岸的鱼类化石证据。[19]阿那克西曼德在论述人类的起源时，更加大胆地思考了对相关现象的解释。他诉诸婴儿长期的无助状态，提出人类起初必定产生于一种不同的、更加自足的生物，并认为这种生物和鱼类似。[20]

希罗多德嘲笑某些早期地图把亚洲和欧洲绘制成同样尺寸，而把海洋绘制在外围。这些地图反映了其作者有限的经验，可能还反映了他们关于对称与适宜的观念；对相关现象更完整的认识也许会催生不那么简单和整齐的地图。但地图在外交和军事上的重要性必定激励了对地图的批评与改进。米利都（早期自然主义者和赫卡泰的家乡）的阿里斯塔戈拉（Aristagoras）携一张地图去了斯巴达，敦促斯巴达国王征伐波斯首都苏萨（Susa）。这张地图很有用，直到阿里斯塔戈拉不得不承认，这次远征需要历时三个月之久。[21]

这些都是与观察相当松散地联系在一起的自然主义思辨的例子。但有些医学作者对观察资料的收集要更加系统。有些希波克拉底作品（比如《流行病》）是案例志，详细报告了某种疾病在特定病人那里的发展过程。在一个更加理论的层次上，希波克拉底学派的某些人自称经验论者，斥责那些并非基于观察而是基于元素"假说"（*hupotheseis*）的理论，即更加思辨的自然主义者所做的那种假设：

> 所有那些谈论或论述过医学并且为其论证做过某种假设的人，无论所假设的是热、冷、干、湿，还是其他什么他们喜欢的东西……在他们所说的许多事物上，这些人显然是误入了歧途。……因此，我曾假设医学不需要空洞的假设，比如那些看不见的、令人困惑的事物，倘若有人试图（比如说）就天上或地下的事物发表看法，才有必要假设这类事物。

另一些作者则不同意这一观点，有些人凭借有经验头脑的同仁所谴责的方式将自然主义理论应用于医学。就连表面上对观察的关注有时也会产生误导：虽然许多主张都可以用观察加以检验，但只有很少的观察检验被提到。不过，许多自然主义者都同意，系统的经验探究和观察是重要的。[22]

这类探究和观察在历史中同样重要。事实上，对于希罗多德的著作（以及其他历史学家的著作）来说，"历史"（history）一词来源于他开篇第一句话："这里展示的是希罗多德的'历史'（historia）。"此处 historia 意指"探究"，即希罗多德为撰写他的叙事做准备时所做的那种有条理的研究。希罗多德还说明了为何难以发现完整可靠的观察作为理论的基础。他认识到一手观察的重要性，并且讲述了他本人旅行和一手知识的范围。但他常常不得不依赖于道听途说，并意识到这并非完全可靠："我必须把这些事物说出来，但不必完全相信它们；这一评论适用于我的整个论述。"他报道了故事，而未确保其真实性。他报道了一个环绕非洲航行的故事，并且误以为这在地理上是不可能的。他认识到经验证据的重要性，但并未不加批判地加以收集，而是认识到了他自己的批判工具的弱点。[23]

八、一般法则

现在应当更容易看到，正如我之前指出的，为什么自然主义者不单纯通过诉诸观察证据来为他们的论证做辩护是正确的。如果他们太过关注观察，而不是依赖并非源于观察的自然主义原则，他们永远也无法形成科学理论。那些以荷马的方式来看世界的人将会发现，很容易使他们的观点与他们的经验观察和谐一致。如果我在海上遇到了一场风暴，那也许是因为我冒犯了海神波塞冬，倘若我向他奉上祭品，风暴就会消失。但如果风暴并未消失，我的信念也没有被驳倒，因为我还有其他可能的解释。也许波塞冬太过愤怒，无法平息；抑或我的祭品太过微薄；抑或另一位神灵做了干预；抑或这场特定的风暴"就是发生了"，并无特殊的神圣原因。倘若我持有这种观点，那么将很难用观察来反驳我。事实上，我甚至可以声称，关于一般法则的自然主义假设违反了观察证据。[24]

一种更具反思性的对待观察的态度表明，我们对观察的使用实际上依赖于自然主义者发现的那种理论原则。我们之所以认为观察和实验能够增进知识，是因为我们预期，一旦观察到某种东西，我们就应该能在同样的情况下再次观察到它。对我们来说，如果不同意自然主义者的决定论假设，即自然过程遵从一般法则，这些法则的明显例外将通过进一步的一般法则来解释，那么试图通过复制实验来确证实验是毫无意义的。

休谟（Hume，1711—1776）强调了这一假设的重要性：

> 俗人往往按照事物的初步现象来认识事物，他们把事件的不确定性归于原因中的不确定性，并认为后一不确定性常常会使原因失去影响力，尽管这些原因的运作并未受到阻碍。但哲学家们注意到，几乎在自然的任何部分中都包含着各种活力和本原，由于微小或遥远而不为我们所见；他们发现，相反的事件至少可能并非源于原因中的偶然性，而是源于相反原因的秘密运作。……一个农民看到一块钟表停住不走，除了说它经常走得不准，给不出更好的理由；一个钟表匠却很容易发现，发条或钟摆中同样的力总是对整体有同样的影响，它之所以没能产生通常的效果，也许是因为一粒尘埃使整个运动停了下来。[25]

通过诉诸关于自然中其他地方的"各种原则"的经验，哲学家们试图论证这里并非真正没有规律。但在以这种方式论证时，他们假设这一情形将与自然的其余情形相似；他们所假设的正是他们似乎在论证的那种规律性。因此，他们不能通过诉诸观察来支持他们对这一情形的看法，而俗人则可以声称，观察支持了他们对非规律性的信念。

自然主义的决定论假设意味着，系统观察是重要的，因为它能帮助我们发现自然过程中的一般法则。但观察本身显然无法支持自然主义者去反对荷马式的观点。因此，自然主义者需要对自己的观点做其他辩护。

九、理性与论证

赫拉克利特提出了知识论（epistemology，希腊词 *epistêmê* 意为"知识"）中一些正确的问题。他拒绝接受传统上诉诸缪斯女神的做法，也不想被认作权威。他说："不要听我的，而要听逻各斯（*logos*）的。"对逻各斯（"理性""解释""论证"是其含义的各个方面）的把握并非单纯地积累信息。赫拉克利特批评了对于感觉的过分信任："对于那些有着野蛮灵魂的人来说，眼睛和耳朵是糟糕的证据。"不加置疑地信任感觉就如同儿童信任父母对他们说的话，说明未能进行更深入的探究。[26]

赫拉克利特对比了睡与醒，以解释感觉与逻各斯之间的对比。他指出，得到恰当理解的感觉是好的证据。我们知道，我们生活的世界是所有人共同的，还知道自己看到了物体——这些物体是外在实体，即使我们不看，它们也照样存在。如果依赖于明显的感觉经验，我们就必须相信我们所有的梦和幻觉，但如果这样做，我们将永远无法就一个共同世界达成任何观念。在判定我的梦不可靠时，我假设世界遵从在我的梦幻经验中似乎被打破的一般法则。

自然主义宇宙论同样运用那种逻各斯，它是我们对客观世界与梦幻进行常识对比的基础。宇宙论试图发现世界中的规律性、法则和秩序。在赫拉克利特看来，我们不能拒绝接受这种对规律性的要求，除非我们也拒绝接受关于一个外在客观世界的常识观念。自然主义宇宙论的一些主张显得与经验和观察相冲突。但冲突的显现会引起误导，它只欺骗那些有着"野蛮灵魂"的人，他们拒绝将批判性的理智用于他们的经验。通过我们已经用于熟悉情形的一般原则（比如将复合体的同一性原则用于火），赫拉克利特为他关于事物不稳定而过程稳定的观点做了辩护。

如果赫拉克利特是正确的，那么他就有了强有力的论据来反对荷马以及休谟的"俗人"观点。他不能通过诉诸观察来捍卫决定论原则，而且任何其他论证似乎都因为依赖于这些原则而是循环论证。但他指出，在做出睡与醒之间的寻常区分时，荷马和常识其实已经支持了自然主义原则；荷马未能看到，这一寻常区分是支持自然主义的。赫拉克利特的理性原则乃是共同的逻各斯，而不只是他自己的偏好。这些原则并不仅仅是权威或传统的产物；如果理解业已接受的假设，我们都能发现它们。

十、伦理学

荷马的世界是一个不稳定和无序的系统，而荷马的社会也是不稳定和无序的。就一个社会维持某些公认的规则和惯例、社会成员服从它们而言,社会是相当稳定的,而在荷马那里,盛行的道德观却引发了竞争、冲突和侵略。

荷马并非对法律和正义漠不关心。奥德修斯将正义与野蛮做对比,缺乏正义的独眼巨人也缺乏社会政治生活的基本制度。对赫西俄德来说,正义和法律是人类所特有的制度,防止我们像野兽一样彼此捕食,使人类有最大的希望得到保护。然而,在荷马和赫西俄德那里,正义的前景是不可靠和不稳固的。自然主义者们都同意在整个世界中寻求秩序,其中一些人可能还有一种尤其注重法律和正义的独特的伦理观点。[27]

我们从一个特定的例子最容易看清楚自然主义批判的方向。克塞诺芬尼抨击了对体力和运动技能的普遍崇拜,因为这表现了荷马式的观点;体育运动、战争和政治活动是显示和增进权力、荣誉和地位的不同方式。品达(Pindar,公元前518—前438)写诗颂扬体育竞技中的获胜者,他对一场双轮马车竞赛中获胜者的过分赞扬说明了对运动美德的广泛崇敬,且未使从祖先那里传承下来的美德名誉扫地。梭伦(Solon,盛期在公元前594年)看到了个中危险,试图限制运动员奖品和荣誉的等级。克塞诺芬尼看到,在强烈崇拜荷马式美德的地方,对法律和正义的尊敬总是很欠缺。[28]

克塞诺芬尼对荷马式竞赛的抨击,乃是在社会政治层面上反对荷马观点的更广泛斗争的一个侧面。在这个层面上,自然主义的影响很重要。在公元前6世纪的雅典,就像在维多利亚时代的英国一样,倘若没有对社会法律和规则的某种信念,社会政治改革将是无法设想的。自觉的制度改革需要相信,可以依靠某些变化来产生规则的结果。从荷马那里可以看到,这种信念似乎并不是对每个人来说都是自明和正确的。怀有这种信念的政治改革家们表明,他们支持自然主义者和希罗多德的立场,反对荷马和赫西俄德。

雅典的政治制度在很大程度上是梭伦和克利斯提尼（Cleisthenes，盛期在公元前 508 年）这两位富于革新精神的立法者的成果。他们改革政制，明确是为了改变统治阶层和政治生活的本质。梭伦既是诗人又是政治家，后来被誉为雅典民主制的创立者，他是第一位"普通人的卫士"。他认为，国内冲突的原因是世袭的上层阶级握有不受限制和不受监督的权力。他组建了一个新的审议委员会来接管世袭的最高法庭的部分传统权力。他组建了陪审法庭，陪审员可能是抽签选出的，从而使普通人可以在政府的监督下扮演关键角色。梭伦的改革旨在防止荷马式美德摧毁整个社会。

梭伦关于审议行为的有效性的信念基于他对正义和不义在社会层面的运作的看法。在解释为何应当追求正义而避免不义时，梭伦并未诉诸神的赏罚，而是严格诉诸结果——不义是一种产生内部冲突和内战的"无法逃避的瘟疫"。他说："我的神灵敦促我去教导雅典人这些事情，阐明坏的法律如何产生了一个城邦中的大部分邪恶。"按照有着齐一的可预测结果的普遍原则，坏的法律不可避免地导致这些后果。[29]

一种荷马式的观点鼓励我以社会中其他人的利益为代价，去增进我、我的家庭或我的支持者的利益。梭伦的继承者克利斯提尼看到，这些狭隘的忠诚正在威胁梭伦的政制。希罗多德指出，通过"把民众纳入他的派别"，克利斯提尼赢得了与贵族派的权力斗争，其复杂的制度改革旨在使人们更难利用传统忠诚来支持贵族派。[30] 为了破坏传统忠诚的基础，他在阿提卡地区（Attica，由雅典城统治的整个城乡地区）引入了民主制地方政府，用新创建的地区会议来控制公民资格的批准——这是以前仅限于贵族政体的一项重要功能。

但如果制度改革与未经质疑的荷马式假设和志向相冲突，那么仅有制度改革可能仍然达不到目标。只要一些人试图以荷马式美德见长，正义和社会的要求就可能与个人最主要的目标和价值发生冲突。此外，自然主义的伦理假设本身并不总是清晰的或无法批评的。关于法律和正义的观点将会指出其中一些困难。

赫拉克利特同意梭伦的看法，认为人们应当捍卫和维持法律。他敦促制止以下恶意攻击，即梭伦要为无法无天和混乱无序负责。正如自然法则是宇宙中的理性秩序，法律也是城邦中的理性秩序。事实上，对于赫拉克利特来说，两者的关系要比单纯的类似更密切，因为一切人类法律都由同一个神圣的宇宙法则来维持。在某种他没有解释的意义上，城邦遵守自己的法律时，也就最好地遵守了自然法则。[31]

在这种对法律非常一般的辩护中，赫拉克利特似乎并没有区分法律与正义。诚然，有时这种区分可能并不清楚。如果有权力的人可以在适合自己的时候违反法律和习俗，那么更严格地遵守法律也许会确保更多的正义，人们将不会错过法律赋予他们的应得利益。开始时，敦促人们接受某个法律体系，即被普遍接受的、得到公正诠释的规则是重要的，但很快我们就会发现，并非每一部法律都是同样公正的；为了法律所影响的人的利益，可以对某些法律加以改进。

一旦我们看到成文法（在某个特定国家当前有效的法律）与可能要求对成文法做出修改的原则之间的差别，赫拉克利特的立场似乎就太简单了。梭伦捍卫法律乃是捍卫共同利益，反对少数人的贪婪。但捍卫法律也可能是捍卫现状，反对质疑和改革。当赫拉克利特声称一切人类法律都由同一个神圣的宇宙法则所维持时，他假设这一神圣法则是正义的。但很难同意所有成文法都是正义的，因此也很难同意赫拉克利特对法律不加批判的支持。他也许（像其他人所做的那样）区分了成文法与自然法，而将自然法等同于神的正义，但这样一来就更难声称任何成文法都符合自然法，或者所有成文法都应被接受了。

无论如何，自然主义者们似乎没有回答一个更基本的问题。荷马式的美德似乎有益于行动者本身，可以增进他的荣誉、权力和地位。那么，一个人为何要为了社会的利益而拒绝接受这些美德呢？他似乎被要求牺牲自己的利益来有益于他人，而这样做并没有什么清晰的理由。

十一、诸　神

荷马相信诸神可以无法预测地随意干预自然过程，这与自然主义者的决定论原则相冲突。[32] 自然主义的道德政治学说也与诸神的传统功能相冲突。在荷马与赫西俄德那里，宙斯惩罚不义；但对梭伦来说，不义会因给公众利益造成的损害而自食其果。克塞诺芬尼认为，荷马的诸神与埃塞俄比亚人的黑色诸神，或者与马若能做到也会雕刻出其形象的马神一样不可信。他还发现荷马的诸神并不道德，因为他们的道德正是自然主义者拒绝接受的。类似地，赫拉克利特也贬低对诸神的传统看法以及他们粗野下流的公共崇拜仪式，包括仪式性的杀戮和阳物崇拜游行。

希罗多德将传统信念与自然主义信念结合起来，而且与荷马不同，他对自然解释有非常清晰的观念。因为他认为，一个事件如果似乎没有寻常的理性解释，那么就特别神圣。我们可以认为，只要希罗多德不是一个彻底的自然主义者，他就会给诸神留下地盘，并且允许某些事件打破寻常的理性规律，而这是彻底的自然主义者所不会允许的。于是，我们似乎可以假定，一个相信一切事物都由组成材料及其相互作用的本性所决定的彻底的自然主义者，将不会需要诸神，也不会给诸神留下地盘。[33]

然而，这一假定太过简单，未能把握自然主义者对待神的态度。因为事实上，他们对于诸神有过许多论述。泰勒斯似乎说过，万物中充满了神灵。克塞诺芬尼似乎将这个独一的神等同于世界。希波克拉底派的作者指出，所有疾病都既是神的，又是人的。赫拉克利特说，太阳不会逾越其尺度，因为正义奴仆的复仇女神（The Furies）会查明这一点。复仇女神传统上被认为是女神，赫拉克利特小心翼翼地以类似的神学方式说，唯一的智慧之物既情愿又不情愿被称为宙斯。和克塞诺芬尼一样，他似乎也没有将神与世界秩序分开，因为神被认为是昼与夜、夏与冬以及其他对立面，而且像火一样变化。总体而言，自然主义者们似乎主张，万物都是神圣的，而神圣秩序不过是自然秩序罢了。

这些主张似乎消除了神圣之物而赞成自然之物。当一些人说巫婆不过就是歇斯底里的女人时，他们并不真正相信巫婆；当克塞诺芬尼说彩虹女神伊里斯（Iris）不过就是彩虹时，他只承认一种自然现象而拒绝接受任何对女神的信念。虽然自然主义是以神学方式表达的，但它似乎用自然取代了诸神，因此拒绝相信诸神。[34]

然而，认为自然主义者是无神论者却是错误的。拒绝一种不恰当的神的观念并不是拒绝对神的信念。赫拉克利特认为宇宙智慧不情愿被称为宙斯，因为它不是那个被赋予人形的、神话学观念的宙斯，也不是那个流行宗教仪式上的宙斯。但这些看法并不能使赫拉克利特成为无神论者。事实上，基督教作家们也赞同对传统宗教的自然主义批评。[35]对荷马诸神的批评并不意味着拒绝相信有某种理智原因控制着世界中的事件。

希罗多德表述了关于诸神的基本的自然主义假设。他充满想象地指出，最早的希腊居民之所以称他们为"诸神"（theoi），是因为他们"将万物排列（thentes）有序（kosmos），然后维持万物及其适当的任务"。他甚至坚持认为，早在给诸神指定了不同的名字和个性之前很久，这些最早的居民就有了这种关于诸神的观念；而荷马与赫西俄德的诸神都是新近形成的，所以不能独享诸神的头衔。这些历史的与词源的猜测也解释了为什么自然主义者主张相信一个神，因为他们相信存在着一种世界秩序及其安排者。

自然主义者合理地声称他们的观念更适合于一个神，因为这种观念并没有用人的不完美来限制他。一个适当的神为了实现自己的意志，不需要努力，也不需要与其他诸神争斗。如果就像赫拉克利特所坚持的那样，自然秩序已经遵守神的法律，那么神也不需要干预自然秩序；神没有无能到必须去干预他从一开始就应当安排好的世界秩序。神的智慧比人更高，他在整个世界秩序中看到了正义；由于他在宇宙中至高无上，所以只有一个神。[36]

自然主义者将荷马的宙斯观念的某些方面发展成一种关于神的新观念。我们不妨与希伯来思想的发展进行比较。某些希伯来人把耶和华设想成一个为其子民与其他神作战的部族神。但批评者们不承认其他神的存在。对希腊人和希伯来人来说，宇宙的规律性和秩序彰显了神的统一和权威。有时神似乎也有人类的局限，但某些作者反对任何限制他的权力或使之依赖于人类好恶的企图。和希腊自然主义者一样，希伯来的先知们也希望有一种令人满意的独立于人类局限的神的观念。[37]

自然主义者的一神论倾向源于他们基本的决定论原则。他们认为宇宙是一种世界秩序，显示了法则和规律性。荷马的宇宙观念要求有若干彼此竞争的神，但在自然主义者看来，宇宙的秩序、法则和正义显示出单一的理智。神的法则和宇宙正义使太阳居于其位，并且维持着人的法律和正义。因此赫拉克利特会认为，如果认识到宇宙中的法则和秩序，我们就必须寻找人类社会中的法律和正义。

由于自然主义者并未清晰地区分法律与正义，所以他们没有看到他们关于神的正义的主张中蕴含着一个困境。倘若任何规律性都构成了正义，那么如果我们能看到规律性，我们就能看到世界中的正义。但仅仅规律性似乎并不需要神的理智，除非需要理智来解释任何种类的规律性。

更加合理的是主张，如果宇宙正义的运作方式符合我们对一个理智而公正的设计者的期望，比如，如果宇宙正义似乎是为那些受它影响的人的利益而设计的，那么神的理智就解释了宇宙正义的存在。梭伦和赫拉克利特也许接受了这样一种关于宇宙正义的主张，但与捍卫关于纯粹规律性的主张相比，捍卫它似乎要困难得多。

希罗多德是一个不彻底的自然主义者，他关于诸神的观念显示了一个自然主义者不得不面对的困难。有时诸神似乎是荷马式的，在特定场合加以干预，以做特定的清算。有时诸神则似乎遵守更一般的原则。梭伦告诉国王克罗伊斯（Croesus），"神所做的一切都满怀忌妒并制造混乱"，总在摧毁事业有成之人。这样一个神"不允许人思考除神以外的崇高思想"。神的行为似乎相当没有人情味。希罗多德著作中的人评论说，人生有起有落，而幸福则往往自行衰落。神的忌妒也许可以用来解释或描述这一规律性。希罗多德本质上将睿智的深谋远虑归于神，因为他使胆怯而虚弱的造物比其奴役者更多产。但不那么明显的是，神的忌妒暗示着深谋远虑和睿智。神的行为如果无缘无故地制造混乱和破坏，那就似乎是非常粗鲁的正义。[38]

在希罗多德《历史》中的一个关键时刻，诸神扮演了一个复杂角色。受到谗言蛊惑，并且出于傲慢和自负，波斯国王薛西斯（Xerxes）决定入侵希腊。但当他开始改变想法时，他做了一个梦，警告他维持最初的计划；他心存疑虑的顾问阿尔塔巴努斯（Artabanus）做的另一个梦则最终使阿尔塔巴努斯相信，薛西斯的侵略"不得不发生"，是"神的推动"。诸神明显是想惩罚薛西斯的傲慢自大，并且出手干预以确保他逃脱不了惩罚。但在一开始，他做出决策乃是出于理智的理由，而诸神确信他会坚持这样做。希罗多德认为，神用闪电击倒高大的树木并不仅仅因为它们高大。神的秩序是正义的，它通过自然法则和人类社会的法律来惩罚不义，而不会废除或违反那些法律。[39]

在试图表明自然秩序如何也是神的正义的秩序时，希罗多德从关于诸神的自然主义假设中引出了一些推论。他同样表明了在试图把自然主义假设应用于人类生活和历史时产生了多少困难。在神学和伦理学中，自然主义主张引出了自然主义者没有回答的问题。在荷马那里提出但未得到回答的问题引发了自然主义运动；同样，关于自然主义观点的问题也引发了希腊思想中后来的运动。

第四章

对自然主义的怀疑

一、各种倾向

自然主义者为反驳传统的荷马观点提出了理性论证，并且概述了一种别样的世界观和探究世界的方法。公元前 5 世纪，尤其是后半叶，在苏格拉底（Socrates，公元前 469—前 399）在世时，一些自然主义观点本身也遭到了批评。某些批评家自身就是自然主义者，他们试图以更加可辩护的形式来陈述自然主义学说：埃斯库罗斯（Aeschylus，公元前 525—前 456）、德谟克利特（Democritus，约公元前 460—约前 360）和修昔底德（Thucydides，约公元前 460—约前 400）阐明了这种可能有危险的自然主义。另一些人则指出，自然主义的困难表明其基本假设有某种错误：普罗泰戈拉（Protagoras，约公元前 485 ？—约前 415）得出了这个反自然主义的结论，柏拉图和亚里士多德也以非常不同的方式做到了这一点。

对自然主义的批评并非全都晚于我们已经讨论的自然主义者。希罗多德一直活到公元前 420 年左右，那是德谟克利特、修昔底德和普罗泰戈拉生活的年代。索福克勒斯（Sophocles，约前 496—前 406）在某种意义上接近于原初的自然主义，他比批评者欧里庇得斯（Euripides，约公元前485—约前407）活得长。这两种倾向部分重叠，相互作用。

每一位批评者都拒斥了赫拉克利特的某个主张，他们的批评就他的所有主要自然主义原则提出了严肃的问题。赫拉克利特将法律与正义等同起来，埃斯库罗斯抨击了他；他相信宇宙正义，德谟克利特抨击了他；他相信正义指引着人类历史，修昔底德抨击了他；他相信科学是常识的延续，德谟克利特抨击了他；他认为存在一个我们可以在科学研究中逐渐认识的客观世界，普罗泰戈拉抨击了他。

二、悲剧与自然主义

在雅典，悲剧在公共的宗教节日上演出，观众可能包括妇女、儿童、定居雅典的外乡人等许多不能出席公民大会的雅典居民。虽然悲剧作家们主要不是道德哲学家或政治宣传家，但他们也思考道德和政治议题。虽然他们通常从英雄时代的故事特别是荷马开始，但他们常常批评荷马的观点。埃斯库罗斯的三联剧《俄瑞斯忒亚》（*Oresteia*，在一天之内相继上演的三部相互关联的戏剧）既批评了荷马的观点，又批评了自然主义观点，还尖锐地评论了雅典新近的政治发展。[1]

梭伦、克利斯提尼及其继任者的立法确立了雅典政制的民主特征。最重要的（以及许多不重要的）政治决策和管理决策都依赖于由全体公民组成的公民大会。五百人会议则由全体公民抽签选出，筹备公民大会并落实其决策。雅典没有内阁，没有有组织的政党，也没有监督政党的人。最重要的官员是十位"将军"，他们发挥着军事与民事功能,每年由选举产生,可再次当选,对公民大会负责,接受坐在陪审法庭中那些公民常常是近距离的、热烈的而又偏袒的认真审查。

公元前462年,厄菲阿尔特(Ephialtes)和伯里克利(Pericles)发起改革,削减传统"贵族议事会"即雅典最高法庭理事会的权力。他们想把它限制于"原始"功能,即作为审判杀人案的法庭,约束其所谓"篡夺的"政治功能。这些改革通过了,但厄菲阿尔特被神秘地暗杀了。大约在同一时间,雅典与斯巴达的某些盟邦之间爆发了战争,公元前458年,一些不忠的雅典人邀请斯巴达入侵阿提卡,以推翻雅典的民主制。正是在这种紧张的形势下,《俄瑞斯忒亚》于公元前458年问世了。前两部[《阿伽门农》和《奠酒人》(Choephori)]未做公开的政治评论,但为第三部[《复仇女神》(Eumenides)]的政治主题做了铺垫。[2]

在这些戏剧中,荷马的元素非常明显。《阿伽门农》始于特洛伊战争和愤怒的阿尔忒弥斯(Artemis)阻止希腊舰队出航。阿伽门农、克吕泰涅斯特拉(Clytaemnestra)、俄瑞斯特斯(Orestes)和埃莱克特拉(Electra)等人类角色都被荣誉和耻辱等荷马式动机所驱使。这些都是《伊利亚特》中耳熟能详的事情。但它们皆受制于一种自然主义的宇宙正义观。在荷马那里,宙斯的至高无上是时断时续的,而在埃斯库罗斯那里则是永恒的。赫拉克利特说,太阳不会逾越其尺度,因为正义奴仆的复仇女神会查明这一点;《俄瑞斯忒亚》展示了复仇女神维护着无情的正义法则。[3]

克吕泰涅斯特拉和俄瑞斯特斯既是维护神圣正义的复仇者,也是人类行动者,为理智的人类动机所驱使。荷马式的行动者可能试图通过将责任归于某个神来为自己的行动辩解。阿伽门农告诉阿喀琉斯:

> 那件事不能怪我，是宙斯、命运女神和奔行于黑暗中的复仇女神，在那天的会议上给我的思想灌入了可怕的迷乱，使我夺走了阿喀琉斯的战利品。

阿喀琉斯既没有接受也没有拒绝这种对责任的否认。在《阿伽门农》中，歌队拒绝了克吕泰涅斯特拉的类似尝试，她将阿伽门农之死的责任从她自己转移到某个要向阿伽门农祖先的罪孽复仇的超自然神灵，但他们没有否认超自然的影响，并认为这种影响皆是宙斯所为。正如希罗多德并不打算用"神"来取代人的决定和责任，埃斯库罗斯也既坚持人的责任，又坚持神的原因。[4]

埃斯库罗斯并不相信宇宙正义会像他的某些自然主义前辈所描述的那样以机械的方式运作，也不同意成功本身就能激起神的忌妒；只有不义的成功才会导致毁灭。埃斯库罗斯从当时的历史中看出了同样的模式。在《波斯人》(Persians)中，他描述了波斯帝国的战败，为希罗多德确立了典范。

和其他情形一样，这里神的正义的后果也是毁灭性的。在索福克勒斯的《特拉基斯妇女》(Trachiniae)结尾，许罗斯（Hyllus）正要把他的父亲赫拉克勒斯送上葬礼柴堆，此时他说："你已见到这可怕的死亡和这许多闻所未闻的灾难，这些事无一不在显示宙斯的威力。"出于类似的理由，埃斯库罗斯的歌队评论说：诸神的宠爱是"暴力的"。在《奠酒人》结尾，歌队承认正义已经得到伸张，但怀疑毁灭的循环是否会结束。这些悲剧作家都同意自然主义者的观点：世界不是混乱无序的，正义不是偶发的；道德法则是一种自然法则，而自然法则没有例外。[5]

三、超越自然主义

然而，当索福克勒斯笔下的许罗斯在万物中看到宙斯的设计时，他看到的东西在宙斯看来也许不那么值得赞扬；在这部剧的结尾，就像在埃斯库罗斯的《七将攻忒拜》(*Seven against Thebes*)的结尾那样，主要角色都已死去或即将死去，为他们所犯的罪行和错误付出了代价。然而在《复仇女神》中，埃斯库罗斯却特别提出，罪与罚的这一连串毁灭性后果不可能是真正的正义。

俄瑞斯特斯不得不选择要么杀死他的母亲，要么不为父亲之死雪耻，并让专横的篡位者埃癸斯托斯（Aegisthus）统治阿耳戈斯城邦（Argos）。复仇女神紧紧抓住杀死他母亲这一罪行不放，但他回答说，他不得不在这一罪行与（他认为）更恶劣的罪行即未能为他的父亲报仇之间进行选择。复仇女神承认他也会为后一罪行受罚，但并不把这看成其所作所为的理由或借口。[6] 复仇女神希望俄瑞斯特斯和雅典人遭受的痛苦不少于阿伽门农、克吕泰涅斯特拉和埃癸斯托斯，但她们忽视了一个重要差别：其他三位在选择时没有表现出任何犹疑、勉强或悔恨，而俄瑞斯特斯之所以选择不义，仅仅是因为他认为这是避免更坏的不义的唯一方法。复仇女神对于这种动机上的区分似乎漠不关心。

将不义仅仅设想成破坏法律，需要毫不留情地惩罚，这种观念会导致灾难。在俄瑞斯特斯受审时，阿波罗、复仇女神和雅典娜的论证都是不可信和无效的。在引入一种全新的论证之前，雅典娜的论证只是激起了复仇女神威胁要惩罚雅典人。她诉诸这种惩罚的可怕后果以及和解的良好后果，这种和解使她们能够用自己的权力来造福整个城邦。所达成的解决方案并未抛弃惩罚的原则——复仇女神维持着这一功能，但它通过诉诸受影响者的共同利益来调节和检验这一原则的运作。[7]

埃斯库罗斯将最高法庭（Areopagus）描述成一个杀人罪法庭，只拥有厄菲阿尔特留给它的那些权力。诉诸复仇女神放弃其传统特权为整个社会服务，就等于诉诸对民主改革感到愤恨的雅典人。虽然梭伦没有改变最高法庭，但埃斯库罗斯支持接受严重削弱其政治角色的民主改革。

在批评复仇女神的正义观时，埃斯库罗斯也批评了赫拉克利特的正义观。赫拉克利特认为正义是前进与撤退、违法与报复、干扰与反干扰，他看不出成文法与自然正义或宇宙正义之间有什么差别。埃斯库罗斯则认为，赫拉克利特的正义并非真正的正义；《俄瑞斯忒亚》尖锐而令人不安地展示了某种成文法的不义，以及改革成文法这一危险而又必不可少的任务。[8]

埃斯库罗斯在人的层次上将正义与仅仅遵守成文法分离开来。他还提出了神的正义和宇宙正义的标准。埃斯库罗斯的诸神要比荷马的诸神和赫拉克利特的宙斯更正义。但如果诸神存在，似乎就更难解释宇宙中明显的不义了。荷马很容易解释这些方面，也没有什么东西违反赫拉克利特的正义，但埃斯库罗斯诸神的信奉者却会感到困惑。自然主义者也许有理由重新思考他们相信埃斯库罗斯的宇宙正义的基础，而德谟克利特的重新思考则使他不再相信。

四、现象与自然

德谟克利特同意赫拉克利特的观点，即"隐匿的秩序高于表面的秩序"，以及感觉如果得不到正确的诠释，就是糟糕的证据。

但德谟克利特认为,感觉要比赫拉克利特所认为的糟糕得多,并指出感觉是对实在的严重误导。[9]

如果我的手热而你的手冷,那么你把冷手放入水中会觉得水很热,而我把热手放入同样的水中时会觉得水很冷。德谟克利特由此做出以下论证:

(1)要么①我的现象和你的现象都为真,于是水既热又冷;要么②两者都不为真,于是水既不热又不冷;要么③一个现象为真,另一个不为真。
(2)没有理由偏爱你的现象或我的现象。
(3)所以③为假。
(4)但①是自相矛盾的。
(5)自相矛盾的陈述不可能为真。
(6)所以①为假。
(7)所以②为真。

现在德谟克利特看到,同样形式的"冲突现象的论证"适用于所有颜色、声音、气味、味道、温度,因此事物不可能实际拥有任何这类性质。

他必须捍卫(2)而反驳以下反对意见:有时一位感知者(例如一位健康人而不是病人)更善于查明事物的真正颜色或味道。要想知道某些人比其他人更善于查明事物的可感知性质,我们必须依赖于一些关于事物的真实性质是什么的信念。这些信念依赖于感觉,但感觉提供的是冲突的现象,因此我们又回到了出发点。如果我们试图用另一种标准来解决这一冲突,同样的困难还会出现。要想避免无穷后退,我们必须接受(2),承认现象都是等价的(即同样可靠的）。[10]

其余论证则依赖于排中律（要么P为真，要么非P为真，没有第三种可能）和矛盾律（P和非P不能同时为真）。德谟克利特拒绝接受赫拉克利特关于冲突现象问题的解决方案。赫拉克利特的对立统一学说认为，两种冲突的现象都为真［如(1)中的①所示］；但如果他意欲违反矛盾律，我们便无法就世界说出任何明确的话。

这一论证适用于容许相互冲突且等价的现象的任何可感知性质。德谟克利特——

> 暗中破坏了呈现于感官的事物，说它们都不符合真理，而只符合信念，真相是存在着原子和虚空。因为他说："出于惯例［*nomos*］，存在着甜、苦、冷、热、颜色，但实际存在的却是原子和虚空。"他的意思是说：可被感知的东西是出于惯例而被假设和相信存在的，但实际上这些东西都不存在，存在的只有原子和虚空。

在德谟克利特看来，感觉提供了"低劣的"判断形式，只有理性才能提供真正的知识。[11]

德谟克利特认为理性可以发现感觉所无法把握的隐秘秩序。理性论证独立于感觉现象是否为真，这向我们表明，实在必须容许变化的可能。因为即使我们的现象会产生误导，现象也在变化；它们的变化必定有某种原因，因为无原因的变化会违反自然主义的决定论假设；因此实在必定包含变化的某种原因。进一步的论证向我们表明，基本的实在必定像阿那克西曼德的无定那样无始也无终。德谟克利特论证说：

（1）某物不可能生于无或灭于无。
（2）如果万物生，那么必定有某物生于无（否则就不是万物生了），如果万物灭，那么必定有某物灭于无。
（3）因此不是万物都能生或灭。
（4）因此必定有物既不生也不灭。

这一论证是不可靠的。因为（2）为假。虽然（1）意味着并非万物都能同时生或灭，但这一弱化的结论并不支持（4）。

德谟克利特认为，虽然他拒斥感觉，但他可以合理地假设，终极实在是恒久的和经历变化的。基本实在是永恒的、不可分的原子（希腊文是 atomos，意为"未分的"或"不可分的"），原子有大小、形状和重量，但没有其他可感知性质，而且总在运动。它们的暂时组合形成了在我们看来似乎坚固的对象。在我们看来，桌子和卷心菜的明显可感知的性质，如颜色、味道、气味，属于外在物体，但实际上仅仅是我们的现象，源于我们与原子的相互作用。[12]

为了表明原子如何可能引起这些现象，德谟克利特使用了来自观察的类比。他称赞阿那克萨戈拉（Anaxagoras）主张"显现的事物使我们看到了并不清晰的事物"。正如钉子要比钝物给我们留下更尖锐的印象，我们也可以假设，不同形状的原子可以给舌头造成或甜或辣的感觉。德谟克利特并未声称这些宏观类比证明了原子论，但它们表明了原子论如何可以解释我们的观察。[13]

五、自然与目的

德谟克利特的原子论严格致力于自然主义的目标，即通过关于基本物质的决定论法则来解释观察到的种种自然过程。这种看法与我们对动植物的常识看法相冲突。我们常常想通过目的或目标来解释它们的行为。我们说，心脏这样工作是为了泵血，狗奔跑是为了抓住猫。但从德谟克利特的观点来看，唯一的解释只涉及原子的运动，而原子没有目的或目标，只是因其性质和被施加的力而运动。因此，认为动物或动物的某些部分有目标或目的肯定是一种常识错误。一旦接受自然主义，我们就不能相信暴风雨或瘟疫是由特定神祇的设计或目的引起的，我们通过基本组分及其运动来解释这些事件。同样，当我们有更好的理解时，也可以通过有机体的组分来解释有机体，而不是用设计或目的。常识地谈论目的就像谈论荷马的诸神一样，是没有充分根据的。

如果同意德谟克利特的观点，我们似乎也必须以不同的方式来思考我们自身。人和他的心灵也是自然的一部分；它们由原子组成，这些原子遵守与其他原子同样的法则。虽然我们常说，我们行动是因为我们选择或决定这样行动，但我们必定弄错了；这些解释属于"惯例"，而且无法描述只由原子及其相互作用组成的实在。

我们有时认为自己之所以不同于岩石、树木和狗，是因为我们有自由意志；我们可以自由选择，在道德上为我们自由选择做的事情负责，并受到赞扬或指责。我们不会指责一块石头落到我们头上，或者一只蜜蜂叮了我们，因为我们都认为它们没有自由选择。但如果同意德谟克利特的观点，我们就很容易得出结论：我们与岩石和蜜蜂并无不同；它们不过是原子的集合罢了，我们也是如此，因为我们也是由同样的法则决定的。原子论者留基波（Leucippus，公元前5世纪中叶）强烈主张自然主义的决定论："任何事物的发生都不是偶然的，而是都有原因并且出于必然。"由原子派生的必然性似乎消除了个人的责任。在后来的逸事中，德谟克利特被描述成爱嘲笑的哲学家，他嘲笑人生的无意义和无目标："人生中没有任何东西需要严肃对待，它们皆是徒劳和空虚，是原子的运动和无限。"我们之所以认为自己的行为有意义，是因为我们相信这些行为是负责任的选择的结果，由此可以看出，德谟克利特的这幅图像是不无道理的。[14]

但德谟克利特的哪一种观点意味着对责任的挑战呢？三种不同的学说可能与此相关：（1）决定论——每一个事件都因为一个先前的事件而成为必然；（2）构成性的原子论——每一个事物都由原子构成，而且没有其他组分；（3）消除性的原子论——只有原子是实在的，而现象则是惯例和幻觉。德谟克利特接受所有这三种学说。但第二种学说需要第三种学说，这一点并不清楚；第三种学说质疑了关于人类责任的信念，这一点虽然很清楚，但前两种学说的含义却远非清楚。在讨论后世哲学家对德谟克利特的不同回应时，这些区分变得很重要。[15]

六、自然与宇宙正义

在德谟克利特的宇宙中，一切事物都是遵从一般法则的原子运动的必然结果。赫拉克利特并未区分规律性、法则、秩序、好的秩序和正义。但和埃斯库罗斯一样，德谟克利特确实区分了它们，而且没有给宇宙正义留出余地。原子的运动只依赖于它们的本性和之前的状态；德谟克利特假设原子有一种原初的运动，并且只通过这种运动来解释后来的各个阶段，而没有提到任何智慧。

即使纯粹的规律性并不意味着宇宙正义，我们也有某些理由来相信宇宙正义，只要世界显得是为其居民而设计的。文明的发展传统上被归于诸神向人类透露了特定的技艺。德谟克利特指出，恰恰相反，影响人性的外在环境必然会产生特定反应，而没有诸神或人类先前的设计。最初的人过着一种"混乱的野兽般的生活"，教他们集体采集的是恐惧，而不是智慧，他们最早的沟通尝试是模糊的咕哝。教他们做事的仅仅是经验及其逐渐的发展，"一般说来，人处处以需求本身为师"。使人形成典型生活方式的既不是自由选择，也不是设计，而是对环境的不可避免的反应。[16]

史前史和人类学为原子论反对从目的上解释人类行动提供了论据，无论这些目的是神的还是人的。德谟克利特并没有像赫拉克利特那样谈到一种既情愿又不情愿被称为宙斯的宇宙智慧。他根本不承认有宇宙智慧存在。

七、自然主义与人性

正如德谟克利特试图通过原子的基本法则来解释自然过程，修昔底德也试图用人性的基本法则来解释社会历史过程，特别是战争和革命所引起的社会动乱。[17] 如果原子论的法则太少或者太简单，以至于无法解释观察到的复杂现象，那么原子论就将不令人信服。同样，一种人性论也必须表明，它能应对观察到的种种社会历史现象。修昔底德试图表明他的理论通过了这一检验，它未经过度简化便解释了复杂多样的社会政治冲突。他考察了他那个时代希腊世界发生的主要战争——伯罗奔尼撒战争（公元前431—前404），这场战争涉及雅典和斯巴达以及某一方的结盟城邦。他希望阐明"只要人性保持不变"就不会改变的那些倾向和过程。

因此，他的作品是"永恒的财产"，而不只是一时的兴趣。[18]

修昔底德假设，由于每个人都为了自己想要的有限资源而竞争，所以每个人的欲望都倾向于与他人的欲望发生冲突。因此，我希望防止他人干预；我害怕他人威胁进行干预；因此我想让权力凌驾于他人之上，以防止他们的干预。霍布斯（Hobbes，1588—1679）发展了修昔底德的观点：

> 因此，我首先作为全人类共有的普遍倾向提出来的便是，得其一思其二、死而后已、永无休止的权势欲。造成这种情形的原因，并不总是人们得陇望蜀，希望获得比现已取得的快乐还要大的快乐，也不是他不满足于一般的权力，而是因为他不事多求就会连现有的权力以及取得美好生活的手段也保不住。

与权力大致相等的他人共存本质上是不稳定的，因为每个人总是为了自己的利益而支配他人；因此，一个人为了自身的自由和安全似乎需要统治他人。但如果我能自由地攻击权力大致相等的他人，他们也能自由地攻击我，那么我的情况将比无人相互攻击更糟糕。因此，我们必须构建某个权威，它有权维持和平，迫使我们遵守协议。[19]

这一论述提供了一种自然主义解释，将国家解释成一种"社会契约"的结果，该契约是一份既不发动攻击也不遭受攻击的协议。在柏拉图的《理想国》（*Republic*）中，格劳孔（Glaucon）描述了这一协议的基础：

> 那些不能专尝甜头不吃苦头的人，觉得最好大家彼此订

> 立契约：既不要得不义之惠，也不要吃不义之亏。……这就是正义的本质与起源。正义就介于最好与最坏之间——所谓最好，就是干了坏事而不受罚；所谓最坏，就是受了罪而没法报复。

正如修昔底德著作中的一位发言者所说："人类思维方式中的正义取决于同等的强制，但强者为所欲为，弱者屈从顺服。"稳定地施行正义需要将同等的强制施加于自私的个人，如果不是迫使这些人维持规则，他们就会打破规则。同等的强制使服从正义的规则成为合理的。[20]

如果没有同等的强制，人性就不可避免会抛弃正义。在国家之间的关系上不存在同等的强制，因为没有比（例如）雅典和斯巴达更高的权威可以强行制止侵略。因此，某一方常常为了自己的利益而发动侵略以施加权力，或者试图消除恐惧的来源。修昔底德就是用这些动机来解释那些导致伯罗奔尼撒战争爆发的事件的；雅典人变得日益强大，在斯巴达人那里引起了恐惧，并迫使他们投入战争。[21]

在伯罗奔尼撒战争中，雅典一般支持民主制，而斯巴达则支持寡头制；因此在一个国家中，每个党派都能依靠外部支持来发动一场暴力革命。如果对一个党派的外部支持较为强大，这个党派就能支配这个国家，击败其对手。确保服从已有制度的"同等强制"被消除了，革命成为一种有吸引力的选项。在这种情况下，没有人再有理由遵守正义规则。修昔底德描述了在克基拉（Corcyra）发生的一场血腥革命，以说明当时希腊世界的暴力、残忍和对道德顾忌的放弃。事实表明，人性"受其冲动的支配，这种冲动比正义更强大，敌视任何更高的权力"。

通过"消除日常生活的安逸舒适，使大多数人的冲动符合普遍环境"，战争揭示了人性。它是一位"暴力之师"，因为通过消除同等强制的稳定系统，它将自己的教训强加于我们，毫不考虑我们的选择。如果没有研究过和平与战争，我们也许会认为，对正义与道德的服从所基于的不仅仅是优势；但通过研究不同环境下的人性，我们确信驱动人性的只可能是与权力和恐惧有关的基本动机。[22]

八、关于自然主义历史的问题

一些人声称自己被道德考虑所驱动，而不仅仅被对自身权力与安全的欲望所驱动；如果修昔底德对人性的论述是正确的，那么这些人要么是不诚实的，要么是在自欺欺人。修昔底德相信，很多人容易有道德方面的这种不诚实或自欺。一些希腊人希望斯巴达人把他们从雅典的支配下解放出来，他们不可避免会失望地发现，斯巴达人和雅典人一样力图进行支配，而不是进行解放。对修昔底德和德谟克利特来说，不变的实在非常不同于我们天真期望的东西；理论家的任务就是表明支配背后实在的法则如何能够解释熟悉的现象。修昔底德表明了如何解释那些似乎与他的理论相冲突的现象，以及他对这些现象的理解如何比我们的常识理解更好。[23]

然而，修昔底德版本的人性可疑地类似于荷马式英雄的自恃特征。在荷马那里，英雄反映了其社会的道德假设，而在修昔底德那里，人性常常违反公认的道德假设，但这种特征本身似乎没有什么改变。修昔底德将一种持久的、虽然不无争议的文化理想等同于人性基本的、不可避免的表达。

他对这一文化理想的接受激励他通过伯里克利的眼光来描述政治生活,事实表明,据称是伯里克利的观点非常接近修昔底德本人的观点。在修昔底德看来,当民主制由讲求科学的政治家伯里克利领导时,它的情况就好,而当民主制拒绝听从任何一个权威时,它的情况就不好。[24]

修昔底德的人性观与他对民主制的偏见也许扭曲了他写的历史。雅典属邦密提林(Mytilene)发动叛乱之后,雅典人起初决定处决密提林的所有公民,但后来改变了想法,因为"摧毁整座城市,而不是仅仅处理那些为叛乱负责的人,似乎是一个可怕而残忍的决定"。修昔底德描述了就这项决定所做的漫长争论,但再未提及雅典人对残忍与不义的厌恶。由于这种厌恶在修昔底德对人性的论述中没有位置,所以他在讨论人类动机时基本上忽略了它,但至少在这里,他可能扭曲了真相。正如霍布斯评论修昔底德时说:"他关于城邦治理的观点清楚地表明,他最不喜欢民主制。"[25]

修昔底德的政治观点似乎影响了他关于人性和历史解释的看似科学的理论,也并非只有他的理论受到了这种影响。霍布斯、卢梭、社会达尔文主义以及关于种族、遗传和智能的新近理论都是受到这种影响的例子。高度可疑的道德政治观点的影响常常是对理论的科学性保持怀疑的一个理由。

九、自然主义的某些影响

修昔底德本人并未支持拒绝正义和涉及他人的道德,而只是描述了人们在某些情况下会倾向于违反它。但他关于道德的自然主义论述似乎解释了为什么我们有时有理由遵守道德原则,而有时又有理由违反这些原则。就此而言，自然主义似乎蕴含着对于在修昔底德时代和当今时代被视为常规的道德态度的某种批评。

德谟克利特消除了埃斯库罗斯式的宇宙正义，而修昔底德则将它从他的历史中排除出去。诸神的意志为人类严肃地看待正义和道德提供了一个理由，正义和道德是神的意志的表现，但德谟克利特的自然主义消除了这种理由。

然而，埃斯库罗斯捍卫正义并不仅仅因为正义是神的法律，他也谈到了社会的利益。但第二种辩护容易受到自然主义的批评。在一个内战的时代，修昔底德笔下的科西拉人（Corcyreans）显然看不到除了打破寻常的道德约束还有什么选择，遵守这些约束意味着荒谬可笑的头脑简单。只有在正义原则有益于我时，我似乎才有理由去遵守这些原则；如果违反这些原则可以增进我的权力和安全，那么我似乎有充分的理由这样做。[26] 我对寻常道德规则的遵守，如不准撒谎、欺骗等等，似乎有益于他人，而不是有益于我自己。正义有益于不能保护自己免受伤害的弱者，而约束了会从更自由的进攻防御竞争中获益的强者。由于每个人都可能处于弱者的位置，所以每个人都可以通过生活在一个正义的体系下获益。[27] 但每个人也可能从欺骗中获益，当这样做对我有利时，修昔底德的原则显然证明这样做是正当的。

因此，自然主义的批评很容易暗示自然与依循惯例的道德准则（*nomos*）之间的鲜明对比，并且对后者不利。智者安提丰（Antiphon，约公元前480—前411）将传统道德规定称为"约束自然的桎梏"。思维敏捷的青年阿尔西比亚德（Alcibiades）则劝说伯里克利相信，没有理由尊重由民主会议通过的法律，因为这样的法律只不过是强力的产物罢了。对人性的理解似乎表明，值得信赖的、诚实的、可靠的、正义的人根本不知道对他来说什么东西是好的。[28]

十、彻底的怀疑

德谟克利特和修昔底德严格的自然主义主张对现象与实在进行明确的区分。它反对我们关于世界的常识观点，主张用真实地论述背后的实在取而代之。但德谟克利特论证的最初几步很容易遭到反驳。

德谟克利特通过对立现象的等价性来表明可感知的性质并不是真实的。他推论说，构成实在的原子只有重量、形状、大小和运动。但对立现象论证似乎也适用于这些性质本身；对颜色管用的论证似乎也对形状和大小管用，这意味着形状和大小也不是真实的。此外，正是基于感觉证据，德谟克利特才声称，（比如）尖锐的原子产生苦味；但如果感觉证据完全不可靠，他的主张也就毫无价值。对立现象论证似乎摧毁了他的自然主义体系。

如果德谟克利特不得不接受这种对他的对立现象论证的扩展，并且仍然坚持包括排中律和矛盾律在内的进一步假设，那么他将被迫得出结论：实在并没有他所认为的那些性质，因为对立现象问题可以就其中任何一种性质提出来。但这一虚无主义结论依赖于进一步的假设——我们为什么应当接受它们？如何就这些假设找到某种无可争议的标准，这个问题再次产生，我们似乎无法避免无穷后退。

因此，对立现象论证不会把我们引向虚无主义，而会迫使我们承认：感官知觉和理性都达不到关于实在本性的任何合理信念。这是一个怀疑论的结论。希腊怀疑论者（*skeptikos*，"考察者"）考察了相信关于实在的主张的理由，发现没有合适的理由，因此悬搁了关于实在本性的判断。在诉诸对立现象时，德谟克利特似乎被迫陷入了怀疑论。也许他已经看到了这一点，因为他让感官去反抗理性:"可怜的理智,你难道希望从我们这里借去证据来击败我们吗?你的胜利就是你的失败。"如果感官知觉和理性都不能把他引向真理,他就必须承认,我们无法把握事物实际如何。正如亚里士多德所说:"因此德谟克利特……会说,不存在真理,或者至少对我们来说真理并不明显。"[29]

这个怀疑论论证似乎不仅挑战了德谟克利特,而且从总体上挑战了自然主义。如果自然主义依赖于感觉,那么对立现象论证就适用于自然主义,而如果自然主义诉诸这一论证来拒斥感觉,它似乎就摧毁了自己。德谟克利特引入对立现象论证来击败赫拉克利特,但却似乎使自然主义落了空。他也许不会接受这个怀疑主义结论,但没有表明如何才能避免它。

十一、惯例、真理与实在

与德谟克利特不同,普罗泰戈拉自认为有绝好的论证可以反驳怀疑论。但这个论证不可能诉诸德谟克利特或任何其他自然主义者,因为它包含着对自然主义的拒斥。普罗泰戈拉使用反德谟克利特的怀疑论论证来破坏自然主义,但认为自己可以避免这个怀疑论结论。自然主义者和怀疑论者都假设,事物实际如何就是它们客观上如何——不依赖于它们如何显现给某位感知者或思想者;同样,真的东西就是客观上为真的东西——不依赖于它如何显现给某个人。德谟克利特秉持这种客观主义观念,将依照惯例的信念(*nomos*)与实在对立起来。普罗泰戈拉认为这个客观主义假设是错误的,因此怀疑论是没有根据的。在反对怀疑论时,他捍卫了自己的尺度学说:

> 人是万物的尺度——是存在的事物如何存在的尺度，也是不存在的事物如何不存在的尺度。

借助与不同类型的性质有关的各种例子，普罗泰戈拉为尺度学说做了辩护，将它作为对对立现象论证的回应。

首先，可以认为赫拉克利特关于对立面共存的某些例子挑战了客观主义假设。如果我们说苏格拉底既高又矮，或者海水既有益健康又不有益健康，我们的说法也许显得自相矛盾，但其实未必如此。与更矮的西比斯（Cebes）相比，苏格拉底是高的，而与更高的斐多（Phaedo）相比，苏格拉底是矮的；正如赫拉克利特所说，海水对鱼是有益健康的，对人则不益健康。在这些例子中，真理依赖于一个比较标准。一旦允许相对性，我们就消除了矛盾的现象，德谟克利特诉诸矛盾律也不会产生影响。比较的标准提供了普罗泰戈拉所寻求的"尺度"。[30]

还有一些明显矛盾的例子也可以认为（尽管不无争议）适用于同样的处理。希罗多德说，希腊人和印度人显然不会就埋葬或吃掉死者是否虔诚达成一致意见。但也许他们并非真的无法达成一致，因为一种做法在希腊是虔诚的，另一种做法在印度是虔诚的。希罗多德评论说，这个例子表明，"惯例（或'法律'，nomos）是万物的主宰"。如果他的意思是说，人的惯例是事物实际如何存在的尺度，那么在普罗泰戈拉看来他是正确的。[31]

普罗泰戈拉指出，同样的分析也适用于其他性质。如果我们意识到，判断是否为真由我们的惯例和假设所"量度"，而不是由任何客观实在所"量度"，我们就可以做出关于事物如何存在的真判断。德谟克利特之所以认为对立的现象不可能都为真，是因为他认为真判断必须客观上为真。但在普罗泰戈拉看来，他将惯例与实在对立起来是错误的；因为普罗泰戈拉的例子表明，事物实际如何存在，这本身就是一个惯例问题。这个解决方案也许会被认为巧妙地逃脱了怀疑论——或者被视为一个无用的花招，它将一切重要的东西都让给了怀疑论者。

十二、怀疑论、约定论与道德

自然主义的假设和论证引出了一些关于正义和道德的问题。怀疑论和约定论破坏了抨击道德的自然主义理由，但也引出了它们自身的困难。

如果考虑道德准则与法律或惯例（希腊人用 nomos 来指所有这三者）之间的相似性，我们就很容易开始对道德发起一种怀疑论抨击。道德准则在不同社会似乎多种多样。如果这些准则制造了相互冲突的现象，我们并不清楚如何才能解决这种冲突。这些多样性论证也许使我们确信，道德准则仅仅是惯例的问题，并不要求真理。

怀疑论者发现，没有理由选择一种道德观点而不选择另一种。他没有理由违反其社会中普遍认可的道德，因为他无法提供更真的原则。另一方面，如果他想改变自己的观点，他也没有理由不去改变，因为他没有理由认为它们是真的。怀疑论使他无力对相互冲突的道德信念之真伪做出理性判断，因此无法在这些信念之间做出理性抉择。[32]

和其他地方一样，在道德问题上，普罗泰戈拉也把他的约定论当作对怀疑论的一种逃避。他坚持认为，雅典人就正义达成的一致意见构成了真正的正义——在雅典；波斯人就正义达成的一致意见也构成了真正的正义——在波斯。[33] 但如果某些雅典人认为违反雅典的法律是正确的，那么按照普罗泰戈拉的标准，他们的信念在其雅典子群体内也是真的。普罗泰戈拉无法告诉我们应当接受哪种信念，或者应当如何改变我们的信念。

怀疑论和约定论都不能使我们有理由偏爱一种道德观点而不喜欢另一种，但仍然会影响我们的道德观点。它们使我们不大容易抵抗他人竭力推荐给我们的道德观点。如果我们周围占支配地位的人渴望让我们默认其道德观点，我们没有理由去抵抗。如果我们觉得惯例的观点令人厌烦并想背离它，我们也没有理由去遵守它。虽然怀疑论与严格遵守依循惯例的道德是一致的，但它使怀疑论者的道德观点容易受到其他持不同观点的人的攻击。

十三、政治紧张

对道德政治问题的批判性反思并不局限于少数思辨理论家。公元前5世纪雅典的政治发展（我们对这个城邦有最好的证据）迫使许多雅典人关注这些问题。

公元前5世纪发展起来的雅典民主制是由人民（dêmos）统治（kratos）的，而希腊文中的 dêmos（和英文中的 people 一样）既可以指全体公民，也可以指下层阶级——事实上，亚里士多德坚持认为民主本质上是由下层阶级来统治。民主制允许将实际的权力与责任赋予穷人（虽然不是赋予奴隶或妇女），宪法保障和增进他们的利益。与寡头制的希腊城邦相比，富人和出身高贵的人在雅典的控制不那么排他。[34]

雅典民主制历经修改和中断，从公元前6世纪的克利斯提尼一直延续到公元前1世纪罗马人将它摧毁。上层阶级部分地接受它无疑是因为他们拥有特权地位。穷人并没有废除财富或地位的不平等，富人占据着有利可图的重要公共职位。但他们的忠诚不能仅由这种动机来解释。有理由认为，许多人之所以对民主制怀有某种忠诚，是因为他们认为民主制是符合所有公民利益的一种公平正义的制度。

然而，这种看法与荷马式的观点相冲突。一些追求名誉地位的人有时会满足于民主制中的一个名誉职位，但另一些时候他又会想，在一种为了上层阶级的利益而设计的制度中，他可以更好地服务于他自己和他的社会阶层。在这种心态下，他可能会同意（根据修昔底德的说法）阿尔西比亚德对民主制的评价："对于这种公认的愚蠢简直无话可说。"在强大的民主制下，革命努力在和平时期可能是徒劳无功的。但战争这位"暴力之师"却会提供更多的机会——在公元前462年给厄菲阿尔特的对手们提供了机会，后来在伯罗奔尼撒战争中给民主制的对手们提供了机会。[35]

十四、政治辩论的发展

上层阶级在雅典民主制中的境况促使他们对效忠于民主制的理由进行反思，民主统治的过程则促使他们考虑采用一种特别自觉的形式。

在雅典民主制中，成功依赖于在大型公共集会上演讲、论辩和说服的能力。虽然公民大会的任何成员都有权发表演说，但可能只有政治领袖才能在大会上定期发表精彩演说。甚至在成为民主政体之后，雅典也继续从传统的统治阶层，即出身高贵的、富裕的和有闲的人中选拔这些领袖。这些富裕的雅典人向修辞术家和智者（sophists）这两个职业教师群体寻求帮助。事实上，对这种教导的需求可能也帮助创造了这两个职业。

修辞术家讲授如何才能发表精彩的公共演说——如何组织论证，清晰地表述论证，以及唤起听众的情感。在柏拉图的《高尔吉亚篇》（Gorgias）中，修辞术家高尔吉亚（约公元前483—前376）自诩能就任何种类的议题控制和支配公共集会。公元前427年，他的故乡（西西里的莱昂蒂尼）选派他作为代表来到雅典，据说他的修辞给雅典人留下了深刻的印象，因为雅典人才思敏捷，演讲品位很高。[36]

作为教师，智者们并不那么专业化，他们当中的一些人自诩精通所有知识领域。希庇亚斯（Hippias）乐于谈论天文、几何、算术、语法、文学批评、音乐和历史。智者们经常使用自然主义研究的成果；他们确保自然主义的思辨和理论并不限于少数理论家，而是在某种程度上成为一个有教养阶层的共同财富。但所有这一切都服务于普通教育，使人在公共生活中获得成功。[37]

智者们既激起了热情，又招致了怀疑。他们声称给基于荷马、诗人们和城邦法律的公民传统教育增加了一些有用的东西。他们的说法使人怀疑他们的教导具有颠覆性。许多智者完全接受依循惯例的准则和道德信念，就此而言，这种怀疑是没有根据的。但改进传统教育的主张意味着有可能遭到批评，就此而言，社会和政治上的保守派持怀疑态度是正确的。

民主制促进了论证技巧和修辞技巧的发展，这些技巧可以向听众提出有说服力的论证。但说服性论证要想说服听众，必须诉诸听众大概也认同的某些原则。在民主制的雅典，有说服力的演讲者不得不诉诸民主原则，而在诉诸这些原则的过程中，他们渐渐清晰地表述了这些原则，并开始考察它们。对民主制原则的考察很可能引出了关于其正当性的问题，而对于用智者派的训练来思考自己在民主制中的角色的上层阶级来说，这些问题变得紧迫起来。

十五、实践结果

对许多雅典人来说，关于正义和依循惯例的道德的问题并不仅仅是思辨性的。民主制需要富有的、出身良好的公民关注法律、正义和共同利益。他们为什么不能采取非法的暴力行动来赢得权力呢？公元前 5 世纪末，雅典是上层阶级认为有机会发动政治革命的城邦之一。

公元前 471—前 410 年，智者安提丰等人领导了一场所谓的"四百人"寡头派政变。他激烈地批评法律和依循惯例的正义，指责它们违反了自然。修昔底德称他"在德性（aretê）上不输于任何人"。四百人当中还包括激进的批评家卡里克勒斯（Callicles）的同伴安德龙（Andron），他最终提出了起诉安提丰的动议。我们从柏拉图的《高尔吉亚篇》中了解到卡里克勒斯的观点。它们在要点上类似于安提丰的观点，也类似于柏拉图《理想国》第一卷中所展示的修辞术家特拉绪马库斯（Thrasymachus）的观点。有理由相信，这些观点被雅典的寡头执政者们相当广泛地接受了。[38]

四百人寡头派政变垮台了。但在民主制又施行了 6 年后，一个范围更窄的寡头小集团即"三十僭主"，在斯巴达的帮助下于伯罗奔尼撒战争末期夺取了政权。三十僭主中包括克里提阿斯（Critias），他是柏拉图的亲戚，也是苏格拉底的朋友；他们的盟友之一是柏拉图的舅父卡尔米德斯（Charmides）。克里提阿斯写过一部戏剧，剧中一位发言者称诸神为立法者的发明，想要恐吓人们服从法律。苏格拉底的另一位朋友凯勒丰（Chaerephon）则是公元前403年再度恢复的民主政治的领袖；在斯巴达人的帮助下，现在的雅典国王更倾向于支持雅典独立。[39]

也许哲学观点与政治目标是相关联的。民主派的代言人敦促年轻的寡头执政者们秉持正义，遵守法律。某些遵守惯例法道德的捍卫者试图表明，正义是最好和最可取的政策。但并非每个人都确信这一点。卡里克勒斯、特拉绪马库斯、安提丰或克里提阿斯的支持者也许会认为，关于正义的论证是企图欺骗更有能力的强者违背自己的利益来行动。从这种观点看，诉诸自然似乎证明，追求一个人自私的、非社会的和反社会的欲望和目标是正当的；因为诉诸他人的利益似乎仅仅基于惯例。正如卡里克勒斯在《高尔吉亚篇》中所说：

> 制定法律的人是弱者，他们为数众多。因此他们为了自己和自身的利益制定法律，分派他们的赞扬和指责。他们恐吓那些有权得到更多的强者……并且告诉这些人，为自己谋取利益是可耻和不义的。……但我认为，如果一个人天生足够强大，他会摆脱、打破和逃脱所有这一切。

根据这种观点，弱者的行为就像修昔底德对人性的论述所预言的那样：他们试图使自己变得更强，并试图约束强者。但如果强者已经揭示出诉诸正义不过是依循惯例，并且遵从人性那凌驾一切的要求，他们就不会受到弱者阴谋的欺骗。[40]

寻常道德的这些批评者带着某些明确的偏见来考察自然和惯

例。追逐私利的荷马式道德仍然控制着他们,他们的阶层利益使正义原则无法与荷马式理想相抗衡。他们已经预先倾向于挑战这些支持效忠民主的原则,自然主义、怀疑论和约定论的论证则表明这些挑战是多么有说服力。

十六、尚未解决的问题

自然主义观点并没有回答每一个合理的问题。我们已经看到尚未回答的问题如何引发了怀疑,而这些怀疑又引出了关于整个自然主义观点的另一些严重问题。

自然主义依赖于现象与客观实在之间的区分,也依赖于认为我们可以由理性和现象得出关于客观实在的合理结论。然而,德谟克利特对现象与实在的区分已经使我们无法认识客观实在(如果接受他的其他假设),并迫使我们陷入怀疑论。倘若不再指望认识客观实在,那么普罗泰戈拉将使我们从怀疑论中解脱出来。

伦理学中的自然主义似乎为正义与道德做了辩护。赫拉克利特和埃斯库罗斯都试图将宇宙正义与人类正义联系起来。但德谟克利特和修昔底德提出了关于宇宙正义的怀疑,而对人性的研究则引出了关于人类正义的怀疑。正义和道德也许会被依循惯例地接受,但除非我们同意普罗泰戈拉的观点,否则不会对这种辩护感到满意。

伯罗奔尼撒战争、苏格拉底的主要成年岁月和柏拉图的早年岁月都是在公元前5世纪的最后三分之一发生或度过的。在此期间,依循惯例的道德遭到了来自不同方向的攻击。一些人试图捍卫这种道德。有位作者说,法律并不与自然相违,实际上,自然需要法律作为保障来防范人的弱点；试图推翻法律的人将使每个人都成为自己的敌人。这些论证正确地挑战了一个简单的假设：任何在某种程度上依循惯例的东西都必须被斥为与自然相违。特定的语言包含有依循惯例的要素，但语言本身乃是人性的表达：类似的观点也可以用来驱除法律与道德实践的惯例性方面的混乱。[41]

不过，这些论证很少反驳怀疑论者或自然主义者。即使人类社会都有某种法律，因此法律的存在并非惯例问题，但这种一致未能解决各种法律之间的不一致，并且给怀疑论者的论证留下了余地。别人如果知道我不义，就会怀疑我和恨我，这一事实清楚地表明，我不应让我的不义广为人知，而应得益于秘密的不义。就此而言，批评者们似乎强有力地反驳了依循惯例的道德。

自然主义者们自认为可以比习俗、权威、神话和传统做得更好，并期望那些将他们与荷马和赫西俄德做比较的人会成为自然主义者。自然主义中存在的问题也许会使我们对此缺乏信心。如果自然主义导致了对常识的拒斥，并且最终导向了怀疑论，那它的意义是什么呢？如果自然主义导致了对道德的拒斥，我们还应当成为自然主义者吗？

那些拒绝放弃理性探究及其对客观真理的主张的人必须表明，要么自然主义不会导致这些不可接受的结果，要么理性探究不依赖于那些极易受到批评的自然主义假设就可以达到客观真理。苏格拉底、柏拉图和亚里士多德都试图将这两种进路结合起来。

第五章

苏格拉底

一、苏格拉底受审

苏格拉底曾就道德和政治议题诘问过别人。虽然他自称对这些议题一无所知,但他的问题却使其对话者们陷入了混乱和迷惑,以至于他们最为坚定和珍视的信念似乎也在苏格拉底耐心、礼貌但却令人恼火的执着追问下动摇了。在《拉凯斯篇》(Laches)中,雅典将军尼西亚斯(Nicias)提醒他的朋友们,与苏格拉底讨论将会涉及对他们的整个生活进行考察:

> 你似乎并不知道,如果在讨论中遇到苏格拉底,你必定会发现,即使你先讨论其他东西,在完成之前也会被苏格拉底在论辩中引得团团转,直到落入陷阱,说出对你自己的看法——现在如何生活,以及过去是如何生活的。一旦落入陷阱,苏格拉底将不会放你走,直到他在方方面面对你进行彻底审问和检查为止。

在《高尔吉亚篇》中,卡里克勒斯发现,苏格拉底式的考察

所引出的结论可能让人感到不舒服:

> 请告诉我,苏格拉底,我们应当认为你是认真的还是在开玩笑?如果你是认真的,你所说的是真的,那么这岂不是说,我们的人生是毫无条理的,我们所做的一切似乎都与我们应当做的恰好相反?

尼西亚斯是苏格拉底的崇拜者,卡里克勒斯则是苏格拉底的一位能说会道的有力对手,但两人都期望听到他激烈的批评。[1]

苏格拉底因相貌丑陋、衣着怪异和我行我素而广为人知。部分地正是由于这个原因,喜剧作家阿里斯托芬(Aristophanes,约公元前450—前385)才在《云》(*Clouds*,公元前423年问世)中将他当作一位典型的智者加以嘲弄。苏格拉底声称自己并不是智者;他不教学,不写书,也不接受金钱报酬(他没有说拒绝来自朋友的礼物)。但他讨论了与智者及其听众有关的道德政治议题,智者在某些保守的雅典人当中引起的疑虑降临到他头上。[2]

苏格拉底也因为经常与之为伍的伙伴而引起人们的疑虑。他本人既不富有,也没有高贵的出身,但他发现富有的贵族青年既有性的魅力,又是哲学讨论中的合适伙伴。这些青年成为他的弟子,同时也是他的庇护人,其中一些人是激烈反对民主制的无情的阴谋家。演说家埃斯基涅斯(Aeschines,约公元前397—约前322)代表雅典人民提醒陪审团注意他认为应当众所周知的一件事:"你们应判处智者苏格拉底死刑,因为有人揭发他是推翻了民主制的三十僭主之一克里提阿斯的老师。"他们完全有理由憎恨克里提阿斯,以及怀疑苏格拉底的另一位朋友阿尔西比亚德具有反民主的倾向。[3]

公元前403年，推翻三十僭主之后，重新恢复的民主制急于将城邦统一起来，遂宣布对三十僭主的支持者们实行大赦。这意味着苏格拉底的对手们不能因为他与民主制敌人的众所周知的关系而合法地攻击他。但在公元前399年，他们仍然基于对他的不信任而起诉了他。[4]

他们的第一个指控是宗教方面的，它做出了两项控告：苏格拉底被控从事关于天界的思辨，这些思辨导致该城邦公认的神祇遭到拒斥；他还被控引入了新的神祇。前一项更重要。虽然某些自然主义者声称要描述而不是否认诸神和宇宙正义，但德谟克利特将诸神从对宇宙的控制中清除了出去。这种对诸神权力的否认肯定会激起他们的愤怒。[5]

针对苏格拉底的第二个指控是道德方面的，它也包括两项控告。苏格拉底被控"在论证上以次充好"，以及"败坏青年"。前一项暗示，熟练的演说家能够凭借修辞技巧将坏论证（理应失败的论证）变成好论证（实际的胜利者）。指控者认为，苏格拉底传授了自己的修辞把戏。后一项暗示，苏格拉底的弟子们被他的把戏所欺骗。因为他似乎可以反驳支持依循惯例的道德准则的任何论证，所以其追随者们断言，依循惯例的准则对他们来说毫无意义。在苏格拉底的起诉者看来，克里提阿斯或阿尔西比亚德的行为不过是苏格拉底式论证的自然结果罢了。

不难理解宗教指控与道德指控为什么会结合起来。阿里斯托芬在《云》中对智者发起了粗鲁而恶毒的攻击，在这种攻击中，两个指控被结合起来。许多雅典人可能会同意阿里斯托芬的看法，发现希腊思辨的两大潮流，即自然主义和智者运动，对宗教和道德来说是攻击性的和危险的。他们发现自己的恐惧在苏格拉底教诲的明显后果中得到了证实。

二、苏格拉底的申辩

在柏拉图的《申辩篇》(*Apology*,即苏格拉底受审时公开发表的"辩护")中,苏格拉底拒绝接受针对他的这两项指控。他声称在场者当中没有人听过他讨论宇宙论思辨(他并未否认曾致力于这些思辨),并且指出,雅典人一旦意识到他并非自然主义者,就会看到这些宗教指控乃是基于一种误解。针对道德指控,他否认自己曾有意败坏青年。他声明,他的诘问只是试图暴露他自己与其他人的无知,而不是要赢得任何修辞上的胜利。他劝告其对话者探究道德,并期待这种探究能够改进道德。[6]

为了表明自己在道德上的严肃性,苏格拉底称他毫不妥协地施行正义,坚称宁愿赴死也不愿行不义。他暗示,这些坚定的道德信念会让他败坏青年这一指控显得不可思议。

然而,他的道德信念并不总是引向人人都会赞同的行动。他拒绝帮助三十僭主从事非法活动,因为他认为那将是不义的。他拒绝放弃他的哲学活动,因为那会违反他声称收到的神的命令,从而也是不义的。只要他停止其哲学活动,雅典人就会释放他,但他拒绝向雅典人让步。虽然他惯于藐视法律和国家,但他坚称,公民有义务服从法律;在《克利同篇》(*Crito*)中,他把这作为他拒绝从监狱逃走和逃脱他认为不公正的死刑判决的理由。

对待法律和公共道德的这些态度非常自信。对于自己在不同场合是否在做正确的事,苏格拉底没有表现出任何怀疑,即使他与其他雅典人步调不一致。但我们很可能认为,他对自己的观点持有某种怀疑,因为很容易看出这些观点并不一致。在某些场合,他毫不犹豫地拒不服从权威,他甚至暗示自己愿意违反法律;但在另一些场合,他又坚持公民有服从法律的义务。然而,苏格拉底自己看不出有什么不一致：

> 因为我现在是、过去也一直是这样一种人，能让我信服的只有在我看来似乎最佳的基于理性思考的论证。我不能由于遇到灾难就拒绝接受自己常常提出的论证，我认为那些道理还和过去一样真实。

他声称在别人的信念中发现了矛盾，但在他自己的信念中却没有发现。他认为，他在法律判处他死刑时拒绝服从法律，这与他威胁拒绝服从对其哲学活动的禁令非常一致。但他让别人去发现他的观点为什么是一致的。[7]

苏格拉底声称他的观点基于论证，这似乎与其辩护中的另外两个关键点相矛盾：首先，苏格拉底对他自己讨论的问题一无所知；其次，他的诘问显示了其对话者的无知，但并未支持他自己的观点。什么样的论证应该会把他引向他的道德信念呢？该论证支持他关于正义的信念吗？如果他的辩护是正确的，其对手怎么可能认为他会威胁公共道德和宗教呢？

三、苏格拉底的假设

柏拉图向我们显示了苏格拉底是如何"审问和检查"其对话者的，就像尼西亚斯所说的那样。较短的对话则显示了对话者是如何被逐渐引导，对其生活的某些指导原则进行质疑。苏格拉底向对话者询问某些美德的定义，比如"什么是勇敢（虔敬，等等）"，对话者则自信地用一个一般定义作答。苏格拉底使他确信，这个尝试性的定义所导致的结果会与对话者关于相关美德的其他初始信念相冲突。对话者承认自己的信念相互冲突，并认定他更有理由维持其他初始信念（其理由我们稍后探讨），而不是维持这个尝试性的美德定义。这个过程重复数次，直到苏格拉底和对话者最终都承认不知道这种美德是什么。苏格拉底始终认为自己不知道，而对话者却自认为知道，最后则沮丧而惊讶地发现自己其实并不知道。

苏格拉底认为，要想解决某些实际而紧迫的道德问题，我们需要关于美德的知识，并且应当通过寻求美德的定义来检验关于这种知识的主张。《拉凯斯篇》开篇讨论的是那种使人成为勇士的训练（这个问题对于需要服兵役的雅典公民来说显然非常重要）。苏格拉底指出，要想知道什么是培养勇敢的恰当方式，他们应当知道什么是勇敢，而要查明他们是否知道，他需要一个定义。《游叙弗伦篇》（*Euthyphro*）里的一场道德争论中提出了这个问题。游叙弗伦指控他的父亲不虔敬，然而通常认为，指控自己的父亲才是一种可耻的不虔敬行为。游叙弗伦鄙视通常的看法，确信自己之所为是完全虔敬的，而且是宗教义务所要求的。他的自信促使苏格拉底问他什么是虔敬。[8]

苏格拉底想要的定义能对（例如）勇敢给出单一的论述，它适用于而且只适用于所有勇敢的人和行为，并可表明每一个人或行为勇敢在何处。这种论述将会提供一个"标准"或"模式"，凭借它，我们就能判断某个人的行为是否显示了这一美德。如果只是列出勇敢行为或虔敬行为的公认例子，我们是给不出正确答案的。苏格拉底想要的不是"诸多虔敬"，而是它们所共有的单一"形式"或"特征"（*eidos*, *idea*）。[9]

我们也许会感到奇怪，苏格拉底竟然仅仅通过让某个人定义一种美德来诘问他对生活和道德的看法。这个问题似乎太过抽象和理论化，无法表明我们的日常道德是"毫无条理的"。道德地行动和学习做一个好人似乎并不需要知道定义。要想传授缝纫或木工手艺，我们必须能够认识到从专家那里可以得到哪些类型的能力，但我们不是无须一般定义就能认识到这些能力吗？道德上的训练和学习肯定也是如此。我们难道不是应当仅仅模仿公认值得敬佩的人物吗？我们无须苏格拉底的"标准"似乎就能做出正确的判断。无须一般定义，我们常常就能恰当地掌握和使用语词。例如，颜色词很难定义，但我们仍然能将蓝色物体与红色物体区分开。[10]

要想看清楚苏格拉底为什么需要一个定义，我们应当考虑在其同时代人那里出现的问题。修昔底德笔下的内战中的科西拉人就面临新的局势和新的要求，比如，他们面对着关于某些行为是否勇敢的怀疑与争论：

> 在为其行为做辩护时，他们彻底颠倒了由名称所传递的习惯性评价：盲目冲动的鲁莽被当作支持盟友时的勇敢，未雨绸缪的推延被当作貌似公正的怯懦；节制被当作胆怯的借口；理解一切则被当作毫无用处。[11]

勇敢似乎需要不讲道德地决定不顾法律与道德的任何约束去达到自己的目标，通常理解的正义不过是怯懦而已。我们不能指望通过诉诸公认的勇敢案例来解决这种争论，因为这种争论之所以产生，恰恰是因为某些人拒绝接受关于哪些行为是真正勇敢的传统观点。持不同意见的人声称，我们误以为勇敢永远不会与其他道德义务相冲突。苏格拉底试图通过让拉凯斯描述勇敢行为的恰当标准来解决这一争论。

在寻求定义时,苏格拉底并非问"勇敢"这个词是什么意思,他所关注的争论并不仅仅是语词上的。修昔底德笔下的科西拉人也许会承认,"勇敢"意味着(比如说)"无所畏惧地决定从事一项有价值的事业",但他们不会就这种美德所要求的行为类型达成一致意见。他们需要更清楚地把握在把行为看成勇敢的之时所运用的标准。苏格拉底寻找一种标准来解释和纠正关于勇敢的判断,这是正确的。

苏格拉底认为自己并不知道任何美德的定义,而且使其对话者相信他们也不知道。但他认为,他和对话者们都做出了正确的判断。我们即使解不出一道算术题,也可以学到它的答案;但只有当我们自己解出它时,才知道这就是正确的答案,而不仅仅是得到正确的答案。这就是苏格拉底认为他缺乏并想去找到的知识。他缺少能够表明他在所争论情形中的信念为真的明确理由。[12]

苏格拉底关注的是一场关于道德信念的紧迫而重要的争论。如果他能回答他所提出的问题,他将解决一些有争议的议题。此外,对定义的探寻相当合理地迫使对话者考察自己的生活:他不得不判断他是否真的理解其行为所依据的原则,以及他的生活是否真的符合他经过再三考虑所接受的原则。

四、苏格拉底的论证

很容易看出苏格拉底的诘问为何会暴露出我们道德思考中的混乱、不精确和肤浅。但卡里克勒斯声称,如果苏格拉底是正确的,那就证明我们的生活是毫无条理的;苏格拉底则声称,他的论证表明其明确的道德信念是正当的。他的诘问如何能使对话者从承认无知走向进一步的道德发现呢？

苏格拉底的问题暴露了对话者信念中的冲突。例如，拉凯斯发现他不能既把勇敢定义为坚定不移，又承认有时策略性的退却是勇敢的行为。他承认必须拒斥自己提出的定义。经过进一步的追问，拉凯斯承认：无畏和坚定总是勇敢的；勇敢是一种美德；美德总是好的和有益的；无畏的坚定有时是可耻和有害的。[13]

这些信念合在一起便引出了困难。一个人为了独自享乐而肆无忌惮或毫不犹豫地伤害他人，也可能是无畏和坚定的。如果这就是所谓的勇敢，那么在这种情况下他将是勇敢的。但这种品性不是"好的和有益的"，我们很可能不愿承认显示出这种品性的人（就此而言）是好人。既然我们认为勇敢是一种美德，而它往往使人成为好人，我们就不会仅仅把无畏的坚定当作勇敢；修昔底德笔下的科西拉人必定是错的。苏格拉底向我们表明，我们的第一个勇敢概念与某些简单但基本的道德美德原则相冲突。

苏格拉底试图修改和改进对话者的信念，而不是摧毁这些信念。有些对话者感到自己坚定的信念被瓦解了。他有时被比作水母，可以使被它刺蜇的东西失去感觉；有时则被比作可以移动雕像的代达罗斯（Daedalus），因为苏格拉底可以使信念发生动摇。这样的反应可能会导致怀疑论。但拉凯斯的困惑并未导致怀疑论。虽然诘问暴露出其信念中的不一致之处，但反思向他表明了如何去改进这些信念。困惑的、怀疑的反应只反映了关于苏格拉底的部分真相。当他声称正在寻求真理时，他理应被严肃对待。[14]

五、道德与宗教

苏格拉底的方法能够引出什么有道德意义的结论吗？

游叙弗伦确信他指控自己的父亲是在做正确的、虔敬的事情，但他没能成功地解释这一行为虔敬在何处，也没有令人满意地阐述虔敬。他最有希望成功的努力是将虔敬等同于诸神喜爱的东西。苏格拉底承认，这一阐述包含而且只包含了所有正确的情形，但拒绝承认它是一个定义。他要求游叙弗伦区分以下不同主张：

（1）x 是虔敬的，当且仅当 x 被诸神所喜爱。
（2）x 是虔敬的，因为 x 是虔敬的。
（3）x 被诸神所喜爱，因为 x 是虔敬的。
（4）x 是虔敬的，因为 x 被诸神所喜爱。
（5）虔敬者就是被诸神所喜爱者。

苏格拉底指出，当（1）到（3）为真时，（4）为假，因此（5）也必定为假。如果（5）为真，我们就可以正确地用（4）来替换（2）；但苏格拉底论证说，如果（2）和（3）为真，那么（4）必定为假。（2）为真意味着，"x 是虔敬的"必定是对"x 被诸神所喜爱"的解释；无论事实表明虔敬是什么样的性质，它都应当解释为什么诸神喜爱虔敬者。但与（3）相反，（4）为真意味着，被诸神所喜爱是解释性的性质（explanatory property）。由于（4）并未陈述一种真正的解释性性质，所以我们不能正确地用（4）来替换（2）；因此，游叙弗伦一旦接受（1）到（3），就必须拒绝接受（5）。[15]

我们也许认为，（5）说的内容和（1）一样。如果苏格拉底这样认为，他就不得不同意游叙弗伦的观点。但他坚持认为，（1）只说了某种对虔敬来说为真的东西，而没有说虔敬本身是什么（人也许是唯一会笑的动物，但笑并非人的本质）。要想回应他对定义的要求，必须提供一个标准，因此必须解释为什么某物是虔敬的。但（5）做不到这一点，因为游叙弗伦已经［在（3）中］同意，"x是虔敬的"解释了"为什么诸神喜爱x"，而不是反过来。

如果游叙弗伦说，宗教道德完全依赖于诸神反复无常的意志，那么他可以前后一致地拒绝接受（3）。根据这种观点，诸神之所以认可一个虔敬行为，仅仅是因为它得到了诸神的认可，而不是因为别的什么特征。于是，关于谋杀的一切都不会导致诸神不认可谋杀；他们没有理由不认可谋杀，谴责谋杀完全是他们的任意选择。

苏格拉底对游叙弗伦的提问聚焦于（3）在游叙弗伦和苏格拉底的信念中扮演的角色。在此过程中，这些提问也使我们更清楚地理解了关于神和道德的希伯来和希腊思想中的一种倾向。和埃斯库罗斯一样，希伯来先知们也区分了神的道德要求和通常与宗教相关联的仪式性遵奉。他们拒绝接受在荷马和后来的希腊宗教思想中广泛传播的以下观点，即宗教是一种契约，人提供祭品和其他仪式性的厚待，以博取神的宠爱。先知们坚持认为，神的宠爱不能由固定程序的行为来博取，神要求道德上的诚实。和许多希腊人一样，许多希伯来人也认为可以通过供奉额外的祭品来为过去抵罪。但先知们回应说，道德上的败坏不能由铺张的宗教仪式来消除或抵偿。苏格拉底清楚地阐明了潜藏在先知的宗教观和道德观背后的这个假设。[16]

但他们为什么要把道德律（moral law）与仪式法（ritual law）如此明确地区分开呢？他们仅仅是强调，一项任意的神圣命令要比另一项更重要吗？苏格拉底的问题使我们更清楚地看到先知们的看法是什么。先知们认为，神表达了一种道德理想，因为他知道什么东西在道德上是善的，并且要求它。他知道我们要想成为道德上善的也能知道的原则。他的要求不是任意的，而是反映了关于道德上的善的真理，它们的真不依赖于他的选择。

关于诸神的自然主义观点拒不认为祭品能够影响诸神，苏格拉底对游叙弗伦的考察同样与此有关。苏格拉底含蓄地追问阿那克西曼德和赫拉克利特，什么使宇宙正义成为正义的；不能仅仅因为它是世界实际的存在方式就说它是正义的。想表明它是实际正义的，要比他们所意识到的更加艰巨。[17]

一些人想让神的意志成为判断什么东西在道德上正确的最终标准，苏格拉底暴露了这些人所面临的一些困难。他本人的立场也有明显的困难（例如，它似乎使神作为道德原则或道德指导的来源成为多余的或不相干的），但它给出了一种不同于传统宗教伦理观的合理观点。康德（Kant，1724—1804）接受和表达了苏格拉底的要求：

> 展示给我的每一个道德实例本身必定都曾根据道德原则判断过，看看它是否值得作为原初的范例即模型。它绝不可能权威性地提供道德概念。甚至是福音书中那位神圣的神在被认作神之前，也必定与我们关于道德完善的理想做过比较。[18]

苏格拉底的论证从虔敬扩展到了一般的道德，因为它从神的权威扩展到关于道德权威的其他主张。如果有人说正确的东西就是法律所要求的，那么我们可以把苏格拉底问游叙弗伦的问题拿来问他。持这种观点的人使道德成为法律的任意创造，并且使法律免于受到道德批评。普罗泰戈拉将道德和正义视为惯例的约定论观点也使它们免于受到理性批评。与他相反，苏格拉底暗示，我们在判断某一规范或惯例是否正义时实际上运用了另外某种标准，这种标准使得依循惯例的规范可以受到理性批评。

与游叙弗伦的讨论的这些含意应使我们确信，苏格拉底的问题有重大的道德后果。它们迫使我们看到，我们很可能无法前后一致地回答他的问题。我们已经看到，如果一致性是关键，那么对话者很容易通过拒斥苏格拉底的某一条关键假设而避免失败。但如果考虑到这一拒斥的代价，我们就可以看到为什么有充分的理由同意苏格拉底的观点。

六、道德的统一性

与游叙弗伦的争论表明，虔敬并不像游叙弗伦最初设想的那样可以与其他美德分离。如果诸神仅仅因为虔敬的行为在道德上正确而认可这些行为，那么虔敬所强加的特殊义务并未超出由一般的道德所强加的义务。游叙弗伦找不到可接受的方式将虔敬与正义区分开来，因此也找不到可接受的方式将虔敬与整个涉及他人的道德区分开来。

关于勇敢的论证更明确地导向了同样的结论。起初我们和拉凯斯一样认为，我们可以想象某个人既在战斗中勇敢而无畏，同时又残忍、轻率和愚蠢；我们甚至可能认为这些恶常常是勇敢的代价。苏格拉底向拉凯斯表明，我们必定错了。野兽也可以是无畏的，因为它不知道危险；傻瓜也可以是无畏的，因为他缺少看到可怕之物的感觉；其他某个人也可以是无畏的，因为他看不到生活的目标，也不在乎死活。这些情况都没有展示被我们认作勇敢的美德。因此,勇敢不可能只是无畏。[19]

苏格拉底、拉凯斯和尼西亚斯最终承认,真正勇敢的人的无畏必须基于他对作为整体的善与恶的认识。但这种对善与恶的认识对于其他任何一种美德来说也是必要和充分的,因此,勇敢与作为整体的美德无法区分。这一结论造成了某种实际差异。因为讨论开始时所追问的是那种适合让人变勇敢的训练,但现在我们发现,除非也教导某人其余的美德,否则试图让他变勇敢是没有意义的。我们也许能让一个人变得无畏和果决,但如果他也残忍和轻率,那么他就没有获得真正的勇敢。

这一对话并没有得出明确的结论。它终止于困惑,旨在引发反思。但反思暗示着对修昔底德笔下的科西拉人的一个回答。这些人认为,一种美德可以与另一种美德相冲突,特别是勇敢可以与正义相冲突。苏格拉底在回应时指出,更深地反思道德的统一性将会动摇我们对这一冲突的信念。他关于"美德的统一性"的信念似乎是刺耳的悖论,但他认为我们通过反思会发现,我们实际上一直相信它;苏格拉底式的诘问有助于建设性的反思。[20]

七、正义问题

苏格拉底在《克利同篇》中暗示,他的探究支持明确的道德结果,特别是支持他对正义的坚定拥护。他声称其方法有明确的道德结果,这是正确的。正如卡里克勒斯所见,系统性重复探究的结果很可能是道德观与道德优先性的改变。然而关于这种改变的实际方向,苏格拉底是正确的吗?他说他的论证支持了正义,这是正确的吗?

他坚持认为，我自己的自私总是给我的行为以凌驾一切的理由：

> 我们所有人都想过得好吗？但这也许是我害怕问的一个荒谬问题。因为问这样的问题当然是无意义的，什么人会不愿过得好呢？

苏格拉底接受了一个关于理由和动机的唯我论假设，即我自己的福祉（welfare）就是我所有行为的最终目标。他将我的福祉等同于我的幸福（*eudaimonia*；翻译成"幸福"是一种惯例，虽然并不完全令人满意，它所指的最明确的意思就是一般的福祉概念）。于是，我们的问题不是"我应当追求自己的幸福还是应当追求其他目标"，而是"鉴于我想要自己的幸福，我如何才能得到它"。

苏格拉底相信诸种美德的统一性，因为他认为它们全都应当等同于对善与恶的认识。唯我论的假设意味着相关的善与恶必定是对于行动者来说的善与恶，因此，所有美德最终必定是促进动者自身利益的手段。在《克利同篇》中，他将这种关于美德的一般唯我论假设应用于正义。他声称，由正义强加的道德义务不能与他的自身利益相冲突：

> 我们是否仍然同意，我们最应珍视的并不仅仅是生活，而是生活得好？……我们是否仍然同意，生活得好、生活得雅致与生活得正义是一回事？

克利同赞同这一点，但苏格拉底没有解释为什么我们应当认为,正义而道德的生活("生活得雅致与生活得正义")与达成行动者自身利益的幸福生活("生活得好")是一回事。他非常令人惊讶地声称,有美德的人可以完全不受伤害;无论其他事物显得多么糟糕,他的幸福和福祉都绝不会遭受任何损失。[21]

苏格拉底正确地说道,我们不能一致地秉持以下这些信念:

(1)正义是一种美德。
(2)一种美德必定总是有益于其拥有者。
(3)正义有时会伤害其拥有者。

苏格拉底认为,我们必须保持前两项,而拒斥第三项。然而,这为什么是对于该冲突的正确解决方案呢?如果我们接受了这一解决方案,什么样的行为才是正义的?正义能够施加于常常与之相关的涉及他人的义务吗?

我们很容易认为,正义的义务要求我们(例如)在那些似乎能够通过欺骗或剥夺他人而获得某种利益的情况下,与他人达成协议,尊重他人的权利,考虑他人的利益。苏格拉底声称,我们错误地怀疑,在这些情况下私利与义务之间会发生冲突。他本人对正义的支持在《申辩篇》和《克利同篇》中表现得很清楚。他若要证明自己是正当的,就必须表明他的正义行为实际上符合他自己的利益。但他并未提出论证来证明他的信心并消除我们的疑虑。例如,我们也许期望他通过诉诸有德之人有可能在来生得到报偿来消除某些人的疑虑——这是证明道德与私利殊途同归的一个常见策略。然而,这样一种诉诸需要相信灵魂不朽。在《申辩篇》中,苏格拉底明显不再诉诸灵魂不朽。他从未暗示,相信灵魂不朽和死后赏罚对于证明承认正义的正当性是必需的。[22]

八、对苏格拉底的理智上的误解

我们现在试图解决苏格拉底对自己的刻画与他人的刻画之间看似尖锐的对立。

他否认自己有意或愿意败坏青年,这是正确的。他的诘问试图引发反思、自我考察和自我认识。对话者或倾听者如果思考苏格拉底的方法和主张,将会达到由合理的原理派生出的更为一致、更站得住脚的道德信念。苏格拉底并未鼓励不义和不道德,恰恰相反,他试图暴露某些反对正义的似是而非的流行论证中的错误。

然而,他的方法使得对他的指控变得更加可信。我们也许很容易学到苏格拉底引起混乱和困惑的技巧,而没有学到他进行系统性诘问的构造性方法。于是,我们可能把这些苏格拉底式的技巧用作修辞花招,而不是用于构造性的探究。柏拉图暗示,一些青年从苏格拉底那里学到的只是这些花招:

> 当他们驳倒了许多人、也被许多人所驳倒时,他们毅然决然地再也不信自己以前相信的任何东西。因此在别人那里,他们和与哲学有关的一切事物都声誉不佳。

这是对苏格拉底问题的一种不合理但并非不自然的反应。[23]

关于反对苏格拉底的理由,还有更多可说。他的方法并不必然起安慰或消除疑虑的作用。它迫使我们陷入困惑和混乱,让我们自行反思。他的问题引发了对于惯例性道德的某些方面的严重怀疑。虽然他可能会说,他希望更清晰地表述某些惯例性道德背后的正确原则,但他的探究使他得出了非惯例性的结论,保守者们也许会指出,最好不要扰乱道德的现状。这些保守者甚至可能求助于阿里斯托芬的《云》，这部戏剧似乎暗示，论证上的些许质疑就很容易推翻普通人依循惯例的道德观点，最好完全不去想它们或者不就其进行论辩。（这是一个很容易从阿里斯托芬对苏格拉底的描述中得出的结论，并不一定是阿里斯托芬想要得出的结论。[24]）苏格拉底更激进的弟子们也许会争辩说，他的探究证明，更彻底地与现状决裂是正当的。双方都很容易论证，苏格拉底是对惯例性道德的威胁。

同样，对苏格拉底宗教态度的怀疑也不是毫无根据的诽谤，即使这些怀疑错过了关于苏格拉底的要点。他向游叙弗伦提问并不是想攻击宗教信念或真正的宗教实践。但这些问题很容易导致对既定宗教实践的严重怀疑。希伯来先知们并未声称在发明一种新宗教，而是要捍卫和证明，信仰他们希伯来人所信仰的那个神是正当的；不过，仍然有理由指控他们对关于宗教的流传甚广的假设构成了威胁。就某些怀疑而言，苏格拉底的指控者们是正确的，无论他们是否知道这一点。

苏格拉底的指控者们错过了要点，但并没有完全误解他。即使当我们纠正这种对他的错误阐释时，我们也不应不加质疑和论证地接受他的观点——苏格拉底也不想让我们如此。关于他的论证与他的明确道德结论之间的关联，他的某些主张是大有争议的，但他的方法向我们表明，我们如何才能检验他的观点以及寻找必要的论据。柏拉图就是从这里开始对苏格拉底进行批判性反思的。

继自然研究之后，亚里士多德认为道德哲学始于苏格拉底。西塞罗（Cicero）说，苏格拉底把哲学从天上拉到了人类生活和人类社会中。弥尔顿（Milton）正确地把苏格拉底称为后来希腊哲学中争论和论战的根源：

> 其次请您聆听圣贤的哲学，
> 从天上下凡到贫寒卑微的家庭，
> 苏格拉底家，请看那是寓所，
> 那天启神授的先知公开宣称他人世间最聪明，
> 从他口中流淌出甘美的溪水，
> 浇灌了学园派哲学
> 所有的新旧学派，还有那些
> 号称逍遥派和伊壁鸠鲁派
> 以及严肃的斯多亚派……

虽然哲学论证并非苏格拉底所创，但他比前人更清晰地展示了哲学论证的方法和威力。[25]

苏格拉底的道德探究是哲学性的，而不是修辞性的，因为它所涉及的是真理而不是说服，诉诸的是理性论证而不是习俗、传统或权威。它是一门独立的学科，因为它并不依赖于从自然思辨中导出的前提，而是依赖于我们所有人都可以自行发现和考察的道德原则。很容易误把苏格拉底当成其他某种东西，因此他的指控者有时视其为自然主义者，有时视其为修辞术家，总体上又视其为公共威胁。事实上，他是一个新事物——一位道德哲学家。

第六章

柏拉图

一、苏格拉底和柏拉图

柏拉图（Plato，公元前428—前347）生于伯罗奔尼撒战争初期，到了战争末期已经长大成人。那时亲斯巴达的寡头政体逐渐对民主制公开表示不忠，最终导致四百人寡头派政变和三十僭主的统治。柏拉图本人的效忠义务发生了分裂，因为他既是三十僭主之一卡尔米德斯的亲戚，又是苏格拉底的弟子，赞成苏格拉底对三十僭主的目无法纪持有异议。三十僭主虽然遭到废黜，但重新恢复的民主制却判处苏格拉底死刑，柏拉图放弃了任何可能的从政抱负。他在雅典创建了他的哲学学校——学园（Academy），担任其领袖直到去世。

柏拉图撰写的著作以对话形式来呈现苏格拉底的哲学，我们已经使用他的早期对话来论述苏格拉底。然而在柏拉图的中期和晚期对话中，"苏格拉底"这个角色讨论了形而上学、知识论和政治理论问题，而历史上的苏格拉底对这些问题未置一词。[1]

柏拉图从苏格拉底的问题开始，暗示找到了支持苏格拉底式信念的最佳论证。然而，捍卫苏格拉底的一种观点可能意味着对其另一种观点的挑战。苏格拉底的对话者不得不放弃他们所珍视的某些观点来捍卫另一些观点。柏拉图发现他不得不就苏格拉底的观点做同样的事情，即他必须既是苏格拉底的弟子又是其批判者。即使没有公开反对苏格拉底的看法，柏拉图也暗示，只有接受了进一步的学说，苏格拉底的信念才是合理的，而这些学说会让苏格拉底大为惊讶，甚至感到厌恶。据我们所知，苏格拉底从未意识到，他关于伦理学和哲学方法的信念使他不得不致力于占据着柏拉图头脑的关于知识和实在的精致且富有争议的理论和思辨。不过，虽然柏拉图对苏格拉底的发展也许看起来令人惊讶，但在柏拉图看来，对于苏格拉底的一个严肃的捍卫者来说，这种发展是不可避免的。

柏拉图自认为捍卫了苏格拉底的核心信念，也许这就是为什么"苏格拉底"始终是大多数中期和晚期对话中主要角色的原因。但在古代和现代的某些读者看来，他对苏格拉底的捍卫更像是一种背叛、一种对苏格拉底观点的灾难性曲解。[2] 要想看清楚这些批评者是否正确，我们必须考察一下柏拉图的辩护。

二、苏格拉底的论证理论

虽然苏格拉底强调自我审查，并且对其诘问方法充满自信，但他从未追问他的方法为何管用，或者他为何有权信赖这种方法的结论。在《美诺篇》(Meno)中，柏拉图提出并回答了这些问题。[3]

苏格拉底从一开篇就解释了为什么他坚持要在回答美诺关于

美德是否可教这个问题之前先问美德是什么。他问，如果他不知道美诺是谁，他怎能知道美诺的高矮胖瘦或任何其他有关美诺的事情呢？同样，如果游叙弗伦不知道什么是虔敬，他怎么可能像他声称的那样，知道指控自己的父亲不虔敬是虔敬的呢？苏格拉底断言了定义的优先性，认为只有知道了相关美德的定义，我们才能知道实际问题的答案。

苏格拉底想知道什么是美德，但从一开始就承认他对美德一无所知。但美诺问他，那样一来，他的探究还有什么合理基础呢？他试图通过将所提出的（例如）勇敢定义与勇敢行为的例子进行比较来检验这个定义。但如果他和他的对话者不知道什么行为是勇敢的（既然他们不知道什么是勇敢），他们又如何能正确地确认勇敢的例子呢？定义的优先性似乎使苏格拉的诘问适得其反。[4]

通过教一个奴隶一次简单的几何课，苏格拉底间接回答了美诺。他画了一个边长为 4 英尺（约合 1.2 米）的正方形，然后问奴隶，面积为该正方形两倍的正方形，其边长为多长。奴隶开始回答说，边长需要加倍。和苏格拉底的其他对话者一样，他满怀自信、毫不犹豫，但却是错误的。但进一步的问题使他改变了想法。关于最初的问题，他感到困惑和混乱，但更多的问题向他显示了如何找到正确的答案。在每一个阶段，奴隶都会说出他所相信的东西，苏格拉底并未强迫他。他可以不受约束地给出错误的答案（起初的确如此）。但如果坚持这个答案，他就必须接受某些古怪而困难的几何学信念。他正确地选择了避免这些极端的推论。[5]

和这位奴隶一样，苏格拉底的对话者必须常常决定如何解决他的各个信念之间的冲突（例如，相信勇气就是坚毅与相信勇气总是好的和有益的之间的冲突）。但他如何才能就拒斥哪个旧信念做出正确选择呢？如果我们相信三角形的内角之和是 150 度，但发现在个别案例中它们加起来似乎是180度，我们可以非常一致地拒绝接受这些案例，而保持我们原来的信念。但这显然是一种调整我们的信念以避免不一致性的荒谬方法，因为我们需要的假设（例如我们的仪器有缺陷，或者我们有某种视力缺陷）将与一些更基本、更牢固、得到更大支持的信念（例如关于我们仪器的精度以及我们感官和他人证词的可靠性的信念）相冲突。调整信念的合理方式是拒绝接受那些与得到更大支持的信念相冲突的信念。美诺的奴隶正是这样做的，苏格拉底的对话者们也是。

这个奴隶虽然缺少知识，但"内心之中对于他不知道的事物拥有真信念"。起初，他的信念中有正确的也有错误的，但他有能力在彼此冲突的信念之间做出合理的选择，并把正确的信念挑选出来。他拥有的这种能力帮助我们回答了美诺的怀疑，即我们能否通过苏格拉底式的诘问进行卓有成效的探究。因为即使我们不知道相关的苏格拉底式的定义，我们也有能力在不同的可能信念中做出明智的选择。[6]

三、探究与回忆

柏拉图为我们何以能够明智而有选择地修正我们的信念提供了一种思辨性的解释。他提出，我们实际上是恢复了我们出生之前就知道但后来忘记的知识。在苏格拉底式的探究中，我们从自身之中找到了正确的答案，而无须外在权威或新的经验信息。我们可以将这个过程与我们试图回忆起某些我们曾经知道但现在忘记的事物的过程相比较。我也许会尝试回忆起我在一次宴会上遇到的某个人的名字，但怎么也想不起来，直到记起主人说"我想给你介绍一位有着著名俄国姓氏的朋友"时，我才想起这个人名叫托尔斯泰。我自己的想法和推理把我引向了这个进一步的信念，就此而言，这个过程类似于苏格拉底式的诘问。然而，柏拉图在这里看到的不仅仅是一种相似性，他认为这两个过程实际上是同一个。这个奴隶未被告知答案就能回答他以前没有想过的问题，这种能力被用来表明，他实际上是在回忆他在前世已经知道的答案。[7]

这种论证依赖于一个有争议的假设。对话者有能力进行自我考察、反思和推理，这使他无须来自权威或经验的任何直接激励就能调整自己的信念。但如果这种能力不是习得的，那为什么必须通过无须任何学习过程就能获得的、后来被回忆起来的信念来进一步解释这种能力呢？柏拉图使我们正确地注意到了反思和推理的能力，但他没有完全理解它们的重要性，否则他就不会如此轻易地诉诸出生之前的知识。

四、知识与信念

柏拉图认为，苏格拉底式的探究可以从纯粹的信念导向知识：

> 此时，〈这个奴隶的〉信念被重新唤起，仿佛在一场梦中。但如果某人在不同场合以不同方式一次次地问他这些问题，你知道，他最终拥有的知识将和别人一样精确。

早期对话并没有清晰明确地区分知识与正确的信念，但它们依赖于某种区分，因为苏格拉底否认有关于美德的知识，但并不否认有关于美德的正确信念。现在柏拉图做出了一个明确区分：

> 正确的信念……不愿意在一个地方待很久，而会从人的灵魂中逃走，所以它们没有什么价值，直到给它们提供解释的理性把它们捆绑起来。美诺，我的朋友，正如我们前面所同意的，这就是回忆。……这就是知识的价值远远高于正确信念的原因，知识与正确信念的区别就在于有无捆绑。

如果我们拥有知识，我们的信念就会受到捆绑，不会像游叙弗伦的信念那样可以通过追问来动摇，因为这些信念将会基于一种言之有据的理由，它赋予我们的信念以某种合理的基础。[8]

柏拉图关于正确信念与知识之间的差异，以及可能从正确信念发展到知识的观点，与一种关于常识之可靠性的流行的自然主义观点并不相符。德谟克利特从常识据称的不可靠性推论出其自然主义理论的正确性。但他的论证表明，对常识的拒斥很容易支持关于常识和自然主义理论的怀疑论。如果常识与自身不一致，我们可以得出结论说，这种不一致是无法解决的。在这种情况下，我们就面临着彼此冲突的等价现象，无法在它们之间做出选择。同样，如果自然主义理论彼此不一致而且与常识也不一致，我们可以得出结论说，这是另一种迫使我们陷入怀疑论的无法解决的不一致。如果我们承认这些不一致论证，我们似乎就既不能信任常识，也不能信任自然主义理论，而是必须诉诸怀疑论。[9]

柏拉图反对自然主义和怀疑论的观点，坚持常识与知识之间的连续性。苏格拉底式的探究从常识自身的来源批评了常识。柏拉图认为我们有能力挑选出正确的信念，发现证实正确信念的理由。

五、关于苏格拉底式定义的理论

要想查明柏拉图声称苏格拉底式的探究可以导向知识是否正确,我们需要看看知识需要什么样的解释或辩护。要想了解美德,我们必须能够说出什么是美德,而只有在美德的所有实例中发现了独一的"形式"(*eidos*)或"特征"(*idea*)时,我们才能说出什么是美德。关于这种形式的论述将会给我们知识,而不仅仅是信念,因为我们可以把它用作"模型"或"标准"(*paradeigma*)来解释为什么某个行为或人是(例如)正义的或虔敬的。正义或虔敬的事物有一种共同特性,使得把同一个名称应用于这些事物是正确的。讲希腊语的人会用 *dikaion*,讲拉丁语的人会用 *iustum*,讲日耳曼语的人会用 *recht*,但他们说的都是同一个事物,即使没有人说它,它也存在。[10]

柏拉图仿效苏格拉底,断言我们试图在苏格拉底式的探究中定义的"正义本身"等事物是实在的。他和苏格拉底都承认除了"许多虔敬"之外还有"一个虔敬"(等等),也和他一样试图论述这种普遍形式。但他关于"理型"的进一步主张使他超出了苏格拉底(因此,我们不妨用"理型"而不是"形式"来标明柏拉图关于在他看来苏格拉底已经认识到的东西的特殊主张)。由这些对话以及亚里士多德关于"理型论"的论述,我们有理由推断,柏拉图将下述特征归于"理型":

(1)任何理型都不像其他事物那样有对立面的共存。正义或相等的寻常事物既正义又不正义,既相等又不相等,而正义与相等的理型却不可能如此。

(2)理型完全稳定不变,而其他事物则会发生无休止的流变。

（3）我们不可能通过感觉来了解理型，因为任何可由感觉把握的事物都有对立面的共存，而且都会不停变化，因此不可能是理型。

（4）理型独立于可感事物而存在。可感事物变化、生长、衰败、产生或消亡，而理型则不受影响，即使可感事物不存在也会存在下去。

亚里士多德挑选出理型的这些特征作为柏拉图观点而不是苏格拉底观点的显著标志。他声称，在赫拉克利特主义者克拉底鲁（Cratylus）的影响下，柏拉图认为可感事物在不停地流变，因此不可能被认识。由于理型是知识的对象，所以理型不可能是可感事物，也不可能发生同样的不停流变。在亚里士多德看来，柏拉图还认为理型与可感事物是分离的。如果这些的确是柏拉图特有的观点，那他为什么会持有这些观点呢？[11]

最重要的主张是第一个，它部分解释了另外三个主张。苏格拉底式的对话表明了为什么对立面的共存是重要的。正义的理型被认为提供了判断其他某物是否正义的标准，但如果事实表明，被我们认作正义的那种性质并不比不义更正义，我们就还没有找到正确的标准，因为这种性质不可能是使事物成为正义的东西。例如，倘若把正义定义为归还我们所借之物，那么我们关于特定行为的某些判断将是正确的，但另一些判断将是错误的。例如，我将正确地判断，归还你昨天借给我的割草机是正义的，但我将错误地判断，归还你的枪是正义的——虽然你把这支枪给我是为了妥善保管，而现在你正精神错乱地威胁要射杀你的孩子。一般而言，如果我们寻求的是 F 的理型，那么任何既是 F 又是非 F 的性质都不可能是我们想要的那种性质。[12]

六、感　觉

在第三个主张中，柏拉图同意赫拉克利特的判断，即对于不用理性来解释感觉的人来说，感觉是坏的见证。他认为，如果我们试图定义苏格拉底关心的那些性质，那么感觉所聚焦的性质并不适当；因为在这些情况下，感觉所发现的是那些显示出对立面共存的性质，我们不能依靠这些性质去寻找苏格拉底式的定义。

柏拉图指出，对某些性质而言，感觉自身所给出的是错误的信息。例如，感觉告诉我们，同一个事物在不同的比较中既大又小，或者既重又轻。如果我们只依靠这些观察，我们将不会有关于什么是大、什么是小等等的一致观念。我们也许观察到，两根相等长度的棍子都是 3 英尺（约合 0.9 米）长，如果我们轻率地依靠这一观察，我们会说相等就是 3 英尺长。但事实上，我们发现了一种既相等又不等的性质。相等或大并不是可观察对象本身的一种性质。要想知道一个对象是否具有这种性质，我们必须知道正在将它与什么相比较，以及相关的比较标准是什么。（我们正在寻找大老鼠或大型哺乳动物吗？）类似地，我们不能只通过诉诸对美或正义的事物的感觉观察来定义美或正义。（比如，提出美就是明亮的颜色，或者正义就是归还我们所借之物。）因为我们从未发现有任何美的、正义的或相等的事物不同时也是丑的、不义的或不相等的。

苏格拉底的对话者们通过依靠对有德行为的感觉观察来寻求定义，而没有意识到可观察性质不能等同于道德性质。因此，他们所尝试的定义提到了显示出对立面共存的性质。在柏拉图看来，通过纯粹的可观察性质来定义一种美德，而避免提到其他美德以及由诸美德所激励的善，是没有什么前途的。苏格拉底的对话者之所以失败，正是因为他们寻求的定义只涉及这些可观察性质。但在柏拉图看来，更合理的是认为，每一种美德都必须通过提到其他美德以及据信由诸美德所激励的善来定义。

柏拉图认为他的第二个主张，即理型是不变的，而可感事物处于无休止的流变之中，源于对立面的共存。在此比较中长而在彼比较中短的一个长度，从长的"变成了"短的。和赫拉克利特式的流变一样，柏拉图式的流变中也包含着共存中所隐含的那种不稳定性。就理型论而言，共存正是解释了柏拉图关于理型与可感事物之间对比的那种不稳定性。[13]

七、关于理型的问题

虽然我们已经解释了柏拉图关于理型的前三个主张，但第四个主张更难解释，这既是因为更难看出柏拉图是否接受它，也是因为就算接受，他接受它的理由也并不清晰。如果我们接受前面的论证，那么他肯定表明了理型不可能是可感对象。例如，正义不可能是那种既正义又不义的行为（因为这种类型的某些特定行为比如归还我们所借之物是正义的，而另一些则是不义的）。理型也不可能是可感性质；例如，正义不可能是像归还所借之物那样的性质，因为这一性质使得行为既正义又不义（通过使某些行为正义，使另一些行为不义）。但我们还需要进一步的论证来支持以下结论（被亚里士多德归于柏拉图），即理型是独立存在的，因此即使没有可感对象存在，理型也会存在。虽然柏拉图可能的确相信理型的这种独立存在性，但他并没有进行论证，也没有在对比理型与可感事物时诉诸这一点。[14]

关于独立存在的问题表明，柏拉图的理型概念中存在一个模糊之处。另一个模糊之处是他对理型与它所对应的性质之间关系的看法。我们也许认为，理型（例如正义本身）与性质或共相（正义）是同一个东西，因为这就是苏格拉底在寻求关于"虔敬者"等等的论述时似乎在寻找的东西。另一方面，柏拉图的某些说法向许多读者（包括亚里士多德）暗示，他不能前后一致地将理型等同于性质。因为他声称 F 的理型不能像可感的 F 那样既是 F 又是非 F，而有时他似乎又认为理型本身是完全 F 的。根据这种观点，正义的理型是完全正义的，而并非也是不义的，"大"的理型就是完全大的，"相等"的理型就是完全相等的，如此等等。这种"自我谓述"（self-predication）学说（或者更严格地说，每一个理型都带有它所对应的谓词）难以适用于每一个理型："大"的理型必须多大，"相等"的理型又相等于什么？

这些问题的产生表明自我谓述基于一个错误。事实上，亚里士多德指出，在接受自我谓述时，柏拉图犯了一个基本错误，看待性质仿佛是一个进一步的殊相（further particulars；就好像高是一个高的事物，白有某种颜色，等等）。不过，柏拉图起初是否以及在多大程度上实际承认自我谓述学说，这仍然是一个悬而未决的问题。[15]

尽管存在这些困难和模糊不清之处，理型论仍然是对苏格拉底寻求定义的合理辩护。如果以可感的方式来寻求定义，我们将会发现，正义既是还债又是不还债，等等。赫拉克利特主义者会认为这个结论是对立面统一的例子，并且声称这就是正义。怀疑论者则会指出，如果不能解决我们关于正义的主张之间的明显冲突，我们就不会知道正义究竟是什么。约定论者会坚持认为，如果这些相互冲突的主张都告诉了我们什么是正义，我们就应该把正义等同于那种在不同人看来是正义的东西。柏拉图认为，这些不同的观点都基于关于对立面共存的错误之上。[16]

在柏拉图看来，赫拉克利特误认为这种共存能够正确地论述正义背后的本质。因为同样正确的是，正义既遵守又不遵守承诺，既带来痛苦又带来快乐，等等。要想论述正义，需要对产生和解释各种对立面的背后原则做一论述。如果找到了这一原则，我们就能预先阻止任何怀疑论论证或约定论论证。要想寻求苏格拉底式的定义，一条更好的途径是对苏格拉底本人的定义进路持一种批判态度。

八、关于苏格拉底式知识的理论

我们可能会同意柏拉图的观点，认为如果能够拥有知识，而且正确的苏格拉底式定义是可能的，那么必定存在着不可感的、稳定的、完全的（没有对立面共存的）理型。然而，接受这个有条件的主张并不等于同意理型存在，因为我们仍然可以怀疑苏格拉底式的知识和定义的可能性。即使我们同意存在着不可感的理型，我们也仍然可以认为它们是不可知的。因为，如果理型是不可感的，而感觉又是我们知识的唯一来源，那么我们怎么可能知道理型呢？

在《理想国》的第六卷和第七卷中，柏拉图就面临其中一些问题。他提出了太阳、线段和洞穴这复杂的三重比喻，来描述我们如何从不加批判地接受所遵奉的信念前进到有根据的、得到辩护的知识主张。日喻将在黑暗中看东西（暗示只考察可感事物而不诉诸理型的认知状态）与在阳光下看东西（暗示由理型知识所引导的认知状态)相对照。线喻则又将每一种认知状态一分为二,确认了两种无知识的信念状态(不涉及理型)和两种知识状态(涉及理型)。洞喻则把我们经由这四个阶段的进步描述成从黑暗走向阳光(回忆太阳的形象)。[17]

这种进步始于意识到,基于简单观察的信念和基于这些信念的道德准则是不适当的。我们最初也许会以为(就像苏格拉底的某些对话者那样),坚定不移就是勇敢,或者归还我们所借之物就是正义。但苏格拉底的考察表明,这些规则并不能完全指明相关的美德。洞喻描述了这一批判与发现的过程。在这个比喻中,囚徒们观看由傀儡投射到洞穴墙壁上的影子。(如果柏拉图知道电影,他也许会说囚徒们正在观看一部非常模糊的傀儡电影,而没有意识到它仅仅是一部电影。)起初,囚徒们认为这些可感的现象就是整个实在,而没有意识到有其他某种实在潜藏在它们背后并且构成了解释。然而,他猛然间转向了他已经看到影子的这些傀儡(马、树、人等等的形象),并且最终转向了作为其光源的火。开始时,人们要他说出每一个傀儡是什么,他感到困惑不已,但渐渐地,他获得了更为坚定可靠的信念。

柏拉图重申了其回忆理论的一个主要观点,即如果以正确的方式进行激励,而不是灌输答案,则我们进行推理反思、自我批判的能力能够接近真理。他坚持认为,知识的增长不像让盲人复明,而更像把人的眼睛转到正确的方向:

> 于是,必定有某种技巧使灵魂转向,尽可能容易而有效地改变它的方向。其目的不是将视觉植入我们,而是认为视觉已经存在,只是方向错了,所以要使它转到正确的方向。

这种技巧就是苏格拉底式的探究，它使对话者转到正确的方向，使他看到可感性质不能恰当地定义他想要理解的性质。通过这一步骤，我们就从线喻的第一阶段进入了第二阶段。[18]

这一步骤也暗示了进一步探究的方法。洞穴中的囚徒被引至洞外的阳光下，但开始时不能直接看太阳。线喻相应的第三阶段涉及用"假说"或"假设"（希腊词是 hupothesis，意为"制定"）来合理地、尽管是不完全地满足苏格拉底对定义的要求：

> 在任何情况下，我都会假设我认为最强有力的论述；任何在我看来与此符合的东西，我都会认为是真的。……
> 如果有人攻击假设本身，你不必理睬他，也不必回答他，直到你已经考察了这一假设的各项推论，看它们是否彼此一致。

例如，认为正义总是设法满足受侵袭的人的利益，这一假设可能与我们最初的信念，即归还我们所借之物总是正义的相冲突。但如果这个最初的信念与似乎合理的进一步信念相冲突，我们就应拒绝这个信念。——如果是这样，这一假设便得到了证实。[19]

现在我们已经达到了线喻的第三阶段，所以我们拥有了一类知识，因为我们有一种论述能够证明我们有良好基础的信念是正当的。我们的情况比苏格拉底及其对话者要好。尽管如此，我们的假设还不能算作完全的知识。想达到这种完全的知识，柏拉图还需要第四个阶段。在洞喻的第四阶段，我们能够直视太阳这个使我们得以看到其他事物的光源。在线喻的相应阶段，我们通过辩证法（即苏格拉底式的诘问）达到了关于善的知识，因为我们关于善的知识是我们关于其他理型的知识的源泉和基本原则。在这个阶段，辩证法发现了假设背后真正的第一原则。如果我们达到了第三阶段，我们的假设就是彼此一致的，因此一个假设就不能给我们决定性的理由去拒斥另一个假设。然而在第三阶段，我们只考察了假设的推论以及假设彼此之间的一致性，而尚未考察假设是否也相互支持。如果它们的确相互支持，它们就不再只是假设。每一个假设都给了我们进一步的理由来接受其他假设，于是我们完全有理由接受所有假设。这种相互支持的条件将在线喻的第四阶段达到。[20]

进一步的理由和相互支持来自善的理型。不同美德应当全都有助于某种善。如果我们认为一个据称正义的行为所产生的结果整体上更坏，那么在柏拉图看来，它最终就不是正义行为。我们关于善的观念受诸种美德的激励，它会调整我们关于每一种美德的观念。当所有对美德的论述都与对善的论述相关联时，我们将拥有对美德的正确论述。

九、柏拉图对怀疑论的回应

柏拉图指出，如果信任我们的一些信念并且进行反思，我们就能建立一个融贯的、相互支持的合理信念的体系。如果能做到这一点，我们就能回答怀疑论和约定论（普罗泰戈拉）的诉诸冲突的现象的论证。探究的初始阶段揭示了冲突，而辩证法的进步则用相互支持取代了冲突。

但怀疑论者也许会问，相互支持是不是知识的足够好的理由。相互支持的信念可能仍然是假的，因为它们也许未能对应于一个外在于它们的实在，倘若，例如，它们只是一种一致的幻觉。要想消除这一怀疑,我们不得不将我们的信念与这些信念应当关涉的实在进行比较。但离开了我们关于实在的信念,我们无法通达实在,因此,我们显然不能声称关于事物的知识就是事物实际之所是。如果这种怀疑论的疑虑使我们感到困惑,我们将不得不同意德谟克利特的观点:"不存在真理,或者至少对我们来说真理并不明显。"[21]

怀疑论者假设,如果不能将我们的信念直接与实在相比较,我们就没有理由声称知道这些信念为真,因此,与其他信念进行比较不能支持关于知识的主张。但我们为什么应当接受怀疑论者的假设呢?柏拉图完全可以用这个问题对怀疑论者反戈一击。如果我们将柏拉图关于一致性和相互支持的检验应用于怀疑论假设本身,则这个假设似乎是不可信的。

怀疑论者也许会反驳说,用柏拉图的标准来评价这个怀疑论假设不过是以假定为论据的狡辩罢了,因为怀疑论者所质疑的恰恰是这些标准。在回应这一反驳时,柏拉图会承认他的辩护方法涉及某种程度的循环:他诉诸关于融贯性与相互支持的标准来捍卫怀疑论者所质疑的方法和标准。但他可能提出,这个循环不一定是恶的。为了让我们确信柏拉图的辩护循环是恶的,怀疑论者可能会试图说服我们相信,一切循环论证都是恶的,提供不了辩护。要想说服我们拒绝接受全部循环论证,其可能性很小;如果我们没有被说服,怀疑论者似乎试图给我们没有充分理由去接受的辩护施加条件。可以让怀疑论者提供某种理由来接受导向怀疑论的假设,而怀疑论者并没有提供柏拉图需要认真对待的理由。[22]

十、灵魂与身体

柏拉图关于回忆的论述声称，我们的灵魂在进入我们的身体之前就已经存在了。在《斐多篇》中，他更详细地论证了以下主张：灵魂是不生不灭的。在他看来，这一主张之所以重要，是因为它既支持了出生之前知识的可能性，又将我们的注意力转向了对我们自身和我们的福祉最重要的东西。

苏格拉底鼓励雅典人要关心他们自己和他们真正自我的福祉，而不要关心外在拥有的东西。要想关心我们自己，就必须关心我们的灵魂，使之尽可能地有德行。任何其他利益都无法弥补我们因为有邪恶的灵魂而造成的损害。当且仅当我们的灵魂有德行时，我们的福祉才是安全可靠的。苏格拉底认为他的灵魂就是他自己。他视美德为灵魂的健康，与身体的健康进行对比。他未加解释地认为，与我的心脏、手臂和体重相比，我的信念、选择、目标和性格更是我自己的固有部分。[23]

柏拉图试图解释和捍卫苏格拉底的假设。他论证说，每个人都应等同于他的理性和思考能力，由于理性的理智是不朽的，所以每个人都是不朽的。他捍卫一种带有强烈二元论色彩的学说：身体和灵魂是两种不同的东西，灵魂是非物质的、不可感知的和不朽的，而身体则是物质的、可感知的和有朽的。灵魂无须感官就能知道理型，而且和理型一样是不可感知的和不灭的。[24]

柏拉图详细论证了理性灵魂的不朽。和在《美诺篇》中一样，他关于"回忆"的信念需要相信前世；而在《斐多篇》中，他给出了进一步的论证来表明，灵魂在一直属于它的任何身体消亡之后仍然存在。这些支持灵魂不朽的论证也支持了哲学家的生活方式。通过渐渐认识理型和培养美德，我们为自己脱离身体时终将达到的状态做好了准备。有些人只有看到行为可以带来进一步的物质利益时才会做出勇敢、克制或正义的行为，这些人只有美德的"外表"。但哲学家却无条件地致力于美德，因为他并不关心这样做可能会带来任何世俗损失。[25]

十一、灵魂与自我

在考察柏拉图为个人不朽所做的论证时，我们必须问两个问题：首先，灵魂是否像柏拉图所设想的那样是不朽的？其次，灵魂就是这个人吗？在《斐多篇》中，苏格拉底坚持认为，当他的灵魂与身体分离时，他将不会死亡。要想像柏拉图所期待的那样对第一个问题感兴趣，我们就必须同意他的观点。

柏拉图求助于我们认识不可感的理型的能力。这种能力意味着我们既有感觉，又有理性和理智，因为我们是通过理性反思与推理，而不只是通过观察来渐渐认识理型的。如果仅限于感觉，我们就很容易犯错误，进步要求我们将我们自己——我们的理性灵魂——从感觉的心不在焉和错误中解放出来。我通常认为我的理性的、经过深思熟虑的判断是"我的"判断，我应当等同于有一定时间长度的反思过程，而不是等同于感觉的瞬时印象。[26]

在实践语境下，柏拉图也做了同样的对比。我们将我们的感觉印象和感官欲望都归于身体，这些印象和欲望既来自身体自身的物理状态，也来自身体与其他物理对象的相互作用。柏拉图声称，我们发现这些身体欲望是对我们自己、对我们理性理智的一种分心。也许我知道最好是避免喝水，因为水中有毒，但我太渴了，无论如何也要喝水；或者，也许我知道我应当送我受伤的邻居去医院，但我感觉太累了，不愿离开家。柏拉图认为，在这些情况下，其中一种欲望确实是我的；理性目标反映了我的目标和价值，非理性的对立面则反映了与我的真实目标相冲突的感受和欲望。[27]

这个来自知识与行为的论证表明，我们将自己等同于我们理性的方面，而不是非理性的方面。但柏拉图关于不朽的结论暗示，我们仅仅等同于我们的理性能力，而不是所有其他东西。要想接受这一观点，我们必须同意，如果我的纯理性能力与我所有其他心灵状态或身体状态相分离，我仍然是同一个人。到目前为止，我们没有理由接受这种关于我们自己的观念。我们也许会把自己等同于对感觉印象和冲动加以组织的理性，但这并不意味着我们等同于没有任何印象或冲动需要组织的理性。

于是，柏拉图似乎并未表明，苏格拉底理性的不朽保证了苏格拉底的不朽。如果这种纯粹理性缺少苏格拉底的感知、情感、欲望、经验和记忆，我们会怀疑它如何区别于苏格拉底的某个偶然幸存下来的肢体或器官，而没有构成一个人的其余能力。此外，如果苏格拉底的纯粹理性和拿破仑的纯粹理性都从身体中解放了出来，那么如何才能区分它们呢？如果每一个纯粹理性都从生前的经验、欲望和生活目标中解放出来，那么它似乎无法与所有其他纯粹理性区分开来。也许柏拉图能够应对这些反驳。但它们至少表明了其主张中的一些困难，即同一个东西既可以是个体同一性的焦点，又可以是道德关切的首要对象，还可以是不朽的并且与任何身体相分离。[28]

十二、正义问题

苏格拉底关于探究、知识与实在、灵魂与身体的观点，都旨在为成为有德行的人和过一种正义的生活提供理由。在《理想国》中，柏拉图考察了对于苏格拉底的道德理论来说最困难的、尚未解决的问题。他表明，他关于知识与实在的学说如何可以支持他对伦理学问题的回答。《理想国》讨论了道德理论和政治理论、知识论、形而上学、心理学、教育哲学和艺术哲学的问题，但其整个论证试图深入解释什么是正义，以及我们为什么应当正义而非不义。

第一卷中的特拉绪马库斯，以及第二卷中为他做辩护的格劳孔和阿德曼托斯（Adeimantus），都力陈了支持不义的论证。他们提出，正义是"他人的善"，正义规则之所以存在，是为了维护业已确立的政权。由于我能从生活在稳定的政权之下受益，我有很好的理由想让他人服从这些规则；但如果其他大多数人都服从这些规则，而我做了不义之事却侥幸未被发现，且我的处境会更好，因此我从理性上会更倾向于这种选择。

苏格拉底式的对话清楚地表明，苏格拉底拒绝接受这种关于正义的要点与好处的观点。但他并没有说什么是正义，或者正义如何有益于正义的人：

> 因此，不要只是用论证向我们表明正义比不义好，而是也要表明，正义或不义对那些拥有正义或不义的人做了什么——无论诸神或众人是否注意到——因而正义是好的，不义是坏的。

我们需要考虑一个除了是正义的之外在所有其他方面都境况不佳的人，以及一个除了是不义的之外在所有其他方面都境况良好的人。柏拉图声称，这个正义的人仍然要比这个不义的人境况更好。[29]

柏拉图提出了正确的问题吗？我们也许认为，真正正义的人即使在有违他的利益时也会做出正确的行为。如果我们出于正当理由是正义的，我们难道不是应当避免柏拉图所说的诉诸私利吗？柏拉图回答说，道德与自我利益之间的明显冲突其实只是道德与一种错误的自我利益观之间的冲突，而这种自我利益观又基于一种错误的自我观。

十三、理性与欲望

柏拉图同意苏格拉底的观点，认为对正义的辩护应当表明正义如何有益于正义的人的灵魂。因此，他的主要论证基于一种对灵魂特别是对欲望的论述。[30]

柏拉图考察了他在《斐多篇》中诉诸的动机冲突。如果我渴了，想喝酒，但又拒绝满足我想喝酒的欲望，因为我认为喝酒可能不健康，对我有害，那么我不喝酒的欲望就基于我关于什么东西整体上对我有益的信念。如果我经过反思判定，喝酒最终对我有益，那么我不喝酒的欲望就会消失，而被喝酒的欲望所取代。由于这种欲望回应了关于我的益处的推理，所以可以称它为理性的欲望。另一方面，我现在的喝酒欲望在理性反思之后可能并未消失，即使我意识到更多的威士忌会使驾驶变得危险，我可能仍然要喝。这种欲望没有回应关于我的益处的推理，所以它是一种非理性的欲望。根据这一原则，柏拉图区分了理性欲望和非理性欲望，并将它们分配给灵魂的不同"部分"。[31]

理性部分会将现有欲望对象（例如喝酒）的价值与我现在的其

他欲望（例如健康）和未来会有的欲望（例如明天不经受宿醉的欲望）结合起来进行考虑。然而，每一种非理性欲望都只考虑它自己，因此只考虑我的一个部分或一个阶段。如果不对其他信息做出理性思考，我最初的视觉印象（例如插入水中的棍子是弯的）是不能信赖的（其他信息也许表明这根棍子实际上是直的）。类似地，在我用理性进行评价之前，也不能依靠我欲望的最初倾向来发现我真正的利益。理性部分考虑我的其他部分和阶段，对它们都很公平。如果我确实自私自利，那么我必须由理性部分来指引。[32]

十四、对正义的辩护

这种对欲望的论述表明，很容易把勇敢、节制和智慧这三种主要美德看成秩序井然的灵魂的不同方面。理性部分中的正确判断使人智慧，而非理性欲望对理性欲望的服从则使人节制和勇敢。于是，这三种美德明显属于理性而审慎的人。

为了表明这样一个人也是正义的，柏拉图思考了最佳城邦的结构。该城邦由统治阶层、武士阶层和生产阶层三部分所组成。柏拉图认为（出于稍后要考虑的理由），这样一个城邦旨在服务于全体和每一部分的共同利益；这种组织就是城邦中的正义，每个部分都通过发挥自己的功能而做出自己的贡献。由于灵魂也有各个部分需要为了自己的利益和整体的利益而加以组织，所以这种组织就是灵魂中的正义，每个部分都在这种组织中发挥自己的功能。正如没有一定程度的健康就不值得活着，没有这种正义也不值得活着，因为如果没有这种正义，我们就无法追求自己的利益。[33]

柏拉图曾说，这种"灵魂的正义"，即灵魂各个部分之间的正确关系对我们有益。但他回答了原初的正义问题吗？格劳孔和阿德曼托斯问的是作为"他人利益"的正义，因为它似乎本质上指向他人的利益——我们称之为"日常的正义"。没有日常的正义，我难道就不能拥有"灵魂的正义"吗？我难道不能坚决按照我的理性计划行事，不为非理性冲动所动，仍然制定需要我为了自己的利益而欺骗他人的理性计划吗？[34]

为了回答这种反驳，柏拉图会表明，灵魂的正义使我们做出可以被视为正义的行为，而避免做出看起来明显不义的行为。看似对我有益的不义以他人的损失为代价，为我提供不义所得。但只有当我让非理性冲动过度发达时，不义所得才会吸引我：我想通过谄媚、武力和欺骗来花天酒地，寻欢作乐，或者想让人羡慕我的财富，如果我因为贫穷而受到鄙视，我会感到羞愧。我之所以有这些强烈的欲望并且按照它们行事，是因为我的非理性部分不受控制。如果它们受到了理性的控制，我就不再会有这些不合理的强烈欲望。柏拉图将证明的义务转嫁到对手身上，并且集中于核心问题——理性的人的真正利益是什么？[35]

十五、美德与哲学

到目前为止，柏拉图的论证并没有诉诸他的理型论。《理想国》第二卷至第四卷的论证并没有假设正义的人是哲学家，也没有假设他们接受柏拉图关于知识与实在的观念。然而在第五卷中，他假设正义的人将会成为哲学家，会渐渐认识正义等美德的理型，并且会渐渐爱它们。柏拉图指出，一旦正确理解了对人的爱，我们就会看到非人的对象如何显示出我们在人那里看到的美和可敬品质。

在柏拉图的论述中,我们对人最初的、肤浅的爱是爱他们身体的美,更深入的认识使我们爱他们(可以是同样的人,也可以是不同的人)心灵和性格的可敬品质。但我们在生活方式、社会秩序、社会政治事业中也可以发现这些可敬的品质。当我们谈到"热情的正义斗士"或"热爱自由的人"时,柏拉图认为这并不只是隐喻或夸张;我们所谈的乃是我们在对人的爱中所表达的那种美而可敬的东西的爱。这种爱的最高对象是美的理型,它是完全可敬的,而且是其他任何事物中可敬的东西的来源。[36]

柏拉图认为,如果我们的爱和渴望得到完全的发展,我们将会爱上美的理型和其他理型,因为它们显示了一种可敬的理性秩序:

> 他会继续追求,爱的锋芒不会变钝,爱的热情不会降低,直至他灵魂中那个能把握实在的,即与实在相亲近的部分把握了每一个实在之物[理型]的本性。当他与实在接近、交合并且生出了理性和真理时,他才真正活着和成长,只有这时,他的生产阵痛才结束。

既然已经看到这种秩序,我们想以我们影响世界的方式去"传播"美。柏拉图认为,这种对美的传播也是对我们自己的传播,它非常类似于字面意义上的传播。就我在他人身上体现了我的性格和个性而言,我传播了我自己;就我在他人身上体现了我所珍视和推崇的品质而言,我在传播美的过程中也传播了我自己。在柏拉图看来,这种对我们自己的传播是对我们无法拥有的不朽的最佳替代。由于我们无法永远在我们自己身上体现我们关于美与价值的观念，所以我们想把它传播到其他人、艺术作品、制度和整个社会中去。[37]

哲学家因为有正确的价值观，所以想在他们自己和其他人的生活中产生正义等美德：

> 如果有某种必然性迫使哲学家把在彼岸看到的理型，实际施加到国家和个人，塑造他们，你认为他会是塑造节制、正义以及一切公民美德的蹩脚工匠吗？

这种"必然性"促使哲学家在理想城邦中承担统治的职责。

这是一种什么类型的必然性呢？柏拉图提出，一旦渐渐认识了理型，哲学家们就会认为自己处于"幸福岛"上，享受着至高的幸福，不愿回到人类社会。他们将把统治当作某种"必然的"东西，而不是当作某种需要夺取的奖赏。不过，经过周详的思考，哲学家仍然认为统治是符合其自身利益的，因为统治活动是在适当的情况下表达他对其他人身上的理型的爱的最恰当方式。如果没有统治他就能使别人变得正义，他宁愿避免繁重的统治任务。但在这个世界上，统治对于正义的传播是必不可少的。[38]

柏拉图关于爱的理论解释了为什么哲学家有理由是正义的。我们期望正义的人有益于他人，而不仅仅是有益于他们自己，而哲学家符合这一期望。由于他们想让城邦的组织符合每个人的利益，就像城邦理应的那样，而且他们看到，对任何人来说最大的利益就是在灵魂上正义，因此他们想把灵魂的正义传播到他人那里。由于这是任何人可能授予的最大利益，所以哲学家会满足日常正义的条件。

哲学家的欲望是不自私的，因为这些欲望超出了他自身的状态，纯粹是为了寻求他人的利益，就像正确的秩序表达了理型的秩序一样。但他的欲望仍然是关心自己的而不是无私的；他想要创造，是因为他想在其创造性工作的产物中复制他自己灵魂的特征。与特拉绪马库斯的说法相反，他的正义既对他人有益，也对他自己有益。他的道德义务并不涉及牺牲自我利益。

因此，柏拉图的理型论有助于他解决《理想国》中的主要问题。但这一解决方案诉诸只适用于哲学家的对理型的爱。对其他人来说，他必须用论证去表明，一个理性而审慎的人永远也不会发现日常的正义有益于他。

十六、知识、道德与政治

为了完成描述个人的正义这一主要任务，《理想国》也描述了城邦中的正义，并且勾勒了一个体现正义的理想城邦。在此过程中，柏拉图回答了苏格拉底提出的一些问题。虽然苏格拉底被怀疑对雅典民主制不忠，但他却说，与斯巴达、比奥蒂亚（Boeotia）和麦加拉（Megara）的更不民主的法律相比，他宁愿要雅典的法律。另一方面，他抨击民主体制有意漠视道德的和政治的知识。他谴责民主制讨好和操控公众易受影响的非理性冲动，而不关心人们真正的利益。

苏格拉底并没有主张某种形式的统治比其他形式更好，也没有提出某种伦理标准来评判一个政府或政治体制。虽然他历经内战和政体变迁，但他并未试图解释它们，或者试图表明如何能够避免它们。柏拉图提出了这些问题。他在《理想国》中指出，除非由哲学家来统治，否则正义的城邦不可能存在。柏拉图对这一有意悖谬（paradoxical）的观点的论证暴露了他主要的道德与政治假设。[39]

他认为，经过恰当安排的城邦促进了其所有成员的利益（the good，善好），而实际的城邦都是有缺陷的，因为它们达不到这个目标。正如修昔底德所表明的，它们之所以达不到这个目标，是因为追求安全、财富、荣誉和权力会导致冲突。当一个城邦中的各个群体和阶层认为自己的利益彼此敌对时，它们实际上已经不再构成一个城邦。在柏拉图看来，"每一个城邦，无论大小，实际上是两个彼此战争的城邦——穷人的城邦和富人的城邦"。对柏拉图来说，这种阶层斗争乃是寡头制与民主制的拥护者之间政治冲突的来源。

某些政治温和派也许提出，富人和穷人当前的目标是可以调和的。但柏拉图拒绝接受这种化解阶层冲突的尝试。人们认为自己的利益（good，善好）在于获得名声、荣誉、财富和权力，因为这些东西是人们为之奋斗的"被争夺的"利益。在柏拉图看来，如果对立阵营对自己利益的看法是正确的，那他们的利益就是不可调和的。在这种情况下，正如特拉绪马库斯所说，正义原则只不过表达了政治上占支配地位的阶层的利和其他阶层的不利罢了。民主制满足了大众的欲望，民主制的领袖们则不得不去迎合大众的品味和欲望。统治变成了纯粹的讨好或迎合，依赖于说服和操纵的技巧。柏拉图所抨击的技巧是修辞术，但倘若他对现代政治宣传中使用的广告、促销和公关技巧有所了解，他会发现他的指控已经得到彻底证实，其程度远超他最坏的担忧。如果民主制是坏的，那么其他统治形式也并不更好，它们迎合的同样是少数人错误的欲望。[40]

《理想国》中指出，一个人的善（good）要求正义和其他美德。

这些不是被争夺的利益（goods），因为我们可以随心所欲地追求它们而不发生冲突。由于我们还需要其他利益，正义的人们可以分配这些利益而不发生无法解决的冲突。因此，要想避免阶层冲突，城邦必须由知道如何获得共同利益的人来统治。由于大多数人并不知道他们自身的利益是什么，或者什么东西会促进共同利益（common good），所以他们不应成为统治者。具有必要知识的人是哲学家，他们认识理型，所以必须由他们来统治理想城邦。

由于统治者必须为了共同利益而正确地使用他们的知识，柏拉图竭力使他们在道德上不受腐蚀。他们没有私有财产或基本家庭等使之从共同利益分心的东西。其早期教育鼓励他们关注共同利益。其哲学教育培养他们对理型的爱，以及希望将这些理型体现在城邦的制度和实践中。要想获得统治资格，有合适自然才能的人需要接受多年的教育，为此他们从童年就被挑选出来（大多数人是统治阶层的孩子）。由于柏拉图认为，相关的自然才能既见于男人也见于女人，所以他也期望招募妇女做哲学家－统治者。妇女统治者是柏拉图一心关注如何形成有合适资格的统治阶层的一个（在大多数希腊人看来）极为悖谬的结论。[41]

由士兵和生产工人组成的"下层"阶级所受的教育，足以使他们能够感念从哲学家的统治中得到的利益，而又不想干预他们。由于他们并不知道自己真正的利益，所以他们不可能由自己的理性来统治；但如果他们完全服从于哲学家的理性，则他们将最接近于灵魂的正义。[42]

柏拉图认为其他体制都源于错误的利益（the good，善好）观念以及灵魂各个部分之间的无序关系，后者导致了城邦各个部分之间的无序关系。他的批评并不意味着他一直希望或打算推翻雅典的民主制。即使在适当的条件下哲学家的统治更为可取，在不完善的条件下，对不完善的人民来说，民主制仍然可能是最好的选择。如果没有现成的哲学家–统治者，或者大多数人都不愿接受哲学家的统治，那么也许最好是接受民主制而不是推翻它。柏拉图并未声称一个不那么民主的政体总是比一个更民主的政体更可取。他虽然严厉批评民主制，但未必支持寡头制。

十七、知识与自由

柏拉图之所以拒绝民主制，是因为他相信有一种客观的人类利益（human good）。他的理由既适用于希腊民主政体，又适用于现代，尽管希腊民主制与现代国家之间存在着巨大差异。民主制的某些捍卫者同意，如果有些人能够知道每个人的客观利益，那么正如柏拉图所说，他们的观点必然是权威性的。如果没有希望获得这种知识，柏拉图对民主制的反驳就不成立。因此，民主制的这些捍卫者否认有可能获得关于客观利益的知识。

如果否认客观利益，我们似乎就有同样好的理由去拒绝接受一般意义上的客观的道德价值与政治价值。事实上，自由与民主的某些捍卫者论证说，由于（1）不存在客观价值，且（2）所有价值都只是品味与偏好的表现，所以（3）我们应当宽容和尊重他人的价值。

对于这个论证可以做出严肃的反驳。一旦我们接受（1）和（2），那么（3）本身不过是品味与偏好的表现罢了。如果是这样，我们为什么要接受（3），而不是断言（4）如果我们想宽容他人，我们就应宽容他人，而如果我们想强迫他人，我们就应强迫他人呢？如果我们接受（4），我们就承认无法反驳那些碰巧偏爱不那么自由的政策的人。类似的批评将会表明，依赖于对客观价值的拒斥为民主制辩护错在何处。[43]

我们无须在适得其反的对民主制的辩护与柏拉图的反民主制观点之间做出选择。他的论证认为，对统治的民主参与只有工具价值，这取决于民主参与能在多大程度上促进与之完全不同的利益。然而，与柏拉图相反，我们也许会看重对发生在我们身上的事件的控制，并且分担对它的责任，即使以效能为代价也在所不惜。我们每个人都把自己看成一个在某种程度上规划自己生活的行动者，每个人都显示出对于作为同样类型行动者的他人的尊重，因为我们的生活是由集体决定的。我们无须声称，责任与控制的价值总是证明在效能方面付出巨大代价是正当的。要想让人质疑柏拉图的论证，我们只需声称，效能与其他价值之间存在着潜在冲突，而柏拉图忽视了这一冲突，因为他并不关心其他价值。

柏拉图对民主制的态度，开创了一种在哲学上保持敌意或冷漠态度的传统（亚里士多德只是这一传统部分的例外）。苏格拉底、柏拉图和亚里士多德都从雅典民主制中受益。如果雅典人不是已经习惯于倾听和评价关于道德问题与政治问题的理性论证，他们也许会觉得难以在哲学讨论中引起人们的兴趣。他们的敌视态度似乎表明，他们未能理解民主制的所有效用。

希腊民主制衰落了。最终，虽然不是立刻，有利于哲学的论辩习惯也衰落了。修辞术和公共演说从论辩和（适度的）理性说服转向了恭维、赞颂和炫耀。[44] 再后来，哲学也丧失了它的论辩特征。很容易看到这一连串事件中有直接的因果关系，将所有指责都集中于柏拉图是错误的。但认为这些哲学家及其弟子们，特别是柏拉图，对此负有某种责任则并非不公平。

然而在一个更一般的层面，我们对柏拉图的批评实际上支持了他处理道德问题与政治问题的进路。他认为正是这些问题使我们能够合理而正当地主张拥有关于客观真理的知识。与柏拉图相反，通过诉诸控制与责任的价值，我们致力于为这些主张寻找某种辩护。如果我们承认，为民主制做一种约定论的辩护会适得其反，并通过诉诸柏拉图所忽视的客观价值来支持民主，那么我们就承认，柏拉图将道德问题与政治问题当作寻求客观真理的恰当领域是正确的。他想用理性而客观的探究结果来取代强力、操纵、宣传和无知的支配地位。但在这方面同意他的观点，并不意味着赞赏他的理想城邦。

十八、宇　宙

柏拉图诉诸善的理型（Form of the Good）不仅是为解释道德上的美德，而且是为整个实在提供一种目的论的论述，以及表明各个自然过程在促进某种单一的善方面如何彼此关联。对自然秩序的最好解释应把世界解释为智慧设计的产物，从而表明（由于智慧设计的目标是最好的东西）世界现在的样子为何就是最好的。

任何以纯物质的方式而不诉诸目的来解释人类行为的尝试，都错过了人类行为的真正本质：

> 假定某人想要解释我所做的每一件事的原因，他说，首先，我现在坐在这里是因为我的身体由骨头和肌腱组成，骨头是分成一节一节的，而肌腱可以收缩和伸张。……确实，把这类东西称为原因是很荒谬的。如果有人说，我要是没有这些东西……就不能做出我决定做的事情，那是对的。但说这

些东西是我行动的原因,说我理智地行事却不根据对最好者的选择,那就是完全没有根据的无稽之谈了。

错过了设计和目的在人类行为中扮演的角色,就是忽视了原因而选择了必要条件(骨头、肌腱等)。柏拉图指出,自然主义者们对于整个宇宙犯了同样的错误。他拒绝接受原子论者取消宇宙正义的尝试。在柏拉图看来,诉诸正义正确地表明,世界是智慧的产物。[45]

在《理想国》中,柏拉图声称,善的理型解释了其他理型的本质,这些理型之所以如此,是因为这是它们存在的最好方式。善也解释了可感世界的本质,可感世界之所以如此,是因为它分有了理型的有目的的秩序。

《蒂迈欧篇》描述了自然世界如何渐渐显示出它有目的的秩序。自然世界会发生变化,缺乏理型的稳定性,因此必定是产生出来的。但它不可能产生于偶然的或无目的的过程,因为它显示了我们在人工物中看到的那种秩序。柏拉图提出,世界的确是由一位"匠神"(*dêmiourgos*)参照理型制造出来的。正如木匠参照理型来确定他所要制造的床或桌子的理想和规范,匠神也会受到理型的指引。

世界在动植物的行为及其对环境的适应中显示出有目的的秩序。在原子论者对宇宙的论述中,所有这一切都很难理解:在德谟克利特式的宇宙中,这只能是一种偶然的巧合,而没有进一步的解释。但如果是一个理性的、设计的心灵使之产生,那么就变得容易理解了。因此,柏拉图坚持认为,心灵是一个原因(尽管不是唯一的原因)。[46]

为了解释为什么匠神要制造这个世界,柏拉图转向了他的心理学理论和道德理论。匠神是一个神，因此在柏拉图看来，他必定是全善的，没有任何忌妒和恶意。柏拉图拒绝像荷马那样认为诸神具有人类的局限性和恶行，他认为这些缺陷不符合神作为世界秩序的设计者的固有本质。和哲学家一样，匠神也看到了理型的和谐和有目的的结构，并想在世界中传播它，从而在其中复制他自己灵魂的秩序。他的动机与柏拉图的哲学家的动机一样，他对理型的爱使他希望通过参与统治来扩展正义和秩序。

哲学家在其创造工作中不能总是期待完全的成功，因为人的自然倾向不能完全适合他的工作。在用自然材料打造一个有序的世界时，匠神面对着自然材料同样的不完美性，因此，他所创造的秩序是不完美的。除了这个神圣原因，即这个为了最好的结果而安排事物的心灵，我们必须认识到，还有一个次要的、"漫游的"或"异常的"原因来解释那些不能做目的论解释的过程，甚至是一些规则的、齐一的过程。[47] 承认第二个原因时，柏拉图对原子论者做了让步，承认并非任何过程都有一种目的论解释。但他相信，原子论者以及其他自然主义者试图从宇宙中完全消除目的是错误的。

十九、对柏拉图的误解

柏拉图的哲学由一系列尖锐的问题，以及对这些问题大胆的、思辨的、不完全的回答所组成。他承认自己知识的局限性，在给出详细的回答之前，他就已经转向了新的问题。柏拉图的对话并不构成或包含一个哲学体系，就此而言，它们不同于亚里士多德、斯多亚派、康德和黑格尔等哲学家的著作。毫不奇怪，柏拉图以不同的甚至对立的观点影响了思想家们和各种思潮。

这对于后来的希腊哲学来说也是如此，当时怀疑论者和教条主义者都将他们的理论来源追溯到柏拉图。在从斯彪西波（Speusippus，约公元前407—前339）到波勒蒙（Polemon，卒于公元前270年）的领导下，柏拉图的哲学学校——学园——发展出了思辨性的形而上学，它可能源于《理想国》和《蒂迈欧篇》的部分内容（以及其他来源）。但在公元前3世纪中叶，阿尔克西劳（Arcesilaus，公元前316—前242）成为学园的领袖，使学园成为"学园派"怀疑论的发祥地。他发展了柏拉图的一些苏格拉底对话，特别是《泰阿泰德篇》（*Theaetetus*）中冗长而无果的知识讨论所具有的质疑性的、明显负面的倾向。阿尔克西劳主张保留柏拉图的苏格拉底式面向——破坏性的诘问，对自夸拥有知识的揭露，以及在发表知识主张时的极端谨慎。很容易看到，读罢某些苏格拉底式的对话，有倾向性的读者也许会认为，柏拉图呈现了彼此冲突的现象，暴露了每一方的论证缺陷，并且鼓励了对判断的悬搁。

公元前1世纪，安提俄库（Antiochus，约公元前130—约前68）叛离了怀疑论的学园，创建了"老学园"，复兴了斯彪西波所开创的柏拉图主义中的教条主义运动。这场柏拉图主义运动的一位杰出继承者是普罗提诺（Plotinus，205—270）。对普罗提诺来说，哲学的任务是使人的心灵不再关注感觉和物理世界，向它揭示我们放弃感觉时能够逐渐认识的非物理实在。[48]

如果不能表明某个人如何能在柏拉图的对话中找到对怀疑论和出世的教条主义的支持，那么对柏拉图的刻画将是不完整的。然而，这两者都不是对柏拉图的公正看法，这两种看法的错误源于对其苏格拉底式方法的误解。柏拉图使用苏格拉底式的诘问是为了自我审查和变革常识信念，而不是为了将这些信念全部放弃。他否认从苏格拉底式的审查中得出的理性结论是怀疑论。他也不像普罗提诺在柏拉图的激励下所相信的那样，认为出世的神秘主义是对怀疑论的唯一替代。虽然柏拉图的许多结论是悖谬的，但他的论证既来自苏格拉底对话者们的信念，又回到这些信念。如果聚焦于柏拉图论证的苏格拉底式辩证法特征，我们就可以看到对他的某些貌似合理的反驳中什么是错误的，什么是过分简化的。

有的时候，柏拉图被不利地与某些自然主义者相对照，因为他将注意力从对自然世界的经验研究转向了无果地追求关于理型的先验真理。他表现出对数学的明显兴趣，而且高度推崇数学，使数学在他的哲学家–统治者的教育中扮演着重要角色。他认为数学有助于使心灵从感觉转向不可感的实在。很容易推断，他之所以蔑视对物理世界的研究，是因为他认为物理世界的实在程度低于理型。

这种指控基于一种误解。柏拉图对数学的尊崇有严格的界限。他并不认为数学是哲学知识的理想，或者能够取代对物理世界的研究。虽然他认为数学对于认识普通的可感对象和不可感的理型都很重要，但他并未推论说，物理世界是虚幻的或不可理解的。对理型的关注不应使我们忽视或贬低感觉所揭示的物理世界。恰恰相反，正如《蒂迈欧篇》所表明的，它应引导我们看到物理世界中什么东西是善的和理性的。[49]

在这些要点上，柏拉图是出世的反面。他关于感觉不适当的说法，并不意味着感觉是没有价值的。《蒂迈欧篇》的宇宙论主张只能由详细的经验研究来确证，它们将证实或削弱柏拉图关于自然过程显示了一种有目的的秩序的主张。事实上，柏拉图的说法激励亚里士多德从事必要的经验研究。虽然没有证据表明柏拉图实际鼓励了这种研究，但也同样没有理由认为他阻碍了这种研究，或者他的哲学观点必定使他敌视这种研究。

出于类似的理由，认为柏拉图关于身体与灵魂的二元论蕴含着对待伦理学的出世态度同样是不公正的。不朽的灵魂有一个身体来执行它的指令，而当灵魂意识到理型时，它将在自身之中、它在身体的生命中以及他人之中复制理型的秩序。由于世界已经部分地体现了理型，所以不朽的灵魂被激励试图在世界中更完整地复制它们。

这种复制理型特征的欲望，正是柏拉图的哲学家—统治者的动机。他们关于理型及其自身不朽性的知识使他们更关注而不是更不关注这个世界。就柏拉图不那么关注物理世界以及我们在这个世界中的所作所为而言，可以公正地称他为出世的。但他并没有出世到不再关注这个世界，他仍然非常关注如何理解物理世界以及改变人类生活和人类社会。在最后这点上，他的立场与普罗提诺后来声称从柏拉图的前提中导出的结论形成了鲜明对比。《理想国》并未建议拒斥这个世界；恰恰相反，它解释了为什么正义地追求道德目标和政治目标是值得的。

二十、柏拉图的意义

要想看到柏拉图思想中最重要的东西，除了他的特定学说和他所提出的问题，我们还必须确定哲学的特征。我们也许会（非常肤浅地）声称，自然主义者的成就在于他们成功地发展了科学研究方法。但苏格拉底和柏拉图有意使哲学区别于经验科学，他们的主要成就在于他们成功地做到了这一点。

出于对哲学作为一门与众不同的学科的这些主张的敌视，边沁（Bentham, 1748—1832）对苏格拉底和柏拉图做出了裁决：

> 当色诺芬（Xenophon，约公元前428—约前354）正在撰写历史，欧几里得正在讲授几何学时，苏格拉底和柏拉图却打着讲授道德与智慧的幌子空谈一些废话。他们所传授的这种道德只不过是纸上谈兵。他们所传授的这种智慧即使有意义，也只在于否认每个人凭经验都知道的各种事物的存在［以及］肯定每个人凭经验都知道不存在的各种事物的存在。因此，他们和他们的观念与一般大众有多么不同，他们就多么低于一般大众的水平。[50]

如果我们看不出苏格拉底式的方法有什么意义，我们也就看不出柏拉图的哲学有什么意义，于是我们必须同意边沁的观点。

自然主义者的问题包括一些可以通过经验研究来回答的问题，也包括一些不能通过经验研究来回答的问题。通过区分某些哲学问题和更具经验性的问题，以及表明哲学论证既不是纯粹经验的也不是必然无果的，柏拉图澄清了这个议题。

为了在经验研究中取得进步，经验科学家们通常会把关于知识与实在的本性的基本问题放到一边。我们也许认为他们应当这样做，因为这些问题实际上不可能得到回答，或者因为我们的回答必定基于品味和情感，而不是基于理性的论证。如果我们认识论研究的结果是虚无主义、怀疑论或普罗泰戈拉式的约定论，我们将特别容易持有这些观点。无论哪种情况，都没有给作为理性的建设性学科的哲学留出余地。

柏拉图希望表明，苏格拉底式的诘问方法是哲学作为一门理性学科的基础。用苏格拉底式的方法来解决有关化学问题或木工问题将是愚蠢的。然而，当我们追问《理想国》中讨论的那些基本问题时，积累经验信息将不能为我们回答这些问题。柏拉图指出，苏格拉底式的方法未必是任意的或主观的；只要认真加以实践，这种方法乃是就基本问题做出合理知识主张的源泉。

第七章

亚里士多德

一、亚里士多德和他的前辈

一般认为，亚里士多德对希腊哲学的看法是：前苏格拉底的自然主义者与由苏格拉底所开创并由柏拉图所继续的新运动之间存在着明显断裂。苏格拉底从自然研究转向了伦理学，而柏拉图则转向了形而上学，两人都比其前辈更自觉地实践了辩证法。亚里士多德之所以将自然主义观点与辩证法观点做这种对比，部分原因在于他想用他自己的哲学工作来调和这两者。亚里士多德倡导研究自然，指出这种研究理应得到足够的重视，其重视程度应当不亚于某些人对数学等更抽象研究的关注。也许他有意以此来回应柏拉图主义者对数学的热情，但他研究自然所依照的是部分地源于柏拉图的辩证法概念和论证。[1]

公元前384年，亚里士多德生于希腊北部的马其顿。他于公元前367年来到雅典，成为柏拉图学园的一名学生，直到公元前347年柏拉图去世。公元前347年到公元前335年，他离开了雅典，先后来到爱琴海东部和马其顿，在马其顿，他教导过马其顿国王的继承者亚历山大（大帝）。公元前335年他回到雅典之后在吕克昂（Lyceum，一座体育馆，因此是雅典男子的一个聚会场所）讲学，在那里创办了一所哲学学校（也许直到他死后才正式建成）。公元前323年亚历山大的去世激起了民众的反马其顿情绪，亚里士多德遂再次离开雅典，并于公元前322年去世。

试图将亚里士多德生活的各个阶段与其哲学发展的各个阶段联系起来，这种尝试虽然引人入胜，但也会产生误导。例如，我们没有充分的理由认为，他在柏拉图去世后离开雅典标志着他对学园或其新领袖斯彪西波的不满。亚里士多德之所以离开，至少同样有可能是因为雅典的反马其顿倾向（就像在公元前323年一样）。我们也不应认为他对生物学的兴趣始于他的学园时期之后。只有当我们有充分的理由认为柏拉图和学园不会鼓励生物学研究时，我们才能推论出这一点。然而，我们没有理由持这种看法。柏拉图很可能鼓励过生物学研究，即使他没有鼓励，学园的成员们似乎也做过非常独立的研究。[2] 柏拉图似乎并未鼓励他的学生成为他的门徒。他最著名的三位学生——斯彪西波、色诺克拉底（Xenocrates，学园的下两位领袖）和亚里士多德，不仅彼此分歧严重，也都与柏拉图意见不一。据我们所知，亚里士多德在其整个职业生涯中，部分是通过对柏拉图进行批判性反思而形成了自己的观点。[3]

二、观察与经验

亚里士多德试图通过更认真的观察来恢复自然研究，将这种研究从怀疑论中解脱出来。以前的自然主义理论提供了各种非常一般的假说和思辨理论，这些东西不受制于对经验事实的亲知。由于没有必要的经验证据，也许很难在不同理论之间做出选择。这种情况很容易催生以下观点：无法在不同理论之间做出选择，怀疑论是唯一的恰当反应。然而，亚里士多德指出，情况并没有如此糟糕，经验研究应当帮助我们在理论之间做出选择。

在他看来，不充分的经验研究将使我们无法形成全面而可信的理论：

> 经验的缺乏使我们没有足够的能力对既定事实采取一种全面的观点。因此，那些更熟悉自然事物的人也更能制定出那种在宽广的领域前后一致的原则，而那些因其论证［逻各斯］实践还没有研究这些事实的人，则更容易基于少量观察就提出某种观点。

出于这些目的，无论研究还是实践，亚里士多德都拒绝接受从观察中抽象出论证。柏拉图笔下的苏格拉底从观察自然转向了研究论证（逻各斯），而亚里士多德则倡导相反的过程。[4] 为了防止不成熟的理论化，他敦促我们先研究相关的"现象"（*phainomena*），即明显的观察资料，然后再形成理论，因为不然的话，我们将不知道要用理论解释什么。一旦理论已经形成，我们就应通过寻找进一步的现象来检验它，因为一个好的理论将会涵盖我们所能找到的最广泛的现象。

亚里士多德庞大而详细的经验研究计划证明了他对现象的兴趣。他篇幅最大的著作是《动物志》（*The History of Animals*，希腊词 *historia* 意指"探究"），更好的译名是"对动物的探究"，是对动物观察资料的大型汇编，也是他在生物学方面理论思辨的基础。[5] 他做经验探究也是为了详述在某些病例志中发现的东西（事实上，亚里士多德的父亲就是医生）。他还对人类的历史和社会进行经验探究，（也许和他的学生们一起）编纂了关于158个希腊政体的论述（其中只有一部《雅典政制》基本上留存了下来）。这种详细的研究是亚里士多德政治理论的基础。[6]

因此，亚里士多德自称已经比他的前辈们更好地研究了现象。他还常常喜欢纠正前人的错误：

> 覆有毛发的动物的精液是黏性的，而其他动物则并非如此。精液在所有情况下都是白色的，希罗多德说埃塞俄比亚人射出黑色的精液，他一定是搞错了。

他说，希罗多德喜欢信口开河地讲故事，很容易相信那些荒诞不经之事。

毫不奇怪，亚里士多德在报道所谓的观察资料时也出了某些差错。更重要的是，他往往会夸大观察资料在解决理论争端方面的决定性作用。他说四种基本元素自然地趋向于宇宙中的不同位置，就好像这是观察出来的一样，他还倾向于认为，观察轻而易举就能驳倒原子论的主张。

然而，亚里士多德建议自然研究者用比他们通常认为的范围更广的观察资料来检验其理论，这是正确的：

> 从论证［逻各斯］和据信是关于它们的事实来判断，这些似乎就是关于蜜蜂繁殖的真相。然而，事实尚未得到充分把握。如果事实得到了把握，那么必须更相信感知而不是更相信论证，只有当论证所断言的东西与现象相一致时才能相信论证。

倘若希腊自然主义者从一开始就听从了亚里士多德的建议，他们不可能取得那么多进步。但对于一门业已经历了初始阶段的学科来说，这一建议是合理的。[7]

三、哲学论证

亚里士多德将他对哲学方法的构想归功于柏拉图。和经验研究一样，哲学依赖于"现象"，但这些现象与我们前面描述的种类有所不同。与哲学有关的现象不是经验观察，而是共同的信念，是"众人和贤哲"所广泛持有的假设；对这些共同信念所做的批判性的、建设性的研究就是"辩证法"（dialectic）。亚里士多德使用的这个术语，柏拉图用来指苏格拉底式的诘问。亚里士多德的方法也基本上是苏格拉底式的。他提出了关于共同信念的难题，并试图正确对待这些信念。他在讨论意志的弱点时描述了他的方法：

> 和其他情况一样，我们必须从现象出发，然后先提出〈关于现象的〉难题。这样一来，在理想情况下，我们必须证明全部的共同信念，即使不是全部，至少也是其中大部分和最重要的。因为如果难题得以解决，而共同信念仍然站得住脚，那将是一个充分的证明。

任何理论，如果不能正确地对待共同信念，而是整体拒斥它们，或者任何提出的难题比解决的难题还要多，都必须予以拒斥。亚里士多德认为，出于上述两个理由，柏拉图主义者和原子论者在目前情况下的理论都必须予以拒斥。但他认为每一种理论都有助于更好地解决难题。

亚里士多德认为,辩证法是发现"科学的第一原理"的正确方法。因为我们处理观察到的现象的进路受制于我们对辩证现象(dialectical appearances)的态度,未经考察的假设致使我们错误地诠释了观察资料,从而导致了无法解决的难题。另一方面,更好地把握辩证现象使我们可以用正确的假设和前提去处理经验问题。[8]

四、自然与变化

亚里士多德的《物理学》(Physics)是对自然(phusis)的辩证考察,自然乃是前苏格拉底哲学家的研究主题。和自然主义者一样,亚里士多德希望找到使自然变化可以理解的法则和规律。他指出,要想找到正确的法则,我们需要既认识形式,又认识质料(matter)。

在《物理学》中,亚里士多德分析了自然变化:

(a) 所有变化都涉及某个发生变化的基体,这个基体通过失去一对相反性质中的一个和获得另一个而发生变化。

(b) (a)中的一般模式既适用于(b1)同一个基体持续存在而没有新基体产生(一种"有条件的"产生),也适用于(b2)一个新基体产生(一种"无条件的"产生)。

例如,如果苏格拉底先瘦后胖,他就满足(b1)。苏格拉底这同一个基体一直存在,而且没有新基体产生;但他失去了一个对立面——瘦,而获得了另一个对立面——胖。相反,如果由一个铜块产生一尊雕像，则它满足（b2）。这个铜块获得了雕像的形状，而失去了它原有的无形状，这样是在两个对立面之间变化。但是，虽然铜块仍然存在，但雕像这个新基体已经产生。[9]

这个例子引入了在论述变化时应当认识的基本项：

（1）某个特定的变化基体（苏格拉底或铜块）是一个"第一实体"（first substance）[或"第一存在者"，希腊词 *ousia* 是来自动词"存在"（to be）的抽象名词]。第一实体在把一个对立面换成另一个对立面时仍然存在，苏格拉底在从瘦变胖的过程中正是如此。

（2）第二实体（second substance）是一个共相（universal，例如人或马）。它是第一实体想持续存在就必须拥有的那类性质。我们会说，苏格拉底本质上是人；如果他不再是人，他也就不再存在了。[10] 正如亚里士多德所说，第二实体向我们表明了第一实体是什么。在把第二实体的术语用于第一实体时（比如在"苏格拉底是人"中），我们把第一实体置于它所属的种类中；在谓述一个非实体术语时（比如在"苏格拉底是苍白的"中），我们只是在描述第一实体，而没有把它置于它所属的种类中。

（3）非实体的殊相与共相属于性质、数量、关系等范畴，它们是第一实体无须停止存在就能获得或失去的性质；它们是第一实体的非本质（"偶然"）属性。[11]

这三个要素构成了亚里士多德关于有条件变化（b1 类型）的描述的基础。

第二实体与非实体之间的区分解释了共同信念的一个特征，

这个特征因为会引发难题而值得辩证法家关注。如果苏格拉底变胖了，为什么我们不应说苏格拉底已经死去，他已经被一个新的事物即胖苏格拉底所取代？这种变化观念把每一个表面上有条件的变化都变成了无条件的变化。亚里士多德回答说，并非任何属性的失去都意味着基体的消亡；任何合理的基体观念都需要区分它的本质属性与非本质属性，这种区分构成了区分这两种类型的变化的基础。

在认识共相[包括实体的共相（例如马、动物）和非实体的共相（例如白、颜色）]与殊相时，亚里士多德试图解释同一种类的许多殊相为何全都具有某种共同的东西。正如在柏拉图的《游叙弗伦篇》中，苏格拉底在许多虔敬之外寻找唯一的虔敬一样，亚里士多德也在所有相关殊相中寻找不变的"多中的一"。他同意柏拉图关于共相的信念，但就这一信念引导柏拉图提出了他的理型论而言，亚里士多德认为柏拉图错误地理解了共相问题。

为了暴露柏拉图的误解，亚里士多德聚焦于（他所设想的）柏拉图理型的两个方面：理型与可感殊相的分离（即使没有美的可感殊相存在，美也存在），以及理型的自我谓述（美是美的，人的理型是一个人，等等）。在亚里士多德看来，理型的这两个方面只可能属于殊相。柏拉图认为F的理型是"多中的一"——共相，或许多F所共有的独一的属性。但是对分离的接受和自我谓述表明，如果亚里士多德是正确的，那么柏拉图就没有做成他想要做的事情。虽然柏拉图认为理型是共相，但他不是把理型当作某种不同于殊相的东西来处理，而是当作异乎寻常的殊相来处理。

亚里士多德认为，柏拉图的理型观念不仅未能区分共相与殊相，而且由此导出了不宽容的推论。自我谓述与分离意味着人所共有的特殊之物并非柏拉图意义上的人的理型，而是人与柏拉图意义上的理型（被认为是另一个特殊的人）所共有的普遍属性。因此，柏拉图仍然没有描述他试图描述的属性；如果该属性是一个理型，则它必定是除人的初始理型之外的第二理型（因此是除某个特殊的人和理型之外的"第三人"）。然而这个论证又需要另一个理型，如此等等，无穷倒退。

亚里士多德将它称为"第三人"倒退（the 'Third Man' regress），并认为这是柏拉图误把共相理解成殊相所导致的结果：

[任何共相都不是第一实体]显见于以下事实：任何谓述共同的东西的词项都不意指这一个（a this）[即一个殊相]。否则就会出现许多〈难题〉，包括"第三人"难题。

因此，柏拉图的理型论未能解决现象中的最初难题，并且引出了它自身的更大难题。亚里士多德指出，理型论只是使殊相加倍，而没有解释任何有关殊相的东西。在亚里士多德看来，柏拉图提供了一种伪解决方案，因为他没有正确地把握问题，但更全面地研究现象和这些难题可以更清晰地把握这个问题。亚里士多德对柏拉图的批评是否正确可以争论，但他的反驳至少暴露了柏拉图看法中的含混与困难。在拒斥柏拉图的看法时，他表达了自己关于共相实在性的信念，并且比柏拉图更清晰地表述了共相与殊相之间的差异。[12]

五、形式与质料

在转而讨论无条件的变化（b2 类型）时，亚里士多德引入了除我们已经讨论的三个要素之外的另外两个要素：

（4）质料是那个背后的基体，因为它以前存在，而当第一实体由它产生时仍然存在。例如，铜块是雕像的质料。[13]

（5）形式是第一实体产生时质料所获得的东西。铜块通过获得雕像的形状和代表性特征而获得了一个形式，一棵树中的木头有一个形式，因为它有对于一棵树来说恰当的秩序和结构。

我们谈论雕塑家制作的东西时，总是通过说它的形式（"一尊表现伯里克利的雕像"）而不是说它的质料。虽然雕像由青铜制成，但它本质上是一尊雕像。它不可能只是青铜，因为当青铜仍然存在时，雕像可能不再存在（被熔化）。[14]

亚里士多德认为，形式的东西（如雕像和马）和纯质料的东西（如铜块）一样是第一实体。他的这个主张质疑了赫拉克利特的一个论点。正如我们所看到的，赫拉克利特接受了复合体的同一性原则，认为某个事物只要由完全相同的材料组成就仍然是同一个事物。这一原则解释了为什么我们（据说）不能两次踏入同一条河流，并且一般地解释了为什么持续存在的事物要比我们认为的少得多。亚里士多德拒绝接受这个复合体原则。他指出，如果形式保持稳定，那么即使复合构成改变，同一个事物也仍然存在，因此与赫拉克利特的说法相反，我们能够两次踏入同一条河流。[15]

这里，亚里士多德诉诸形式来论证，无条件的变化要比赫拉克利特所认为的更少。他还诉诸形式来论证，无条件的变化要比原子论者所认为的更多。从原子论者的观点来看，无条件地产生一棵树或一匹马不过是对背后质料的重新安排罢了；那么，为什么不说它仅仅是质料中有条件的变化,而根本没有新的实体产生呢?这个论证促使阿那克萨戈拉得出结论说,希腊语被错误地用于讲述无条件的变化,而它本应仅仅讲述元素的混合与分离。

亚里士多德认为,这样一个论证可以表明质料才是唯一的本质:

> 有人将自然对象的本性或本质等同于它未经整理的原初成分,例如,木头是床的本性,青铜是雕像的本性。……但如果这些事物中的每一个和其他某种事物有同样的关系,例如青铜(或金)与水的关系,骨头(或木头)与土的关系,等等,那么(他们说)水、土等就又是青铜、骨头的本性或本质了。

亚里士多德在回应中指出,当一个形式在一块质料中产生时,无条件的变化就会发生。苏格拉底之所以在胖瘦发生变化后仍然存在,是因为他的形式在变化发生之前和之后都存在(即这个人仍然存在)。但他的生和灭并不只是其质料中发生的有条件的变化,因为在这些情况下,他的形式要么不在变化发生之前存在,要么不在变化发生之后存在。[16]

与赫拉克利特和原子论者不同,亚里士多德非常接近于常识。他关于实体、形式和质料的框架把握了关于事物何时生、何时灭以及何时只是变化的常见信念。但我们为什么应当追随常识呢?这种偏爱是任意的或没有根据的吗?

六、原　因

为了表明为什么形式是重要的,亚里士多德依赖于他关于原因的观点。他认识到有四种类型的原因,把握了我们回答下述问题的四种方式:"这件事为什么发生",或"这个东西为什么是这样"。例如,我们可以就一个雕像这样来回答这些"关于为什么的问题"(why-question):

(1)它由青铜制成(质料因,提到质料)。
(2)它表现的是伯里克利(形式因,定义这个事物是什么)。
(3)一位雕塑家制作了它(动力因,提到这一雕像产生过程的起源)。
(4)它是为了表现伯里克利(目的因,提到制作它的目标或目的)。[17]

这四种原因中的每一种都是对"关于为什么的问题"的一个回答,并且陈述了一个原因。完备的回答则需要就给定类型的事件陈述这四种原因。

如果某个事物有一个目的因,那么它的目的因与形式因将会密切相关,因为其定义需要诉诸目的和所要发挥的功能——只要具有锤击功能的这个特殊事物仍然存在,这把锤子就仍然存在。亚里士多德指出,除了以前的自然主义者们所认识的质料因,我们还必须承认形式因和目的因。锤子的形式与本质就是把钉子锤进木头的能力。锤子的设计旨在具有执行这一功能的这种能力。如果这不是它的功能,就不会以这种方式来制造它,使它具有这些属性。既然锤子的设计部分地导致了锤子具有它的属性,我们就必须用形式来解释为什么锤子具有这些属性。

形式的解释角色表明了为什么亚里士多德诉诸形式来区分无条件的变化与有条件的变化是正确的。如果一把锤子保有它的功能，那么即使它被涂上颜色或者弄脏了，同样的属性也仍然能够解释它的特征。我们有理由说，同一个事物仍然存在。事实证明，相信锤子变脏是一种有条件的变化，而将它折断则是一种无条件的变化（一种消亡），这种信念是有充分根据的。唯物论者也许想同意关于一把锤子何时仅仅发生变化、何时消亡的常识判断，但除非他们承认形式的实在性，否则他们无权同意这些判断。亚里士多德指出，关于变化的看似没有争议的简单判断预设了他在关于形式的主张中所总结的一般观点。

七、自然与形式

亚里士多德也强调形式在自然有机体中的实在性，因为他论证说，与前苏格拉底哲学家的观点相反，植物和动物也有目的因，从而和人工物一样，它们的本质也可见于它们的形式，而不是它们的质料。他注意到，一个自然有机体的各个部分似乎执行着有益于整体的功能：心脏泵出血液，感官传递有用的信息，伪装帮助动物躲避捕食者，等等。亚里士多德声称，像牙齿和心脏这样的部分具有目的因，为的是实际产生好处。"为的是"也许向我们暗示，他相信自然有机体及其各个部分是为了一个目的而设计的；柏拉图在《斐多篇》和《蒂迈欧篇》中肯定相信这一点。但亚里士多德不同意任何目的因都必定涉及一位设计者。[18]

在设计这种情形中，一个过程的结果的特征解释了这一过程的特征与发生（例如，锤子把钉子锤入木头这一事实解释了为什么锤子被制作成这个样子）。但即使在没有设计的情况下，结果也可能解释过程。社会经济的制度和实践也许会因为服务于社会中占统治地位阶层的利益而成为支配性的，并且持续下去，即使没有人打算让它们具有这种结果（马克思主义者并不必然相信阴谋）。同样，进化论也许表明，这些动物之所以有这种颜色，是因为这种颜色伪装了它们，即使其中不涉及设计。这些动物的祖先可能由于偶然变异而获得了这种颜色，而并非因为这种颜色有益于它们。但如果这种颜色对过去世代的好处已经促进了这一物种的生存和繁殖，那么就可以正确地说，后来的世代之所以有这种颜色，是因为这种颜色伪装了它们，从而有益于它们。当亚里士多德声称，自然有机体与自然过程之所以存在是因为它们有益于有机体时，他的说法仍然是可信的，即使不诉诸设计，就像这个例子所表明的那样。

因此，声称形式与功能解释了某个事物，并不是说它们如何或通过什么过程产生了一个结果。柏拉图关于设计的假说是关于形式与功能如何产生结果的一种可能解释，而进化论则是另一种可能解释。事实上，亚里士多德并不相信这两种解释。[19] 他对目的因的信念并不完全是科学假说，而是涉及我们应当接受何种类型的科学假说。当他声称存在着形式因与目的因时，他并未赞同设计、进化或任何其他特定的理论是关于相关过程的正确假设。他只是声称，正确类型的假说必须表明，形式与功能如何能够解释自然有机体的属性和行为。

亚里士多德认为目的因很重要，这是正确的。我们通常相信，动物的心脏之所以具有这样的结构，是因为心脏要泵出血液；茶杯之所以具有这样的形状，是因为茶杯要装茶水。这些解释使我们期望不同的心脏或茶杯之间存在某些相似性。我们期望一个茶杯足够结实能装茶水，与热的液体接触时不易破碎，足够凹陷使茶水能待在里面，足够敞开使茶水容易流出来。如果不考虑功能解释，我们就会发现很难确认整个茶杯类别，因为它们的大小、形状、颜色和材料构成都不一样。对茶杯做一种纯质料的非功能描述的任何尝试，都将显示柏拉图在其他有缺陷的定义尝试中注意到的对立面的共存。[20] 如果不能确认茶杯这个类别，我们就不能确认各个茶杯所共有的最重要的属性。

同样类型的论证显示了，如果不以功能方式来思考器官或有机体，我们会失去什么。就关于器官与有机体的法则本身解释了它们的结构和行为而言，我们在试图理解它们时不能忽视它们的功能和以目标为导向的结构。只诉诸物质过程的唯物论者无法解释我们想要解释的所有东西。因此亚里士多德指出，常识把本质上是形式的事物（人工物、有机体）看成实体、拒绝承认质料是唯一的实体，这是正确的。

八、灵魂与身体

在亚里士多德看来，关于灵魂与身体的争论只不过是关于形式与质料的更一般争论的一个特例罢了。他再次将前苏格拉底哲学家的错误与柏拉图的错误相对照，并声称正确地理解形式与质料能使我们把握彼此冲突的观点中正确的东西。在这些地方，好的辩证法家可以向我们表明如何理解所接受的观点，人们为什么会得出这些观点并觉得它们有道理，以及我们如何才能在保持其洞见的同时避免它们的困难。

原子论者关于灵魂的观点暴露了自然主义唯物论的主要倾向：

德谟克利特……使用的语言就像喜剧作家菲利浦斯

（Philippus）的语言。菲利浦斯说，代达罗斯将水银灌入木制的爱神阿芙洛狄特，使之活动起来。类似地，德谟克利特说，球形原子因其自身无休止的运动而把整个身体拖在它们后面，从而使整个身体运动。……一般来说，灵魂似乎不是以这种方式，而是通过某种决定或思想使动物运动的。

亚里士多德的评论暗示，他认为纯物质的解释原则上是错误的。这种解释未能认识到活的有机体如何不同于由纯物质过程推动的、没有自身目的的木头雕像。这种对"决定或思想"的偏爱让我们回想起，柏拉图更偏爱理性解释，而不是仅仅诉诸机械过程。[21]

亚里士多德指出，灵魂之所以是实体，是因为它是一个自然物体的形式，这个物体是被灵魂赋予形式的质料。但他拒绝接受柏拉图进一步的主张，即灵魂独立于身体。他比较了被他视为质料与形式的实例的三种关系：铁和斧头的切割；肉和眼睛的看；身体和灵魂。他声称，就像切割与看一样，灵魂与质料是不可分离的。形式是某种超出质料的东西，就像"猫"（cat）这个词是某种超出其字母的东西一样（因为在这些字母组成这个词而不是 act 或 tca 之前，必须按正确的顺序排列它们）。但我们不应认为形式是必须添加到物质组分中的其他某种非物质要素或组分：

> 因此，我们无须追问灵魂与身体是否为一，正如我们无须追问蜂蜡与形状是否为一，或者一般而言某物的质料与拥有这种质料的某物是否为一。

仅仅把肉和骨头集合到一起未必是活物，苏格拉底死时留下的一堆东西也不再是苏格拉底了，就像玻璃眼其实不是眼睛一样。但这并不意味着灵魂独立于物质身体。[22]

如果灵魂是身体的形式，那么谈到灵魂就应陈述生物行为的形式因和目的因。比如我们说，狗跳起来去抓一盘肉是因为狗看见了它，想要它。这里我们提到了目的因（"去抓这盘肉"），并且显示了为什么这个目标解释了这一行动（"因为狗看见了它，想要它"）。当我们提到一个生物灵魂的状态，如感知、信念、思想、欲望、快乐或痛苦时，我们以形式的、功能的方式解释了它的行为。因此，亚里士多德把灵魂的状态看成一个生物的形式的、功能的状态。

九、二元论与唯物论

亚里士多德并未声称唯物论不可能是真的——如果唯物论只是声称，人和其他有灵魂的事物有物质成分而没有其他成分。亚里士多德既不接受也不拒绝这种观点。他想要表明，这种观点与灵魂的存在相符，而灵魂是与质料迥异的实体。[23] 他反对德谟克利特关于灵魂如何推动身体的论述，并非是指决定与思想需要非物质的事件或过程。他的意思是，德谟克利特错认为自己对心理状态做出了恰当的论述。

一般而言，支持功能解释的理由也支持诉诸心灵状态的解释。我们自信地声称，某人如果饿了，看到了食物，喜欢它，而且并不认为它腐烂、有毒、属于他人，等等，那么很可能会力图吃它。如果不用心理学术语，就很难陈述这一粗糙但有用的心理学法则。对应于不同人的饥饿或同一个人在不同时间的饥饿的心理状态可能非常不同。如果是这样，并且想避免心理学术语，我们将无法确认正确的状态以提供想要的解释。唯物论试图不再提及心灵状态，这会使法则与解释无法被发现，而如果我们认识心灵状态，这些法则与解释是可以得到的。

我们也许认为，如果唯物论是正确的，那么人与其他物质聚集之间就不可能有重要区别。虽然我们自认为在按照理性、按照自由而负责地选择行动，但如果我们只是物质的聚集，受制于支配其他物质聚集的那些法则，我们难道不是必定错了吗？德谟克利特似乎被迫得出了这一结论，并非因为他认为万物由原子构成且没有非物质组分（构成性的原子论），而是因为他认为只有原子是实在的，现象是对实在本性的欺骗与误导（消除性的原子论）。德谟克利特明确拒斥的现象是那些涉及颜色和其他可感知属性的现象，但接受他的论证也迫使我们把对心灵状态的信念斥为常识的一个幻觉。[24]

然而亚里士多德指出，德谟克利特的唯物论应当予以拒斥。不仅物质，而且形式，因而灵魂，都是实在的组成部分。如果他是正确的，我们就无须仿效德谟克利特的唯物论去修改和拒绝我们关于心灵和人的基本假设。我们无须拒斥二元论，仍然可以保持我们关于人的独特性的观点。在这个议题上，亚里士多德并没有让所有后来者信服，但他在德谟克利特和柏拉图的立场之外提出了合理的第三种立场。[25]

十、人的善好

关于道德的共同信念包含着难题和明显的冲突，需要用辩证法加以考察，因为我们倾向于相信，我有很好的理由去做符合我利益的事，我有很好的理由接受正义与道德，而正义与道德常常不符合我的利益。亚里士多德期望能清晰地论述一个人的善好（good），以表明正义对于我们是好的。他认为，大多数人都错误理解了自爱的本性或者对自己利益的关切：

> 把这个术语用作一种指责的人，将自爱归于那些将更大份额的财富、荣誉和身体快乐分配给他们自己的人；因为这些东西是大多数人所渴望和孜孜以求的，仿佛它们是万物中最好的东西，这也是这些东西为何会成为竞争对象的原因。

亚里士多德认为这种关于自爱的观点是错误的，它基于对一个人自己的善好的错误看法。[26]

因此，他有很好的理由在其《伦理学》的开篇就来考察人的善好（the human good），他将人的善好等同于 eudaimonia。"幸福"（happiness）是对这个词最常见也是最佳的英文翻译，但也许暗示着某种比苏格拉底、柏拉图和亚里士多德（以及他们的听众）最初所想更精确、更不可信的东西。eudaimonia 指的是一般意义的安宁康乐，而不认定这必然在于快乐、享受、满足或任何特定种类的情感。[27]

在描述人的善好时，亚里士多德想要找到理性的人类行为的终极目标。理性行为是目标导向的：木匠制作一把椅子受制于他对作为其目标的椅子的构想，高尔夫球手打出一杆旨在使他的球更靠近球洞。其中每一个"明显的"目标又都是达到进一步目标的手段：木匠也许想制作椅子去赚钱，赚钱又为了达到更进一步的目标；高尔夫球手想赢得比赛，也许同样是为了达到更进一步的目标。在寻求最终目的时，亚里士多德寻求的是所有理性行为的目的，这个目的本身不是达到更进一步目的的手段。

但为什么应当存在这种东西？我们也许可以回答亚里士多德说，每个人都有许多终极目的：我们可能想从事有趣的职业，成为优秀的运动员，享受美食，弹奏乐器，等等。我们可能会说，它们每一个都是因其自身而被选择的终极目的，而不仅仅是达到更进一步目的的手段。那么，亚里士多德为什么要坚称，存在着某个比这些目的更终极的目的呢？

他声称，幸福就是像这类目的的复合物，由理性赋予秩序以达到完全的善好。之所以需要理性秩序，是因为即使我为这些活动本身而从事这些活动，如果我以错误的比例或错误的顺序来从事它们，我也得不到我想要的全部结果。我也许很现实地既想成为画家又想成为举重运动员，但是如果举重使我的手抖得太厉害而无法画画，那么我最好是不经常举重，并且不在画画之前举重。要想得到我想要的全部结果，我将不得不基于一些理性原则，将我有理由从事的不同活动结合起来。这种理性的结合就是被亚里士多德称为"幸福"或"人的善好"的那种终极目的。

亚里士多德诉诸一种被广泛持有的共同信念，即幸福是完备的，包括了一个理性存在所能合理要求的一切。如果我们认为某种善好 G 可以等同于幸福，但后来又发现可以给 G 增加某种进一步的善好 F，从而使整个 $G+F$ 是比单独的 G 更大的善好，那么 G 就不能等同于幸福。如果我们同意这是关于幸福的合理假设，那么我们就质疑了流行于亚里士多德的前辈与后辈中的两种幸福观念。

首先，我们质疑苏格拉底关于美德对幸福来说已经足够这一主张。因为无论一个人多么有德行，我们总可以设想增加他的美德无法保证的某种进一步的善好。例如，如果这个有德行的人遭到迫害与折磨，那么他就缺少了某些善好，如果拥有这些善好，他的境况会更好。亚里士多德坚持认为，如果我们说一个遭到折磨与迫害的有德行的人是幸福的，那么我们的立场明显是站不住脚的。只有当我们不惜一切代价坚决捍卫我们的立场，并且拒绝按照苏格拉底本人所倡导的通常的辩证法原则来修改我们的信念时，我们才会维持这种立场。因此，我们不应承认美德对幸福来说已经足够。

其次，亚里士多德认为，类似地诉诸幸福的完备性击败了那些将快乐等同于幸福的人。他认为我可能非常快乐，对我的生活毫无不满，而且确信我正在获得我想要的一切，但仍然没有达到幸福：

> 没有人会愿意以儿童的智力度过一生，即使他从使儿童快乐的事物中获得了最大可能的快乐，也没有人会乐于做某种最可耻的行为，即使他从未感到任何痛苦。

如果我做了一次脑部手术或出了一次事故，使我回到快乐知足的孩子的状态，那么我的境况会变得更坏，而不是更好。更多的善好可以增加到满足或愉悦中，使拥有它们的人生活得更好；既然幸福是完整的，而快乐不是，那么快乐就不可能是幸福。[28]

拒绝了这两种关于幸福的概念后，亚里士多德给出了他自己的解释。他主张对人来说的善好必须是人的"功能"（或"独特活动"，ergon）的实施。为了找到一个人的功能，他求助于他对人的形式和本质的看法。对形式的一般看法意味着生物的形式是目标，是生物的不同状态和能力被组织起来的活动模式。明确规定人的形式或功能的相关活动模式是由理性引导的生活，因此，对一个人来说的善好必须是一种由理性引导的善好生活。一种不受理性引导的生活可能对某个其他生物是善好的，但对人来说却不是。[29]

这番关于人的善好的概括，可以声称从破坏其他两种幸福概念的共同信念中得到支持。反对快乐的论证表明，如果我陷入一个傻瓜或一个孩子或一个严重脑损伤的受害者的境地，不再意识到理性的人类行动者的能力，那么我会变得更坏。在低层次的理性活动上的单纯满足或快乐，对一个人来说似乎不是最好的状态；在此限度内，我们同意亚里士多德相信人的善好必须包含他的本质上（尽管不是排他性地）理性的本性的某种表达。此外，就一个在不利条件下有美德的人会失去理性活动的机会而言，我们拒绝苏格拉底的主张。

但即使亚里士多德的概括就其本身而言是合理的，它是否也太笼统、太模糊了？它真的有助于回答任何关于道德的有趣问题吗？

十一、幸福与美德

在《理想国》第四卷中，柏拉图认为我们的欲望并不都是理性的，他主张非理性欲望的支配是灵魂损伤的根源。亚里士多德关于幸福是一种由理性引导的生活的论述，解释了为什么柏拉图的主张是正确的：因为我们越是被非理性的欲望所支配，我们生活中的理性活动就越少。一个其观点和品格表达了正确的幸福观的人，他的非理性欲望会被理性欲望所控制和组织。这就是有美德的人。在描述美德的过程中，亚里士多德展示了不同的品格状态应该如何形成并协调，以造福于有美德的人。

控制和组织不应导致对非理性欲望的压制，或导致永久的斗争和冲突。幸福的完备性意味着，对非理性欲望的满足，例如对食物、饮料和性的欲望，或对荣誉和名声的欲望，在一个人的生活中具有合法的地位。在此限度内，一种增加了这些满足感的生活比没有这些满足感的生活要好；而且，既然幸福是一个完整的生活，它就应该包括这些东西。因此，有美德的人允许这些非理性的欲望有适当的位置，并使它们与他的理性计划保持和谐，而不是冲突。当亚里士多德说美德应该以情感和欲望的"中庸"（或"中间状态"）为目标、介于完全压制和完全放纵之间时，这就是他心目中的那种和谐与节制。[30]

这个"中庸学说"提供了美德的一般概括，现在我们需要知道哪些品格状态满足这一概括。亚里士多德对美德的选择将决定从他的一般理论中得出的具体道德结论。如果他的理论证明某些品格状态的选择是合理的，那么它将是富有内容的，而不是无用的空谈。

勇敢和节制，柏拉图四大美德之二，支持了亚里士多德的主张。勇敢的人不会因为过度的恐惧而分心于追求理性的计划。然而，他也不是如此鲁莽地过度自信，以至于无所畏惧，或者对自己的生活如此漠不关心，以至于他不在乎自己是否会失去它。相似地，一个有节制的人也不会因为过度依附于特定的欲望和享受而分心于他的理性计划，但他并不是完全没有意识到这些欲望，以至于他对在合适的环境下满足它们的快乐无动于衷。在每一种情况下，理性的人都会从其理性和非理性欲望的和谐中获益。

另一个核心的智慧美德直接指向对幸福的理性追求。有智慧的人能够慎思不同善好的适当组合，这将带来作为一个整体的最好生活；正如亚里士多德所设想的那样，这种智慧美德对于幸福生活也将是本质性的。[31]

十二、美德与他人的善好

表面上我可以同意亚里士多德关于勇敢、节制和智慧所说的一切,但仍然拒绝正义。我可能会说,自我关切的美德对于我是好的,但正义关心的是他人的善好(the good of others),而不是我的善好。如果亚里士多德将"正义"列为美德是正确的,那么他应该表明我的正义增进了我的幸福。

为了表明这一点,他依据他的"人的幸福取决于人性"的主张:

> 完全的善好被认为是自足的。现在我们用自足的不仅是指对于一个全都由其自身、对于一个单独生活的人来说是充足的,而且是指对于父母、孩子、妻子以及一般的朋友和公民伙伴来说也是充足的,因为人自然地是一种政治的〈动物〉。

他声称,就人的能力和目标只有在一个共同体中才能完全实现而言,人是一种政治的动物,个人的幸福必须包含共同体成员的善好。[32]亚里士多德的意思并不是说每一个人都总是既欲望自己的善好,又欲望他人的善好。他的意思是,某些人缺乏完整的生活,在实现人性时,没有关心他人的善好。如果我们对他人的善好漠不关心,我们就自我否定了实现人类能力所必需的合作、相互关心和信任的关系。

亚里士多德在其关于友谊的讨论中为这一主张辩护。最佳类型的友谊需要为其自身之故关心另一个人;当我们按照这一关心采取行动时,我们才有关心、成就和合作活动的能力,否则就没有。如果我只关心自己的成功,我就不会从团队、管弦乐队或合作项目中获得太多乐趣。如果我也关心他人的成功，我就能为他们的成功和集体的成功感到高兴，而不仅仅是我自己的成功。[33] 通过扩大我的关切范围，合作的利他扩展了我可能从事的活动的范围，从而使我能够更完整地实现我的善好。既然幸福需要一个完整而自足的生活，既然一个将目标局限于自己的孤独的人无法实现这样的生活，那么幸福的生活需要友谊。

于是，亚里士多德回应了对正义的攻击，不是通过敦促我们为正义的要求牺牲自己的善好，而是通过表明如果我们忽视正义的要求，我们就会牺牲自己的善好。特拉绪马库斯反驳正义的方式，是论证正义有时要求我为了共同体的善牺牲自己的善。亚里士多德同意正义有时需要牺牲某些善，但他认为这实际上促进了我的善好。他的总体策略与柏拉图相似，但他对友谊和共同体的利益的论述支持了他对正义的独特辩护。

十三、伦理与社会

和柏拉图一样，亚里士多德想要表明他的伦理结论如何蕴含关于政治共同体的适当目标和关于其恰当的政制形式的进一步后果。

他批评柏拉图想让理想城邦变得比一个城邦所应该是的更为统一。柏拉图让城邦的统一性模仿单一有机体的统一性，亚里士多德认为这是完全错误的模仿。他反对柏拉图废除私有财产，抱怨柏拉图剥夺了友谊和慷慨所必需的那种审慎和自由：如果我没有可支配的资源，我如何才能使我的朋友受益，或对正确的事业慷慨？当柏拉图把权力和政治主动权集中在一小群哲学家-统治者身上时，他犯了同样严重的错误；亚里士多德回答说，所有公民都应该分享政治主动权。[34]

这些批评反映了亚里士多德关于友谊的主张对政治生活所提出的更一般的伦理要求。在他看来，合作活动是一个人自身善好的一部分，而不是一个人为了避免不受欢迎的后果而必须承担的不愉快的义务。因此，城邦不仅仅是一种必需或便利；这也是一个积极合作的领域。在亚里士多德看来，即使证明哲学家–统治者比任何其他政权都更有效率，也不能证明哲学家应该统治，其他公民不应该参与统治，因为剥夺他们在政制中的份额就是剥夺他们的部分善好。[35]

因此，无论是在古希腊还是现代意义上，亚里士多德都比柏拉图对民主政体更友好。然而，他持有其他强烈反民主的观点，因为它们拒绝让没有相当高财富和资产水平的人参与政治活动。他的理想城邦的公民不应是体力劳动者，或者从事贸易或金融。这些任务应该分配给非公民，其中大部分任务应该分配给奴隶。亚里士多德承认，如果奴隶制是征服的结果，那它就是不义的。但他认为，存在"自然的奴隶"，他们缺乏正常人成熟的理性能力；他主张，对于一个自然的奴隶来说，奴隶制度不仅是可以原谅的，而且对奴隶本身也是有利的。和柏拉图不同，亚里士多德认为，由于假定的自然差异，女性原则上必须被排除在政治活动之外。一般来说，他相信人与人之间的自然差异是巨大的，足以使对政治活动的限制既有利又正义。[36]

这些反民主的观点与柏拉图针对民主制的批评是一致的。事实上，它们基于同样的伦理原则。亚里士多德相信，城邦应该促进其公民的善好，而政治活动就是其善好的一部分。他推论说，不能从事政治活动的人不应该是公民，公民的幸福需要其他人的劳动来生产生活必需品,让公民自由从事政治活动。

为了证明亚里士多德是错的,我们必须要么否认政治活动是一个人善好的一部分,要么否认卑微的劳动(体力劳动、工业劳动、商业劳动)排除了正当的政治活动。他相当合理地认为,人们在生活中占主导地位的职业容易影响他们的道德和政治观点,但我们很可能会怀疑,他采取的解决方案是不是从这些事实中得出的唯一合理推论。

十四、伦理与自足性

我们已经看到幸福如何需要正义和政治活动,但亚里士多德似乎也将幸福完全等同于纯粹的理智活动(或"理论研究",*theôria*)——对科学和哲学真理的沉思,不包括将其应用于实践的任何尝试。柏拉图有时会被这种关于人的善好的观点所吸引,并认为哲学家会全神贯注于对理型的沉思。虽然亚里士多德不相信柏拉图的理型,但他似乎也认同柏拉图的沉思的理想。

沉思的两个特征似乎让亚里士多德有理由认为它是幸福的一个可能的候选者。首先,它是我们作为理性存在者的本性的最高实现;这是一种我们与神共享的理性活动,神是无须将理性应用于实践的理性存在者。其次,它是最独立自足的活动,因为,不同于其他所谓的幸福的成分,它不容易遭受那些可能会剥夺一个有道德的人行使其美德的机会的外在不幸。

然而,亚里士多德并不相信沉思的这些特征使我们有理由把它与幸福等同起来。他同意,如果我们是纯粹理智的,没有其他欲望,也没有身体,那么沉思将是我们全部的善好(就像柏拉图在《斐多篇》中设想的它对于不朽灵魂所是的那样)。然而,事实上,我们不仅仅是理智的,因而亚里士多德承认善好必须是整个人的善好。在他看来,沉思是我们的善好的最高和最好的部分,但不是全部。

相同的观点也适用于关于自足性的主张。在其他东西等同的情况下,我们有充分的理由选择不受外部环境影响的善好,而不是易受外部环境影响的善好。但在这种情况下,其他东西似乎并不等同。亚里士多德已经证明幸福必须是完整的,因此他认为,无论单纯美德还是单纯快乐都不可能是幸福。因此,他不应该仅仅因为沉思是不受伤害的、自足的,就同意沉思是幸福。因为沉思不是完全的善好;我们可以想到其他的善好(例如美德和荣誉),它们可以被添加其中,从而产生一种比单纯沉思更好的善好。[37]

这个关于幸福的争论提出了一个关于自足性的问题。亚里士多德将自足的善好定义为一种"完全由其自身就使生活有选择价值并且什么都不缺"的善好。既然他假设一个生命仅在拥有一系列完整的理性活动时才不缺任何东西,那么他就推论说一种自足的生活包含着一个共同体的善好。另一方面,如果我们认为一种生活一旦拥有了我们在其中想要的一切才什么都不缺,那么自足性所要求的就少得多。我们可能会决定,理性的人应该偏爱一种自足的生活,更独立于外部环境。在这种情况下,沉思的生活似乎是幸福的更好的候选者。[38]

沉思在亚里士多德对幸福的一些评论中的突出地位表明,他人取向的、社会性的幸福概念并不是唯一看起来具有吸引力的。如果我们强调理性活动和外部事物的独立性,我们就达到了那种有时是同时诉诸柏拉图和亚里士多德的非社会的、出世的幸福概念。亚里士多德在对幸福的解释中将正确的相对权重赋予完整性还是赋予理性和独立性,确定这一点变得非常重要。

十五、亚里士多德的意义

一个流行的对比将耽于幻想、超凡脱俗的柏拉图与头脑冷静但相当乏味的亚里士多德两相对立。正如叶芝所说：

> 柏拉图认为自然不过是在事物的鬼魅范型上
> 玩耍的泡沫。
> 战士亚里士多德
> 在万王之王的脚底
> 玩弄弹石游戏。

这种对比始于古代晚期的柏拉图主义者：一些人融合了柏拉图和亚里士多德的观点，另一些人则通过将世俗的亚里士多德主义和高尚的柏拉图主义对立起来而做出回应。[39]

我们已经看到了挑战柏拉图的出世观点的各种理由，同样有充分的理由挑战柏拉图和亚里士多德之间的这种对比。虽然亚里士多德部分地是自然主义者，部分地是柏拉图主义者，但他首先是柏拉图的批判的捍卫者。他认为柏拉图在前苏格拉底自然主义者犯错的主要问题上都是正确的，并且他对理解自然和人类福祉做出了永久性的贡献。柏拉图（在亚里士多德看来）对于他对自然主义的超越只有一半的理解，因为他把自己的某些重要进展与亚里士多德试图摆脱的错误纠缠在一起。亚里士多德试图表明柏拉图强调形式的实在性，强调自然目的论，强调正义与自利的和谐，都是正确的；并且，他试图将这些真正的柏拉图主张从对理型论、非物质灵魂和威权式理想城邦的任何依赖中解放出来。

亚里士多德对他直接的继承者——斯多亚派和伊壁鸠鲁派的

公认影响比预期的要小，甚至有人怀疑他们是否知道他的大部分著作。尽管这些怀疑可能是错误的，但它们能被提出的事实表明，亚里士多德并未变成后来几代哲学家的哲学权威。事实上，无论斯多亚派还是伊壁鸠鲁派都拒绝了亚里士多德的形而上学，而接受了更彻底的唯物主义学说；晚期柏拉图主义者则根据其对柏拉图的解释来阅读亚里士多德，受此影响，他们以彻底非唯物主义的、出世的术语重申他对形式的捍卫。[40]

他对中世纪哲学的影响与他在古代晚期的地位形成鲜明对比。在中世纪早期亚里士多德被重新发现后，他成为首要的权威、真正的"哲学家"（the Philosopher）。不仅哲学，还有自然科学和神学，都是在亚里士多德式的假设下进行的（尽管经常受到晚期柏拉图主义的部分影响）。

亚里士多德的权威使他成为那些攻击源自他的中世纪经院哲学的早期现代哲学家的不可抗拒的（irresistible）目标。笛卡尔（Descartes，1596—1650）、洛克（Locke，1632—1704）、霍布斯和贝克莱（Berkeley，1685—1753）都能诉诸现代科学的成功，它已经摆脱了亚里士多德宇宙论和天文学的假设。他们认为亚里士多德的一般哲学立场应该与已被现代科学取代的特定经验假设一起被拒绝。他的实体性形式学说似乎包含奇怪的非经验机制，这些机制已被更好的科学理论败坏了名声。在休谟看来，对亚里士多德的这些攻击似乎取得了如此彻底的成功，以至于他能在1748年这样写道："眼下西塞罗声名大振，而亚里士多德的名气已经完全衰败。"[41]

他的17世纪和18世纪的批评者并不完全错误。当亚里士多德依赖于现象和常识时，他处于一种将谬误、偏见或肤浅假设视为任何合理理论都要接受的可靠材料的危险之中。对他的过度确信的一个坏效果,是在天文学家托勒密(Ptolemaeus,盛期约在127—148年)的态度中表现为地球趋于宇宙中心的假设:

> 因此,我个人认为,一旦地球占据宇宙的中间位置,并且所有的重量都朝着它移动,这一事实被观察到的现象本身证明是显而易见的,那么任何人去探究向中心运动的原因都是毫无意义的。[42]

在这种情况下,在托勒密看来,"被观察到的现象"使得考虑去挑战地球是宇宙中心、太阳绕地球运行的观点毫无理由。然而,有时,只有当明显清晰的观察结果被拒绝或重新解释时,才能发现正确的理论。

另一方面,如果认为亚里士多德的整个哲学地位受到这种批评的破坏,那就错了;亚里士多德的声誉在19世纪和20世纪的复兴,部分地是因为对他采取了更具歧视性的态度。现在,没有人会合理地将他视为最高权威,但也没有人会合理地同意休谟的估计。他试图回答的关于物质、形式、因果性、目的论、身体、灵魂、幸福和道德的问题,都是历经科学、宗教和文化的变化而持续存在且惊人地少有变化的哲学问题。亚里士多德对这些问题的回答并没有过时。相反,他捍卫形式和灵魂的实在性和不可消除性的主张,以及他对道德在人类善好中的地位的论述,提出了一些有时被过早放弃而尚未得到充分探索的合理选项。

第八章

伊壁鸠鲁主义

一、希腊化世界[1]

"希腊化时代"（一个由现代历史学家而非希腊人杜撰的术语）始于公元前323年亚历山大大帝的去世，终于罗马共和国的结束和公元前31年屋大维（后来的奥古斯都）的胜利。亚历山大征服了波斯和埃及帝国，他的继任者统治着它们，直到它们并入奥古斯都治下的罗马帝国。

亚历山大的征服扩展了希腊语世界。他的帝国到处建立希腊化城市（埃及的亚历山大里亚是最著名的）；它们使希腊的语言和文化在希腊大陆和爱奥尼亚以外的地方为人们所熟悉并占据主导地位。[2]尽管希腊文化传播范围很广，但渗透得并不深，因为新的希腊化城市与周围的农村地区保持着巨大的隔阂，当地的语言、文化和宗教得以幸存，讲希腊语的人是外来精英。[3]尽管如此，希腊语还是成了东罗马帝国的首要语言，直到公元1453年最后一位拜占庭皇帝被废黜。因为希腊语是占主导地位的语言，所以希伯来语《圣经》被翻译成希腊语（"七十士译本"，传统上被认为出自72位译者之手），而基督教《圣经》最初是用希腊语撰写的。[4]

亚历山大接替父亲菲利普成为马其顿国王。马其顿人甚至在他们征服亚洲之前就成了希腊的主导力量。从那时起，包括雅典（斯巴达现在是一个小国）在内的希腊主要国家不再享有以前的自治程度。雅典演说家德谟斯忒内斯（Demosthenes，公元前384—前322）是那些将马其顿人的到来视为希腊自由的终结的人之一，他敦促抵抗菲利普和亚历山大。[5]然而，并不是每个人都认为马其顿人对自由如此危险。两个世纪后，历史学家波利比乌斯（Polybius，约公元前200年—前118年之后）在他为伯罗奔尼撒半岛亲马其顿人所做的辩护中，捍卫事情的另一面：

> 通过引诱菲利普进入伯罗奔尼撒，并通过羞辱斯巴达人，他们让所有伯罗奔尼撒人呼吸到新鲜空气，并形成了自由的思想。此外，他们［伯罗奔尼撒人］收复了斯巴达人在繁荣时期从他们手中夺取的领土和城市……并且无疑增强了他们自己的国家。

马其顿的统治也没有完全改变希腊城市的政治生活。当新的希腊化城市在亚历山大帝国四处兴建时，一种相似的政治生活模式也在某种程度上被重演了。[6]

希腊化世界中希腊化城市的状况有助于解释希腊理智生活中某些新的发展。作为学习和研究的中心，亚历山大里亚博物馆和图书馆的建立，有助于使这座城市成为自然科学、医学和文学研究的主要中心。雅典仍然是哲学的中心。这种划分势必鼓励哲学与科学研究的某种分离。这不是一种截然的划分。例如，亚里士多德的吕克昂学园的两位继任者塞奥弗拉斯特（Theophrastus，公元前370—前287）和斯特拉通（Straton，卒于公元前269年），延续了他对经验科学研究和理论的浓厚兴趣。但是，吕克昂失去了影响力和活力，也没有任何其他哲学流派阻止专业化的趋势，而这在任何情况下都是哲学发展和完善的自然结果。[7]

雅典形成了不同的哲学流派，相互论辩，争夺学生的注意力。斯多亚派、伊壁鸠鲁派、怀疑派和漫步派（即亚里士多德主义者）制定了他们自己的学说和策略。这种趋势是哲学发展的可预见的结果。但这些学派在雅典的集中（与5世纪初相比）也反映了这座城市在希腊文化和高等教育中的地位。雅典和其他城市都开始要求某种哲学指导，作为上层阶级年轻人培训课程（最初是军事）的一部分。因此，雅典的各个哲学学派影响了统治阶层高等教育的某些内容。雅典最终成为一个国际哲学研究中心，不仅对希腊世界，而且对整个罗马帝国来说都是如此，并且保持了这一地位至少6个世纪之久。公元前146年，随着对科林斯的洗劫和摧毁，罗马人完成了对希腊的征服。但是，正如罗马诗人贺拉斯（Horace，公元前65—公元8）所指出的，"希腊俘虏了其野蛮的俘虏者，并将艺术引入了粗野的拉丁故土"。从那时起，罗马统治阶层受到希腊文学和哲学研究的陶冶，并日益取得成功。[8]

二、伊壁鸠鲁：一般目标

和苏格拉底一样，对于伊壁鸠鲁（Epicurus，公元前341—前271）来说，哲学是一种改造我们生活的方式。我们生活得不好，因为我们恐惧死亡；我们恐惧死亡，因为我们恐惧死后的惩罚。柏拉图《理想国》开篇克法洛斯（Cephalus）的言论例示了伊壁鸠鲁心中的恐惧：

当一个人开始意识到他将要死去时,他对以前没有遇到过的事情充满了忧虑和担心。〈他记得〉他所听到的关于哈迪斯的故事(*muthos*),以及在这里行不义的人如何必须在那里受到正义的惩罚。尽管迄今为止他可能嘲笑过它们,但现在它们开始折磨他的灵魂,恐惧它们最终可能是真的。

按照克法洛斯,财富是对这些恐惧的某种抵抗,因为它消除了欺骗人的诱惑,并允许我们向诸神提供大量供品——这是两种避免死后受到惩罚的方式。因此,对死亡的恐惧刺激了积累财富的欲望。

伊壁鸠鲁认为,对死亡的恐惧是我们生活中所有贪婪和竞争的基础。诚然,他认为这解释了我们倾向于接受一种荷马式的观点。因为害怕死亡,我们就试图确保自己的安全而防范他人,而对安全的追求又使我们追求权力、财富和荣誉,使我们长久地害怕失去它们。我们追求死后的名声和荣誉,就像阿喀琉斯所做的那样,因为我们拒绝向自己承认我们会不在场享受它,而我们对死亡的恐惧解释了为什么我们拒绝承认我们不会在场。我们沉浸在不断的活动和竞争中,以掩饰我们自己对死亡的恐惧。我们没有意识到对死亡的恐惧是我们的基本动机;我们每个人都在"逃避自己";我们需要通过占有来转移来自我们自己和我们的恐惧的压迫意识,但我们不知道为什么我们发现自己的意识如此压抑。[9]

伊壁鸠鲁对人类恐惧和野心的诊断是他研究宇宙本性的原因。正如罗马诗人和伊壁鸠鲁主义者卢克莱修(Lucretius,公元前94?—前55)所言:

我们必须驱散这种内心恐怖、这种黑暗,不是靠阳光和白昼的光束,而是靠自然的面貌和法则。

伊壁鸠鲁本人声称这是我们必须研究自然的唯一理由:

> 如果对天堂的怀疑,或者死亡对我们来说可能是什么,或者对痛苦和欲望的限制的无知,从未困扰我们,那么我们就不会有任何必要研究自然(*phusiologia*)了。[10]

为了消除我们已知和未知的恐惧,我们需要一种让我们没有理由害怕死亡的宇宙论。一旦我们相信宇宙不是由为其自身目的而决定或更改自然进程的诸神所控制的,并且我们不会在死亡中幸存下来,我们就会从恐惧中解脱出来。如果我们有理由相信这一点,那么(在伊壁鸠鲁看来)我们就没有理由认为死亡对我们有任何伤害。因此,我们毫无理由恐惧死亡。因此,我们将不再恐惧死亡。

三、怀疑论的挑战

为了找到一种能够消除我们对死亡和诸神的恐惧的宇宙论,伊壁鸠鲁转向了留基波和德谟克利特的原子论。亚里士多德攻击原子论,就他强调形式的实在性和目的论解释的真理性而言。针对亚里士多德的攻击,伊壁鸠鲁为原子论提出了一种辩护。

然而,在重要的一点上,他更接近亚里士多德而非德谟克利特。在德谟克利特看来,原子论依赖于对理性来说显而易见但与感觉检验相反的原则;理性所显现的世界与感觉向我们表明的任何东西都截然不同。感觉与理性之间的冲突导致德谟克利特以某种方式走向怀疑论，并迫使他追问，如果他无视感觉，他将在哪里找到他的理论的证据。[11]毫不奇怪，亚里士多德因其与现象的冲突而批判原子论。然而，伊壁鸠鲁却从一个非常接近亚里士多德的认识论立场开始，同时针对亚里士多德和德谟克利特，论证这个立场实际上支持原子论。

伊壁鸠鲁有充分的理由重新考虑德谟克利特的认识论立场，不仅因为亚里士多德的批评，还因为亚里士多德之后怀疑论的复兴。怀疑论的核心问题涉及用于鉴别真实现象和虚假现象的"标准"（希腊语 kritêrion，来自 krinein，意为"判断"或"辨别"）的问题。怀疑论者论证说，我们没有任何可靠的标准。各种现象相互冲突；不同的事物对不同的人都显现为真；即使我们将自己局限在感觉的现象中，这些现象也冲突；因此，我们不能依靠感觉作为标准。不管怎样，我们如何知道我们找到了一个标准？只有当我们知道某种原则或方法 P1 给了我们真实的答案时，我们才能合理地将 P1 作为标准；但显然，如果不诉诸某个进一步的原则 P2 作为决定 P1 的标准，我们就无法知道这一点；但是，我们可以就 P2 追问相同的问题，从而将我们引向进一步的原则 P3；现在我们面临一个无穷倒退，从而对我们最初的问题得不出任何答案。[12]

对于相互冲突的结论，怀疑论者面对明显同等强度的论证，找不到在结论之间进行选择的基础，无法就其真理性而中止判断，从而声称达到安宁（ataraxia，心无纷扰）——免于恐惧和焦虑。这种怀疑论主张暗示了对伊壁鸠鲁的进一步挑战。因为他和怀疑论者似乎都同意安宁是正确的目标，而怀疑论者似乎通过中止判断提供了一条捷径。伊壁鸠鲁为什么要通过关于世界的独断论这一更费力的路线来追求安宁呢？

伊壁鸠鲁拒绝这种怀疑论的解决方案。他认为，如果我们是怀疑论者，我们将充满优柔寡断，从而满怀不安。如果我们不能在两种观点之间做出决定，我们的优柔寡断就会让我们担心和激动。因此，我们的判断和决定需要某种基础。怀疑论者承认，安宁随着中止判断而来只是运气好。伊壁鸠鲁认为怀疑论者愚蠢而乐观地希望安宁而不是焦虑。[13]

四、诉诸感觉

作为对怀疑论的回应，伊壁鸠鲁认为我们必须信赖感觉："如果你与你所有的感知做斗争，那么你在判断其中任何一个你认为是错误的之时，将没有任何可参考的东西。"他依赖于德谟克利特代表感觉提出的论证，我们对任何事物的信心并不比对感觉的信心更大。因此，如果我们对它们失去信心，我们也会对其他一切失去信心。对感觉的信任是怀疑主义的唯一替代品，因为它是摆脱一切事物的彻底中止判断的唯一途径。

这个论证声称我们不能完全拒绝感觉，并且必须接受它们的某些报告。但伊壁鸠鲁接受了它们的所有报告，从而声称所有感知都是真实的。在提出一个怀疑论论证时，笛卡尔认为"我曾被证明这些感觉是欺骗性的，不要完全相信我们曾经被欺骗过的任何东西是更明智的"。伊壁鸠鲁把这种怀疑论的怀疑推进一步，认为对任何感觉报告的任何怀疑都要求对所有感觉报告的普遍怀疑，从而完全中止判断。[14]

这种对感觉的完全确信似乎使它们面临另一种攻击。因为我们可能会认为，如果我们接受感觉的每一个报告，那么我们将不得不接受相互冲突的报告（例如，当我看到棍子在水中时，它显现为弯曲的，而当我把它拉出来时，它显现为直的），从而我们将不得不承认相互冲突的现象（棍子显得既弯曲，又直）。既然不允许我们在它们之间进行选择，并且对于同一个对象不可能同时为真，那么我们就不能说对象是怎样的。这个论证将德谟克利特推向有关感觉的怀疑论。

作为回应，伊壁鸠鲁否认棍子的两种现象之间有任何冲突，并诉诸原子论。就它对应于被棍子抛出并最终击中眼睛的原子的弯曲构型而言，弯曲的棍子的现象是真的，而就它对应于原子的直的构型而言，直的棍子的现象也是真的。如果我们期望在水中曲棍的现象之后是出水曲棍的现象，那么我们通常是错误的。但错误在于我们以及我们仓促的推论和虚假的信念，而不是感觉本身。

如果伊壁鸠鲁是对的，那么我们的椅子现象就是原子的椅状构型的准确呈现。但这一回答并没有削弱怀疑论关于我们对诸如椅子之类事物的信念的怀疑。因为椅状构型可能是瞬间的和短暂的，推断该构型属于椅子这种更持久的构型需要进一步的信念。仅当我们能够表明这些推论是有保证的，我们才能避免怀疑论。有时我们将我们的椅状现象解释为梦或幻觉的产物，尽管在伊壁鸠鲁看来，它们是由某些外在的椅状构型造成的。为什么不该总是这样？[15]

伊壁鸠鲁通过限制我们对它们所说的话的通常看法，从而拒绝我们认为感觉的报告可能发生冲突的信念，以此来捍卫感觉。但是，既然感觉的报告告诉我们的很少，正如他所解释的那样，那么他对其准确性的辩护并不能回答怀疑主义对基于感觉的共同信念的怀疑。伊壁鸠鲁没有表明他有充分的理由相信由持存着的对象组成的日常外部世界。尽管他为纯粹感觉现象的真实性辩护，但他不为对科学理论的构建至关重要的现象辩护。

五、感觉与科学

在德谟克利特看来,原子论是理性取代感觉的产物;感觉的相互冲突的现象表明,现实不可能由有颜色、有味道等的事物组成,而必须由坚不可摧的原子组成。由于伊壁鸠鲁坚持将感觉作为真理的标准,那么他就不能使用德谟克利特的论证。他必须论证感觉的证据本身就支持原子论。为此目的,我们必须承认伊壁鸠鲁回应了怀疑论对我们关于客观世界的信念的威胁;而且,我们必须看看他能否从这种信念论证原子论的真理性。

一些例子表明了这种策略。原子论告诉我们:(a1)原子处于持续运动之中,(a2)它们没有颜色。然而,感觉似乎告诉我们:(b1)有并不处于持续运动之中的稳定的物体,(b2)物体是有颜色的。那么,感觉的证据似乎与原子论相冲突,因为我们无法理解:(c1)明显稳定的物体如何只是运动着的成分的集合,或者(c2)明显着色的物体如何只是无颜色的成分的集合。

然而,卢克莱修认为,感觉为我们提供了(c)的例子,因此不会让我们承诺(b)反对(a)。他描述了两个例子:(c1)我们看到远处山上的一群羊,虽然从远处看,它们显得是静止的,但当我们走近时,我们看到它们正在移动。(c2)我们把一块红色的抹布撕成越来越小的碎片,逐渐失去颜色。注意这两个例子支持(c)中的主张,因此信赖感觉与(a)并不冲突。当我们认为感觉的证据需要(b)的真理性时,我们是在粗心地看选择不当的例子。事实上,感觉的证据告诉我们接受原子论,而非拒绝它。[16]

伊壁鸠鲁得出与德谟克利特相反的结论说,原子论者无须拒绝感觉,他们只需小心且不带偏见地注意感觉真正告诉我们的东西。亚里士多德假设诸如(b)之类的判断是理论应该证明的现象之一，但伊壁鸠鲁回答说，这些是共同的信念，并非真正的感觉现象，而且真正的感觉现象不会使我们承诺（b）。

他尝试的辩护对原子论的所有众多和详尽的论证产生了一个一般的困难。在伊壁鸠鲁看来，有些问题只允许一个与感觉证据一致的答案，而另一些问题则允许几个与这些证据一致的答案。第二类问题（例如关于太阳的大小）的出现是因为无法获得相关的观测结果。这些例子允许很多"经验上等价的"理论和解释，它们全都同等地与感觉证据一致。伊壁鸠鲁主义者不会在它们之间做选择。[17]

对伊壁鸠鲁来说，重要的是表明原子论回答了第一类问题，从而他就有理由相信它而非相信与之竞争的各种理论。然而，他的论证似乎仅仅表明它与观察一致。他很难表明它是这种理论中唯一的。想象一个与感觉证据一致的对世界的非原子论解释似乎并不难。事实上，我们曾论证，荷马的观点能够很容易地证明自己与任何观察结果一致，这就是为什么自然哲学家们不能指望通过简单地诉诸感觉来反驳荷马。[18] 如果这是真的，那么原子论并没有回答第一类问题，因为这类问题似乎不能仅仅通过与观察结果的一致性来确定。原子论似乎只是许多经验上等价的理论之一，而伊壁鸠鲁自己的原则禁止我们偏爱它而非那些与观察结果同样一致的竞争理论。

伊壁鸠鲁的这个困难与我们在更基本的层面提出的困难相似，亦即他无法排除我们所谓的对客观世界的经验其实是一个梦或幻觉。在每种情况下，伊壁鸠鲁所选择的观点都可能是最合理的；但他对与感觉的单纯一致性的要求并不支持他的选择。

六、原子论与灵魂

伊壁鸠鲁想要表明灵魂是原子的集合，就像树木和椅子一样，从而也肯定会腐烂并分解成它的成分。如果伊壁鸠鲁在这点上是对的，那么柏拉图相信一个非物质的和不朽的灵魂就是错了。如果我们不相信不朽，那么我们就不会相信我们死后可能受到伤害，因此，伊壁鸠鲁认为我们毫无理由恐惧死亡，也不会恐惧死亡。

卢克莱修收集了关于灵魂必死性的29个伊壁鸠鲁式论证，但它们中的大多数却表明伊壁鸠鲁经验主义的独特弱点。卢克莱修发现大量证据表明灵魂受到身体所发生的事情的影响：头部受到打击导致疼痛，我的思想随着我的身体而衰退，等等。对这些事实的一种可能的解释是说，灵魂是物质的和可毁灭的，并且其存在依赖于身体。但这只是一种可能的解释，同意柏拉图关于灵魂是非物质的和不朽的观点的人能够提供其他解释。[19]

为了排除这些其他解释，唯物主义者可能主张只有物质体才能受到物质体的影响。如果这种主张是真的，那么灵魂就不可能是非物质的。但我们怎么知道这是真的？伊壁鸠鲁很难说服我们没有其他观点与感觉的证据相一致。为了证明他的唯物主义是正当的，他必须依靠一个不是由他的经验主义来保证的主张。既然他相信，除非由他的经验主义来保证，否则关于实在的主张就是非法的，因此，他的论证面临基于纯粹伊壁鸠鲁主义的强烈反对。

伊壁鸠鲁对灵魂的处理，导致了一个关于他与亚里士多德的分歧程度的更大问题。他不仅想要表明灵魂是要死的，而且想要表明它只是原子的集合。因此，他力主消除论的原子论（eliminative atomism），拒绝形式（从而还有灵魂）乃是不同于原子之集合的任何事物的主张。他谈到原子的复合体，大致对应于通常所设想的宏观对象，但它们的地位是模糊的。他认为复合体中的每个变化都意味着它的毁灭，可能是因为他跟随赫拉克利特接受复合体的同一性原则，在这种情况下，他不可能承认亚里士多德所承认的持存实体。[20]虽然伊壁鸠鲁的世界概念没有给亚里士多德的实体和形式留下任何空间，但他很难有理由将它们排除在外。

七、诸　神

柏拉图的《法律篇》包含了对有关诸神的不同类型的不可靠观点的讨论。在答复了一个彻底的无神论者之后，柏拉图转向相信诸神，却对世界明显的不完美印象如此深刻，以至于得出结论认为诸神毫不关心它的人。这是伊壁鸠鲁的观点。尽管柏拉图把它作为对宗教和道德的威胁来予以谴责，但伊壁鸠鲁却认为，为了对死亡以及我们的生活有一个正确的态度，我们需要它。

为了表明诸神不关心世界，伊壁鸠鲁攻击了一种特殊的目的论学说。柏拉图和斯多亚派论证说，个体有机体中的秩序取决于维持它们的更大秩序，并且这种秩序被合理地解释为智能设计的产物。世界中的秩序为设计之神的存在提供了一种论证。

作为回应，伊壁鸠鲁主张世界中的无序反对任何设计之神的存在。自然灾害和其他明显的不完满表明，只有无目的的力量能控制世界的进程——除非诸神非常愚蠢、恶意或无能。世界被观察到的特征中的缺陷证实了原子论，并破坏了对关心世界的诸神的信念。[21]

这些反对设计的论证并没有回答亚里士多德相信目的论的所有理由。亚里士多德主张有机体可以从目的论上去理解和解释，但没有主张它们必须是设计的产物。如果伊壁鸠鲁拒绝形式的实在性，那么他必定拒绝这一主张。但是，尽管他对消除论原子论的承诺需要拒绝形式，他并没有动摇亚里士多德的例子。他未能回答亚里士多德并不必然影响他反对设计的具体论证，但这可能影响他相信原子论基本原则的理由。

尽管伊壁鸠鲁否认诸神设计或控制世界秩序，但他相信经验主义要求他接受诸神。因为在梦境和幻象中，人们声称觉察到神。而且，既然所有感知都是真的，那么某种外在的东西必须符合他们的感知；但唯一能与我们的感知相对应的外在事物是不朽的、智能的、幸福快乐的、看起来像具有人体的人类的生物。诸神，就像其他具有人类或动物身体的东西一样，必由原子组成。但他们不会以其他原子集合被毁灭的方式被毁灭，因为他们生活在遭受破坏的诸世界之间，从而避开了破坏其他原子集合的原子力量。[22]

对诸神的这一解释维护了经验论，并且与传统希腊宗教思想的一个元素惊人地一致。他同意荷马将诸神描述为幸福快乐的，不易受到威胁人类的各种危险的伤害。通过强调诸神的这一特征，伊壁鸠鲁提出了一个严肃的问题：为什么一个不受伤害的、有福的存在会让自己对世界或我们感兴趣？柏拉图诉诸匠神创造某种具身化理型的东西的欲望。但我们可能想知道，这种愿望如何与诸神的独立性不矛盾。如果他们已经完全快乐并且不再需要什么，他们为什么要创造一个世界？[23]

八、必然性与自由

在接受原子论时，伊壁鸠鲁赞同德谟克利特的自然主义的决定论：一切自然过程都是原子运动的必然结果，没有诸神的任何外在干涉，没有任何规律不能还原为原子运动的规律。相同的模式在自然界中重复出现，因为相同的原子力在运作，而它们的运作必然产生相同的结果。

然而，这种对必然性的信念似乎与我们认为人类是自由和负责任的行动者的信念相冲突。我们假设我们如何行动取决于我们自己，从而可以公平地因我们的行为而受到赞扬或责备。而且，伊壁鸠鲁式的信息是在假设我们对如何生活有真正的选择的前提下向我们传达的。伊壁鸠鲁主义者控制了他的生活，将自己从困扰大多数人的恐惧中解脱出来。但是，如果原子论的决定论是正确的，那么我们所有的行为都无非是原子运动的必然结果，一直追溯到无限遥远的过去。我们对责任的信念如何可能是真的，控制我们的生活又如何可能取决于我们呢？[24]

亚里士多德似乎暗示，如果满足某些负面条件——如果我没有受到推动或身体上的强迫，并且我的行为不是无知的结果，那么我应该为我的行为负责。但伊壁鸠鲁注意到，即使亚里士多德的条件得到满足，我的行为仍可能是由我无法控制的世界的过去状态所必然驱使的。伊壁鸠鲁认为过去的决定排除了责任。诚然，他说相信干涉的诸神比相信那些谈论命运和自然必然性的哲学家要好。[25]

伊壁鸠鲁可能会争辩说，亚里士多德的其他评论支持认为责任与决定论不能相容的不相容论观点。亚里士多德主张，如果我对某个行为负责，那么这个行为是"取决于我的"——我可以自由地做或不做，"起源在我"——我就是原因。伊壁鸠鲁含蓄地辩称：

（1）如果决定论是正确的，那么遥远过去中的事件使我的行为不可避免。

（2）如果是这样，那么它们就是原因，而我不是。

（3）如果我不是原因，它不取决于我，我不对它负责。

（4）因此，如果决定论为真，我就不对我的行为负责。

步骤（1）和（2）阐明了决定论的明显后果，亚里士多德接受（3），所以我们似乎无法摆脱（4）。[26]

既然伊壁鸠鲁是不相容论者，却相信我们应对我们的行为负责，那么他就拒绝决定论，并修改了德谟克利特的原子论。他主张某些原子有时从它们的正常路线中经历了一个随机且难以察觉的偏斜。这种偏斜引入了一种非原因造成的运动。就我们的选择活动包括原子偏斜而言，它是不确定的。这种解决方案既不违反（如伊壁鸠鲁所声称的）我们对世界的经验，也不违反我们对自由意志的坚定信念。[27]

这一解决方案没有明显的说服力。如果我们认为是自由的每一个选择真的都是自由的，那么每一个这样的选择都包含一个偏斜。如果伊壁鸠鲁认为感觉的直接证据向我们保证我们是自由的，从而必然已经有原子的偏斜，那么他的经验主义面临着通常的困难：他没有排除对自由的感觉的替代解释。

但是，即使偏斜在恰当的场合发生了，它们是否蕴含责任所需要的那种自由？如果一个选择涉及一个偏斜，它是没有原因的，因此不能由我过去的选择和我的品格状态引起。但与我的过去和我的品格无关的行为，不是我们认为我们应该负责的行为。事实上，我们更有可能将它们视为使我们能够声称减轻责任的异常行为。因此，伊壁鸠鲁的观点意味着，我对我的任何"自由"行为不再负责，就像我不对与我的品格无关的异常行为负责一样。因此，他似乎破坏了责任主张，而不是捍卫它们。

为了回应这种反驳，伊壁鸠鲁需要表明从非决定论推论因果关系的阙如是没有根据的，或者责任并不要求在我的行为、我过去的选择和我的品格之间有因果关系。其他不相容论者承担了他未完成的任务，这个问题尚未得到对他们有利的解决。

伊壁鸠鲁在责任方面是一个不相容论者，部分地归因于他是一个消除论的原子论者。另一种进路可能会说，关于责任的主张适用于亚里士多德的灵魂和形式，而不是它们的构成物质，而德谟克利特的消除论方面而非决定论方面威胁着责任。这种进路没对伊壁鸠鲁开放，但斯多亚派利用了它。[28]

九、快乐、幸福与美德

伊壁鸠鲁的伦理学理论基于其快乐主义：他相信快乐是终极的善好，而其他事物仅在它们是快乐的手段的限度内才是善好的。亚里士多德接受了快乐是一种善好（a good）并且必定是任何对善好本身（the good）的可靠解释的组成部分的通常信念。伊壁鸠鲁主张，这种关于快乐的信念不仅仅是通常的信念（亚里士多德的广义上的"现象"），而且是感觉的直接现象，从而是不可错的。他声称，不可错的现象承认快乐是善好本身（the good）。所有的动物都直接意识到快乐是善好的，并作为其目标来追求它。孩子们在获得关于什么是善好的其他信念之前，就自发地追求它。[29]

伊壁鸠鲁拒绝那些寻求膨胀的、难满足的欲望以及丰富的物质资源的感官享乐。他承认，如果一种具有这类快乐的生活真的能把快乐最大化，那么它将是一种幸福的生活。但它不能做到这一点。最大限度地平衡快乐与痛苦的唯一方法是消除焦虑，但感官的快乐只会让我们成为痛苦、恐惧和需求的牺牲品。对我们无法控制的外部资源的依赖是应该避免的焦虑之源。伊壁鸠鲁主义者想要达到诸神的独立性与不受伤害，在他的快乐中得到保障，并且摆脱引起恐惧和忧虑的外在危险。[30]

这种善好的概念是为了解释为什么伊壁鸠鲁主义者会培养柏拉图和亚里士多德所描述的美德。伊壁鸠鲁主义者想要约束他的欲望，以免它们使他依赖外部财富，他也因此看重节制的结果。他不恐惧世俗财物的丧失，因为他不需要很多。于是，他不想像个懦夫那样行动。他在朋友的社会中找到了互助和快乐，由此他培养了友谊。[31]

伊壁鸠鲁主义者并不贪图权力或支配他人。他发现这是严重焦虑和不安全感的根源。既然他理解互助和人身安全的好处，那么，出于柏拉图《理想国》中的格劳孔和阿德曼托斯所给出的理由，他就遵循正义的规则。既然他重视免于焦虑的自由，那么他就想要避免被发现和受惩罚的风险——这种风险是对不义的不可避免的惩罚，即使它不会导致进一步的惩罚。社会的进化既不能被解释为神圣设计的产物，也不能被解释为（按照亚里士多德的说法）人类固有的社会本性的表达，而只能被解释为对不安全和危险的特殊反应的产物。导致国家形成的需要也给予伊壁鸠鲁式的快乐主义者服从正义的理由。[32]

在所有这些方面，伊壁鸠鲁都借助于完全非亚里士多德的前提来捍卫他所设想的亚里士多德的美德。他认为，如做适当的理解，对快乐的追求实际上需要伦理美德的培养。

十、关于伊壁鸠鲁主义伦理学的问题

即使我们接受快乐主义,也可能对伊壁鸠鲁的论证产生怀疑。他为一种重视摆脱和独立于外在事物(从而获得自由)的快乐主义版本做论证。他回避粗俗的感官快乐以及严重依赖外在资源的更微妙的快乐的刺激,因为这些快乐是焦虑的根源。但是,这种对独立和安全的偏好能以快乐主义为由得到辩护吗?伊壁鸠鲁主张,自我放纵和不节制导致的焦虑、恐惧和不安全感过于严重而难以容忍。但很难以纯粹的快乐主义为由来为这种主张辩护,而且任何非快乐主义的论证对伊壁鸠鲁来说都是毫无价值的。

快乐主义通常面临着关于快乐与幸福和人类善好之间关系的更广泛的问题。亚里士多德强调,没有人会想要回到孩子的状态,即使他能把孩子所享受的各种快乐最大化。[33] 他的意思是,我的处境的客观特征,包括我喜欢的各种活动的性质,对我的安乐和幸福产生了影响。在亚里士多德看来,我对我的处境的主观态度本身并不决定我是否幸福或富裕。这一反驳同等地适用于伊壁鸠鲁和其他快乐主义者。即使我们身遭残疾,我们的朋友和家人受到折磨,我们沦为奴隶,只要我们在这些事情上被欺骗或不在乎,那么我们就能够满足并摆脱焦虑。但是,如果我们将亚里士多德的测试应用于完全的善好,那么我们会发现,当所有这一切都变得更好,我们也会变得更好。伊壁鸠鲁似乎没有回答这种对一般快乐主义的反驳。

如果我们想要评估整个伊壁鸠鲁主义观点的核心假设,那么这种反驳就很重要。伊壁鸠鲁试图让我们摆脱对死亡的恐惧:

> 要习惯于认为死亡对我们来说什么也不是,因为每一善恶都在感觉中,而死亡是对感觉的剥夺。因此,关于死亡对我

们来说毫无意义的正确知识使生命的必死方面变得愉快，不是通过增加无限的时间，而是通过消除对不朽的渴望。[34]

他认为只有在死后感到痛苦时，死才会伤害我们。他消除对死亡恐惧的整个方法假定了一种快乐主义的个人善好概念。

然而，一旦我们挑战快乐主义，对死亡的恐惧可能就更难消除了。如果我们说一个在实现他的惊人承诺之前就死去的年轻人受到了某种伤害，我们的意思不是说他曾感受或正在感受任何痛苦；我们的意思是说，如果他活着，他会获得某种巨大的利益，而他因为死而失去了它。如果死亡能够对我们造成这种伤害，那么我们似乎有充分的理由（在某些处境下）恐惧它。在这种情形中，伊壁鸠鲁的善好理论似乎排除了那些构成我们对死亡的合理恐惧之基础的善好，因为它们是不同于快乐的善好。

他的快乐主义似乎还威胁到他对美德的捍卫。他声称它们只是实现快乐的工具。尽管伊壁鸠鲁者摆脱了某种像个懦夫般行动的诱惑，但那似乎并没有使他变得勇敢。因为一个勇敢的人通常关心他自己的或他所关心的其他人的某种重要利益，但伊壁鸠鲁主义者对外部条件的漠不关心显然也会使他对这些利益漠不关心。尽管他不会为了自己的生命、健康或物质利益而被诱逃避危险，但他似乎也没有任何特别的理由去面对危险；当对他来说要紧的事情如此之少时，他似乎毫无积极的动力去勇敢。[35]

出于相似的原因，我们可能会怀疑伊壁鸠鲁主义者对正义和友谊的承诺。即使惩罚的威胁阻止他去做所有或大多数不义的行为，他似乎也没有任何积极的理由为了它自身的目的而关心他人的善好：因为为了它自身的目的而关心它，就是要把它视为一种善好本身，而不仅仅是达到其他某种善好的手段，而一个快乐主义者不允许把这一地位赋予除了快乐之外的任何善好。如果伊壁鸠鲁主义者对作为一种善好本身的他人的利益漠不关心，那么他似乎没有任何理由对他们做任何善事，除非它是达到他自己进一步的利益的工具，并最终是其自身快乐的工具。[36]

那么，对于伊壁鸠鲁将他的快乐主义与柏拉图和亚里士多德所捍卫的公认的美德调和起来的努力，我们可能有理由不信服。这些努力的失败并不反驳他的快乐主义；它可能只是表明关于美德的通常观点的虚假性。如果伊壁鸠鲁不得不在通常观点（广义上的"现象"）和他的快乐主义（据称基于感觉的直接现象）之间做出选择，那么他的经验主义要求他选择快乐主义。但是，快乐主义的真理性是否如此清晰，以至于我们有理由拿它来反对我们对善好与美德的许多相当自信和深思熟虑的判断？如果快乐主义的真理性对感觉如此明显，我们是否应该怀疑感觉的真理性？如果我们这样做，我们就在挑战伊壁鸠鲁体系的整个基础。

十一、体系的融贯性

伊壁鸠鲁试图构建一个简单、融贯与合理的原则体系。他是一个将对死亡的恐惧视为恐惧、不安全和不幸福的最危险来源的快乐主义者。为了避免不安全感，我们必须相信感觉，否则我们将充满怀疑和焦虑。感觉向我们保证原子论和快乐主义的真理性。每个原则似乎都迷人地简单，并且它们似乎组合成一个有吸引力的体系。但事实上每个原则都值得怀疑，并且很难将它们令人满意地结合起来。

伊壁鸠鲁对原子论的辩护，经常吸引那些认为他们认真对待经验科学的人。人们通常似乎很自然地假设，科学通过经验和观察得到了辩护。伊壁鸠鲁将经验主义观点推向了极致，拒绝以任何理由、在任何场合下拒绝感官的证据。然而，在这样做的过程中，他阻止自己为任何合理的科学理论辩护。

伊壁鸠鲁相信我们不能在经验上等价的各种解释之间做出选择。因为相信这一点，所以他破坏了他自己对科学理论的经验主义辩护。因为感官知觉（正如他所解释的那样）不能排除我们的知觉是一种不匹配任何外在对象的一致的幻觉的可能性，它也不能排除原子论的竞争对手。伊壁鸠鲁对感官知觉的狭隘观点，以及他对作为一种理论检验的感官知觉一致性的排他性信任，破坏了他从经验主义到原子论的论证。

道德哲学中的快乐主义似乎对应于知识论中的经验主义——一种直观上吸引人、表面上清晰的一般原则，它提供了一种理解和批评其他原则的方法。伊壁鸠鲁声称它不仅与经验主义相对应，而且实际上被经验主义所辩护，因为他认为我们能够通过诉诸直接感觉看到快乐主义的真理性。与经验主义一样，快乐主义似乎比其更复杂的竞争对手更容易，更合理。但是一旦我们检查它的内涵，我们就会发现它既不清晰也不合理。

在古代，伊壁鸠鲁主义经常遭到粗暴的摒弃。它的反宗教倾向（真实的和假设的）令人生疑；它的快乐主义有时被误读为鼓吹不道德的自我放纵。[37]这些摒弃并不是基于对伊壁鸠鲁派基本原则的任何谨慎批评，因此它们没有削弱这些原则本身的吸引力。对伊壁鸠鲁的粗暴摒弃是毫无根据的，并且适得其反，没有暴露其立场的真正困难。然而，困难的暴露有一个有用的结果：它向我们表明为什么最初看似简单而有吸引力的原则，最终既不简单也无吸引力。

第九章

斯多亚主义

一、斯多亚主义体系

斯多亚主义哲学始于亚里士多德死后的那一代人。斯多亚派（Stoics）与伊壁鸠鲁派（Epicureans）争夺受过教育的希腊人和罗马人的支持至少达两个世纪之久。通过与伊壁鸠鲁派和亚里士多德的比较，我们可以更容易地把握斯多亚派的立场。[1]

伊壁鸠鲁通过诉诸现象来捍卫原子论，并在此限度内用亚里士多德的方法达到非亚里士多德的结论。然而，我们已经看到，他比亚里士多德通常所做的更为狭隘地解释现象，并且他认为现象，如他所解释的那样，支持他反对亚里士多德。亚里士多德既相信质料因，也相信形式因和目的因，但伊壁鸠鲁却否认形式因和目的因的基本实在性。柏拉图和亚里士多德认为快乐只是一种善好，但伊壁鸠鲁却强调它是善好本身（the good），而其他善好只是达到它的工具。

斯多亚派更多地捍卫亚里士多德的观点。虽然他们依赖感觉，但他们并不仅仅诉诸感觉。虽然他们是唯物主义者，但他们认为他们也能够为形式因和目的因的信念辩护。伊壁鸠鲁拒绝相信诸神能控制世界，而斯多亚派则主张完全和普遍的神的控制。正如伊壁鸠鲁所做的那样，他们诉诸自然作为伦理的基础，但他们的人性概念是更为亚里士多德式的，而非伊壁鸠鲁式的。他们得出的道德结论与伊壁鸠鲁和亚里士多德都不同，因为他们认为诉诸自然证明拒斥快乐主义并接受美德作为幸福的唯一成分是正当的。

二、标准的问题

斯多亚哲学的第一个主要分支是"逻辑"，即逻各斯（logos）[2]的理论。它的主题反映了逻各斯的相关意义，包括推理和有效推论（现代意义上的"逻辑"）的理论、语言哲学（因为逻各斯包括言语及其表达的思想）和知识论（支持合理知识申言的推理类型）。

斯多亚派知识论面临真理标准的问题。事实上，斯多亚派关于标准的主张一部分是怀疑主义批评的原因，一部分是怀疑主义批评的结果。[3] 伊壁鸠鲁试图通过将感觉视为真理的标准来回答怀疑主义者，但斯多亚派尝试了更复杂的答复，包括对各种怀疑主义预设的更广泛攻击。

他们强调，源自外在对象的感觉现象对于一种关于该对象的信念是不充分的。尽管我可能具有一面红墙的现象，但如果我有其他理由相信这面墙是白色的并且有红光照在上面，那么我就不会相信我看到了一面红墙。要相信墙是红色的，我还必须"认可"（assent）这现象，这种认可是一种思想和理性的行为，而不仅仅是感觉的产物。那么，对于斯多亚派来说，标准的问题是这样一个问题："什么样的现象让我们有理由认可它们？"他们回答说，真理的标准是"把握"或"理解"（katalêptikê）现象，那种把握实在的现象。这是一种如其所是地呈现实在对象的现象，它不可能来自不实在的对象并迫使我们认可。[4]

不难看出这样一种现象是如何可靠的。但怀疑主义者会相当公平地问，我们如何可能分辨哪些现象把握了实在，从而值得我们认可呢？斯多亚派不能说，只要有人感到不得不认可一个现象，那么这现象就把握了实在，因为许多人错误地感到不得不认可一个被证明是错误的现象。在斯多亚派看来，能够可靠地识别出那些把握了实在的现象的人是"贤哲"（*sophos*），即对世界拥有完备知识的经验丰富、见多识广的斯多亚主义者。

但是，如果我们必须向贤哲寻求把握实在的诸现象的可靠来源，那么斯多亚派对标准问题的回答似乎会进一步引来关于无穷后退的怀疑主义反驳。既然贤哲是对这些问题有可靠的真信念的人，那么仅当我们能够确认真信念时，我们才能确认他。但我们岂不是为了确认真信念而开始寻找标准？如果我们为了发现一个标准而必须首先确认它们，那么这标准似乎是不可发现的了。[5]

这种怀疑主义反驳假定我们想要一种完全自足的标准。按照这种观点，该标准无须任何进一步的信息或推断、仅凭其自身就可以让我们看到，一个给定信念是真的，从而会为知识申言提供自明的基础。斯多亚派当然无法提供这样一种标准。

但他们应该尝试提供它吗？怀疑主义对自足标准的要求本身似乎不是自明地正确的，也不清楚何种进一步的论证会说服我们接受它。如果我们认为我们不该寻找自足的标准，那么斯多亚派诉诸把握了实在的现象和作为这类现象的可靠来源的贤哲，似乎更为合理。斯多亚派认为，在决定接受还是拒绝感觉给出的现象时，我们可以合法地诉诸我们的其他信念。

按照这种观点，感觉并不提供伊壁鸠鲁指望从它们那里得到的自明的基础。我们必须从对某些信念的确信开始，我们不能一下子把我们所有的信念都置于怀疑之中。对于斯多亚派来说，感觉是常识和自然科学（以及，如我们将看到的，伦理学）的重要基础。但它们不是自足的，它们不会解释其自身，为了解释和理解，我们必须依靠这个理论中寻求将现象作为一个整体来解释的其余部分。

在拒斥怀疑派的各种怀疑从而否定感觉是知识申言的自明和自足的基础时，斯多亚派具有极强的根据。他们经常强调其哲学观点的系统特征；他们也正确地用它来反对标准问题上的怀疑主义概念。[6] 他们有益地指出，我们不应该简单地将怀疑论者提出这问题所使用之术语的合法性视为理所当然。

三、自然、形式和质料

斯多亚派对自然物体的一般看法乃是他们把亚里士多德的原则和唯物主义的原则相结合的结果。在他们看来，就其反对原子论者、相信形式和质料的实在性而言，亚里士多德是对的；但原子论者作为唯物主义者也是对的，因为一切实在的东西都是物质体。亚里士多德既不接受也不拒绝唯物主义，而斯多亚派却赞同它。

他们相信有稳定的、统一的、连贯的物体，它们的特性和行为由作为整体的自然本性来解释，而非仅仅参考构成它们的原料。水池、岩石、木块全都具有某种程度的统一性和稳定性；斯多亚派把所有这些都分析为形式和质料。那些具有一种形式的物体，通过以恰当的"张力"或"平衡"（*tonos*，由此而有 tone /与……协调）具有其质料，而被保持在某种"状态"（或"保持"，*hexis*）

中。甚至那些最基础的物体也能够被分析成无性质的纯粹质料,和赋予质料以其性质之形式。斯多亚派拒绝消除论的原子论否认复合体和整体的属性具有任何基础性的说明作用的立场,从而他们接受了亚里士多德承认形式的实在性的理由。亚里士多德的实体,即人工物和有机体,转变成了斯多亚派所承认的本质上是形式的东西的子集。

然而,作为唯物主义者,斯多亚派论证说,既然形式是实在的,而只有物体是实在的,那么形式必定就是物体。斯多亚派把形式等同于普纽玛(pneuma,"呼吸"、"风"),一种非常精致和巧妙的物体,它在不同方向上的运动使得质料保持恰当的统一和张力。这个普纽玛解释了岩石中的微粒的凝聚性,而且在一个更为复杂的层次上,它解释了植物的生长、动物的活动方式以及人的理性行为。灵魂和理性只是普纽玛的具体表现。[7]

斯多亚派之所以相信形式必是一种物体,是因为他们接受这个论证:

(1)当且仅当某东西能够作用或被作用,它是实在的。
(2)当且仅当某东西是一个物体,它能作用或被作用。
(3)因此,当且仅当某东西是一个物体,它是实在的。[8]

第一个前提得到广泛接受,但非唯物主义者能够随意接受它并拒绝第二个前提,例如,倘若他们相信非物质的心灵造成物质体中的运动。或许这样一种信念是假的,但在我们有理由接受(2)之前我们需要被说服它是假的,而(2)几乎不是反对它的有力论证。[9]

对唯物主义的一般论证的怀疑并不否认形式和普纽玛的等同,

但亚里士多德似乎在挑战它。他辩称形式不能是有形体的元素。例如，我们不能说仅仅通过多加个字母就能使几个字母变成音节，因为我们仍然可以问是什么统一了这个旧字母和新字母的集合。[10] 如果形式是构成统一整体的要素之一，那么它显然不能解释整体的统一性。如果亚里士多德在这个论证上是对的，那么斯多亚派似乎把形式设想为这种错误的东西，他们不可能解释形式作为物体中的统一性原则的角色。

拒绝斯多亚派的有关形式的唯物主义主张，并不必然相信形式是任何事物的非物质的成分。正如我们曾看到的，亚里士多德并不把灵魂设想为一种被附加于物质体之上的非物质的成分，以产生灵魂和身体的复合体，即一个人。他不否认活的有机体及其形式完全是由其质料构成的，如房子由砖块构成、印章由蜡构成一般。斯多亚派对于一种更严格的唯物主义的探求，似乎掩盖了亚里士多德形式观点的某些可信的方面。[11]

四、自然与世界秩序

亚里士多德在特殊的（particular）有机体中找到了形式因和目的因。斯多亚派遵循柏拉图《蒂迈欧篇》的建议，将亚里士多德的论证扩展到作为一个整体的自然——特殊有机体在有利于它们及其物种的目的性活动中与之相互作用的自然环境。

他们从诉诸特殊理性动物的本性开始。这样一个动物在其身体部位及其关系中表现出一种独特的复杂组织层次（不同的动物达到不同的复杂性层次）；为了整体和部分的善好，它理智地指导自己的行动。斯多亚派认为，作为一个整体的世界表现出同样的秩序，因此它也是一个有自己理性灵魂的理智动物。他们跟随亚里士多德将灵魂与形式相等同，同时也将形式与普纽玛相等同，于是他们论证说，世界的形式方面是它的理性灵魂，而这就是宇宙的普纽玛。普纽玛分散在所有个体的身体和有机体中，使每一个都保持在其适当的状态和与其环境的适当关系中。[12]

通过主张世界作为一个整体是一个理性的动物，斯多亚派找到了对亚里士多德目的论观点的解释和辩护。亚里士多德主张个体有机体把目的因果性具身化了，但他没有多解释它为什么在它们中出现。和柏拉图类似，但和亚里士多德不同，斯多亚派相信个体有机体的目的论最好被解释为智能的和有目的的设计的结果。然而，与柏拉图不同的是，他们并不是从世界之外一位理智的设计师，如《蒂迈欧篇》中的匠神那里获得世界的设计。他们从内在于宇宙的普纽玛中获得宇宙的设计，这是形成和维持宇宙的智能元素，它存在于整体和每一个单独的部分中。

斯多亚派对宇宙理性和智能设计的信仰，使他们能够捍卫传统的诸神信仰的某些方面。斯多亚主义者克灵缇斯（Cleanthes，公元前331—前232）写了一首"宙斯颂"，将传统虔诚的表达与斯多亚自然哲学的学说相结合。[13]这与伊壁鸠鲁对传统信仰的处理方式的差异是极为惊人的。伊壁鸠鲁保留了荷马关于诸神的传统的某些核心要素，赋予他们拟人化的特征，使他们成为幸福生活的理想；但他认为，在将这些特征归于诸神时，必须剥除他们作为设计师的传统角色，让他们不再关心世界及其不完美之处。斯多亚派追随《蒂迈欧篇》，强调诸神在世界中的作用，而在更全面地描述这个角色时，他们否认了诸神的拟人化位格。然而，在否认神的位格性上，他们不能走得太远。因为，尽管世界上的神圣要素只是遍布世界的普纽玛，但这种神圣要素也必须有足够的位格，才能算作一个理智而仁慈的设计师。

伊壁鸠鲁攻击斯多亚派声称在世界上找到了智能设计的证据，并且他的攻击很久以后在休谟对自然宗教的考察中得到了更新和阐发。[14] 斯多亚派认为，设计者的存在最好地解释了世界的实际状态，和不同生物之间以及与其环境之间的相互作用。但批评者却问，我们有权假设何种设计师。与其他有神论者一样，斯多亚派声称设计师既能干又仁慈，但世界上明显的不完美似乎暗示了不同的结论。如果我们必须假设设计师的不完美来匹配世界的不完美，那么设计师的假设并不能解释很多。难道我们不能把它也仅仅归结为某些非智能原因的运作吗？

斯多亚派挑战所谓的不完美性的证据。他们同意，从我们未经教导的观点看，现实世界的某些特征可能显得是邪恶的；但我们并不完全理解神的智能，如果我们理解了，我们会意识到这些明显的不完美对于整体的善好来说其实是必要的。[15]

斯多亚派正确地认为，我们关于世界的不完美性的未经教导的判断可能是不可靠的。但在那种情况下，我们能相信那些导致我们相信设计的关于善好的最初判断吗？最初对设计的论证，和最初诉诸明显的邪恶，都显得直观而有吸引力，但要得出一个一致的结论，我们必须拒绝或通过解释消除其中一个或另一个。因此，要找到对斯多亚派观点的批评很容易，但要找到一种结论性的批评却困难得多。

五、决定论与自由

斯多亚派承认一个单一的、按目的论组织起来的宇宙秩序。它是一种秩序，而不仅仅是一系列事件，因为它以有规律的和可预测的方式遵循不变的规律。河流向下而不是向上流动，苹果而不是子弹在苹果树上生长。现在的事件是由过去的事件根据规律决定的，这些规律的完全随机的例外是不会发生的。

这种对规律和规律性的信念，导致斯多亚派和其他自然主义者一起得出了决定论观点，即每个事件都是由前一事件根据必然造成后一事件的规律所引起的。在这个限度内，他们接受并重新解释了希腊传统命运信念的一个方面（恰如他们重新解释了传统宗教的其他方面），他们不加明显区别地提到了宙斯和命运。[16] 既然他们相信一种设计智能内在于宇宙之中，那么他们就相信因果次序在某种意义上是命运和智能天意的表达。

斯多亚派相信他们的决定论学说与我们对（某些）行为的责任是相容的。伊壁鸠鲁反驳他们说，既然遥远过去的事件使我的行为不可避免，那就意味着，是这些事件而不是我的选择和决定导致了我的行为，从而我不对它负责。斯多亚派看到这种不相容论的论证应该予以回应。

在他们看来，不相容论的论证基于一种模棱两可。说 A 使 B 不可避免可能意味着（ⅰ）A 独自就确保 B，无论发生什么其他事情（完全的不可避免性），或（ⅱ）A 是一个序列的一部分，这个序列的每个成员都被前一个成员所迫使而发生，并且 A 导致 B（因果的不可避免性）。（ⅰ）和（ⅱ）的区分的重要性是由"懒人论证"来例示的：

（1）要么我明天通过考试是现在不可避免的，要么我将通不过是不可避免的。

（2）如果我将通过（或通不过）是现在不可避免的，那么无论我学或不学我都将通过（或通不过）。
（3）因此我的学习毫无意义，因为无论我学或不学将没有差别。

第一个前提只有在指涉因果的不可避免性时才为真，第二个前提只有在指涉完全的不可避免性时才为真。但结论要求两个前提都包含完全的必然性。对前提的任何解释都不会产生合理的论证。

相似地，在斯多亚派看来，我的行为有一系列的原因，每一个都因其原因而不可避免，它们一起使我的行为在因果上不可避免。但有时我的选择有助于结果，而我的选择取决于现象和认可。现象可能不取决于我：我是否有西红柿的现象可能取决于环境中是否存在一个类似西红柿的物体。但我是否认可这现象，并判断有西红柿，则取决于我和我对现象的理性估计。既然这行为是由认可导致的，那么这行为就取决于我。我公平地对它负有责任，赞扬和责备也公平地适用于我，因为它们影响我的认可和理性判断，而这些就决定了我的行为。[17]

当斯多亚派说我的行为取决于我，特别是它取决于我的认可和理性判断时，他们的意思不是说我的认可是唯一的原因，或者认可本身是没有原因的。相反，如果决定论是正确的，那么根据先前的事件和自然规律，认可本身必定是在因果上不可避免的。与伊壁鸠鲁相反，对于斯多亚派来说，原因在我，行为取决于我，我对它负责，即使决定论是正确的。斯多亚派不接受消除论的唯物主义。既然他们承认形式和灵魂的实在性，那么他们也承认选择和信念本身就是原因。这些原因的存在为有关责任的主张辩护，但它并不在基本的物质层次上预设任何与伊壁鸠鲁式的偏斜对应的特殊类型的事件。

斯多亚派相信对相容论的这种辩护，同样是对赞扬和责备行为的恰当性的辩护。如果我们的理性认可对我们的行为产生了至关重要的因果差异，并且如果赞扬和责备是影响我们理性认可的恰当方式，那么赞扬和责备对于由认可产生的行为似乎是恰当的。如果赞扬和责备对于这些行为是恰当的，那么我们就有理由认为我们要对它们负责。[18]

斯多亚派对于相容论的这一辩护并不总是令人信服。不相容论者认为，不可避免性的类型之间的斯多亚区分在调和责任与过去的决定方面并没有面临真正的困难。但他们的相容论策略也没有使他们丧失信誉，它表明不相容论者的怀疑需要仔细审查，看看它们是否既合理，又未被斯多亚派的论证所触及。

六、自然、幸福和美德

如果有人对痛苦、失败或失落采取一种"坚忍的"（stoical）的态度，他就不会为之烦恼，也不会被它打扰。"坚忍的"这种用法代表斯多亚派伦理学，较之"美食家"（epicure）代表伊壁鸠鲁派伦理学是更为准确的。[19]但它并没有抓住斯多亚主义伦理学的基础，令人吃惊的是，这基础是亚里士多德式的。

斯多亚派认为，对一个人来说善好的生活乃是合乎自然的生活。[20]为了找到符合自然的东西，他们专注于人的发展、他的各种能力的扩展锻炼。人的目标不同于动物的目标，那是一系列不自觉的、不协调的欲望。相反，行动者很快学会了用理性来组织和安排他对欲望的满足，一旦他发现其中一些的满足与另一些的满足相冲突，理性很快就会改变他的欲望。在将理性工具性地用于满足他的欲望之后，他逐渐重视理性为其自身目的的运用。如果有人告诉我，我不必为我的生活制定合理的计划，因为所有我将通过计划实现的东西都将无须计划就为我提供，我会看到我被剥夺了对我来说很重要的东西——通过我自己的理性的运用来控制我的生活的可能性。[21]

这种关于人的发展的论述似乎支持亚里士多德的主张，即人的功能和本质是合乎理性的生活，因此他主张人的善好就是充分实现理性行动者之能力的完全的生活。与伊壁鸠鲁相反，斯多亚派认为理性的活动而非快乐是人的终极目的，他们将快乐仅仅视为欲望满足的副产品。

在他们看来，一个理性的行动者会尽可能地控制他的生活，并通过他的理性选择和作为来引导它，因此他应该选择力所能及的目的和目标。如果我的目标是健康、财富、享受友谊或政治权力，那么我的目标和理性计划可能会因超出我理性控制的外部条件而受挫，如财务危机、疾病、伤害朋友或外敌入侵等。伊壁鸠鲁派想要保护自己免受这些危害，以避免痛苦和焦虑。斯多亚派给出了不同的理由，认为遭受外部危害与理性计划的要求相冲突。如果我专注于对我的生活采取正确的态度，并在我所做的事情中表现出正确的品格，那么我作为一个理性的行动者就有能力实现这个目标，因为无论什么外在灾难可能降临于我，我都能实现它。那么，我想要成为一个有美德的人；如果我成功了，我就实现了幸福的终极目标。

通过强调幸福必须取决于我、在我作为理性行动者的控制范围之内，斯多亚派达到了一种更接近苏格拉底而非柏拉图或亚里士多德的立场。因为他们同意苏格拉底好人不会受到任何伤害的主张，反对亚里士多德显然合理地承认外部灾难会导致有美德的人的幸福丧失。西塞罗正确地评论说："斯多亚派称之为悖论的观点在我看来似乎是最高程度的苏格拉底观点。"斯多亚派从亚里士多德的前提开始，主张一个人的善好在于理性活动，并推断我们通过最大限度地理性控制我们的生活来实现这种善好。柏拉图《理想国》中呈现的正义和所有外在的善好之间的选择是容易的，因为这些外在的善好不是幸福的实在组成部分，也根本不是实在的善好，它们提供不了任何吸引力来与美德竞争。[22]

但是，如果除了美德之外没有其他任何东西是善好的，那么我们显然没有理由选择健康而非疾病，财富而非贫穷，为自己而非为他人。如果有人攻击我，拿走我的钱，打断我的腿，斯多亚派认为我并没有受到任何实在的伤害。那么斯多亚派为什么想要帮助或保护我呢？如果在这种情况下我不能指望他的帮助，他是否有资格声称自己是一个真正有美德的人？如果斯多亚派主张美德是唯一要紧的事情，那么他们似乎对美德没有任何可理解的解释。[23]

为了避免这个结论，斯多亚派对公认的善恶进行了区分。就它们对幸福没有任何差异而言，所有这些都是"中性物"（indifferents），从而既不是善也不是恶。但仍有一些是"可取的"中性物，一些是"不可取的"中性物。尽管健康和安全不是善，但它们较之其对立面是更正当可取的，因为它们有助于符合人类本性的生活。

因此，斯多亚派论证说，幸福并不需要人性的完全实现，因为美德对于幸福来说既是必要的又是充分的。但是，实现人性的其他方面仍然是可取的，而这就是为什么我们正确地偏取（prefer）某些中性物而舍弃另一些的原因。虽然所偏取的中性物对幸福没有任何影响，但它们不是完全中性的，它们对我们所过生活的品质产生了某些影响，使其更接近于自然的实现。[24]

可取的中性物的学说应该解释为什么一个斯多亚主义者会与其他人共有合理的非道德的关切。批评者［最突出的是学园派怀疑主义者卡尔尼亚德（Carneades，公元前214—前129）］反对说，当且仅当它们是幸福的一部分，可取的中性物才是正当的关切对象。如果批评者是对的，那么斯多亚派就无法在亚里士多德的观点（即这些公认的善好是幸福的一部分）与苏格拉底和犬儒派的观点（即它们根本不重要）之间找到一个位置。[25] 斯多亚派的区分只有在表明这些批评是不公平的时候才会服务于他们的目的。

七、自我与社会

如果我们更切近地考察一下斯多亚派对实践伦理学的某些看法，就最容易检验他们对其批评者的回应。[26] 他们通过诉诸人性来捍卫人类社会的基础。人类自然地寻求他人的社会，形成家庭、友谊和更大的社群。既然这些表达了自然的欲望并实现了人性，斯多亚派就赞成它们。既然正义、诚实和勇敢为维持基于相互信任的稳定社群所需要，斯多亚派就将培养这些美德，并且既然社群需要被治理，那么他们将愿意参与治理，如果社群的善好对他们有此要求。早期斯多亚派的政治理论是激进的和乌托邦式的，继承了柏拉图的《理想国》及其早期犬儒派批评者的传统。但这不是晚期斯多亚派的主流态度。[27]

因为相信人类社群的价值，实践的斯多亚主义者是可靠的公仆。在罗马共和国后期和帝国初期那段时间里，斯多亚主义者被公认为在公共生活中正直、勇敢和坚决。这种态度与对激进政治观念的承诺是一致的。但事实上，斯多亚主义的适应性方面往往掩盖了它的批判性的政治理论。在奥古斯都皇帝统治期间（公元前27—公元14），斯多亚主义的这一方面使其在某种程度上成为首选的官方哲学。维吉尔（Vergil，公元前70—公元19）和贺拉斯的早期诗歌，在他们受到奥古斯都的影响之前写成，显示出伊壁鸠鲁主义的倾向。但贺拉斯的某些后期颂歌是对斯多亚美德的颂扬，维吉尔《埃涅阿斯纪》中的英雄埃涅阿斯学习了勇敢、忠诚、坚决、正义和虔诚等斯多亚美德（尽管有些困难和倒退）。[28] 这些诗歌反映了斯多亚主义从罗马统治阶级中所赢得的某种尊重。在公元2世纪，皇帝马可·奥勒留（Marcus Aurelius，121—180）既是一位斯多亚派哲学家，又是一位热忱投入的公仆。

斯多亚派认为人类社会及其优势无非是可取的中性物。尽管他们偏取它们而非其对立面，但他们并不将它们看作是他们的幸福或任何其他人的幸福所必需的。因此，他们也不把在这些领域中的失败视为任何真正的伤害或善好的丧失。爱比克泰德（Epictetus，55—135）是斯多亚派的道德家，曾是奴隶，习惯于逆境，后来被释放。对他来说，奴役和自由都是中性物，尽管自由更可取。他建议我们要爱我们的家人，但不要把他们的死当成真正的损失；我们不应该认为这对我们的伤害比打破杯子更严重，因为两者对于我们的幸福都是中性的。在给出这个建议时，爱比克泰德将苏格拉底的好人不受伤害的学说极端化了。[29]

这种对外部财富的斯多亚式独立性，使得某些斯多亚派的元老院成员（传统统治阶级的成员）对一些罗马皇帝采取了高度独立的态度。他们的反对主要不是基于任何非传统的政治理论，而是基于他们拒绝接受由帝国君主制倾向造成的个人尊严的丧失。为了削弱旧统治阶级的地位和独立性，皇帝们试图让其个人成员更多地依赖于皇恩，更像官员、仆人和公职人员，而不是独立的统治伙伴。斯多亚主义者珍视他们的尊严和独立,他们不能合理地充分关心对奴役的回报或对独立的惩罚,以接受任何与美德和正直不符的妥协。当他们的独立让皇帝们无法忍受时,他们没等受到惩罚,就先自杀了。[30]

斯多亚派对自杀的接受表达了他们的几个学说明显悖谬的结果。贤哲自杀的那一刻,他是有美德的,所以他是快乐的,而如果他继续活下去,他仍会是有美德的和快乐的。因此,他的自杀切断了幸福的生活。然而,在斯多亚派看来,这是合理的,因为失去了可取的中性物,如果贤哲还继续活下去,那么他就会受苦;监禁、饥饿、疾病、侮辱、蒙羞,都让他有充分的理由认为活着的代价太高了。一个有美德的人的生命不会仅仅因为延长而变得更快乐或更有美德。一旦我到达了顶峰,我在那儿停留的时间再长,也达不到更多,所以再活下去也不会让我获得更多的幸福。因此,斯多亚主义者相信,在某些情况下,正如他们所说,自杀是对生活的"理性的背离"。在罗马帝国统治下,某些罗马的斯多亚主义领袖就按照这一信念行动。[31]

八、斯多亚派的超然

斯多亚派对中性物的态度一致吗?在道德上有吸引力吗?斯多亚派试图避免伊壁鸠鲁式的出世。他们并不单纯关心自己的幸福,他们对他人的关心也不纯粹是工具性的。他们带着某种正当理由主张要真诚地、无私地致力于他人的福利。他们的承诺更加无私,无私到他们在其中的成功或失败不会以任何方式影响他们自己的幸福程度。

我们可能会反驳说，一个斯多亚主义者声称偏爱一种状态胜过另一种状态、却不为更可取的状态的丧失而感到遗憾，是不可能拥有日常情感生活的。斯多亚主义者完全同意，但他否认他因此变得不人道或在任何令人反感的意义上变得麻木不仁。因为，在斯多亚派看来，常人对其环境的态度是非理性的和病态的，我们的感受导致我们夸大中性物的价值。我们因占有它们而得意，因失去它们而沮丧。但是，无论得意还是沮丧，都让我们看不到这些中性物的实在价值，并麻痹了我们对他们做出理性判断的能力。斯多亚派的贤哲避免了这种麻痹。他关心他的家人、朋友和社群；他为他们的利益而工作，并满足他们对可取中性物的需求。和我们其他人一样，他必须面对失去他们的不受欢迎的可能性，但这样一种丧失并不会骗得他为自己夸张而非理性地悲哀。[32]

但我们仍然会感到奇怪，如果其中的失败不会让他痛苦或后悔，或对他的幸福的其他任何损害，斯多亚主义者如何可能真正致力于某个特殊的目标？我们可能会同意说，斯多亚贤哲将是一位仁慈而充满活力的配偶，或者父母、朋友或伙伴。但是，如果他自己的幸福和他自己的感受并不受到他试图增进其福祉的人的环境的影响，那么他怎么可能是个同情者呢？人们指责斯多亚派取消了同情，从而在试图治愈他们时加剧了罪恶。他们要求免除非理性情感的主张，可能更像是自欺的骄傲的一种表达，恰如弥尔顿所认为的那样：

> 斯多亚主义者延续哲学的骄傲，
> 美德受他召唤；而他的美德之人，
> 智慧，本身完美，并且拥有一切，
> 与神平等，通常的羞耻不可取，
> 恐惧神但不怕人，鄙视一切，

财富，快乐，痛苦或折磨，死亡和生命，
当他列出时，他离开了，或自夸他可以，
尽管他所有乏味的谈话只是徒劳的吹嘘，
或微妙的变化，逃避的信念。[33]

声称可以免于常人弱点的"哲学的骄傲"似乎将斯多亚主义者排除在真正的人类美德之外。

斯多亚派无须承认这一指控。他们可能认为他们表现出"斯多亚式的同情"——由认真对待其他人的中性物的丧失并且能够站在他们的立场为自身着想而产生的关心与关切。他们无法表现出"病态的同情"（pathological sympathy）——这种感受要求相信某人自身的相同丧失将是幸福的丧失。极有可能的是，作为尚未学到美德等同于幸福的非斯多亚主义者，我们需要其他人的病态的同情。我们认为我们的幸福受外在条件的影响，所以当我们认为自己受到伤害时，我们想要有个朋友来分担我们的错误的痛苦。但是，在斯多亚派看来，我们的这种观点直接暴露了我们离成为真正的斯多亚主义者还有多远。在一个斯多亚主义社群里，没有人会要求病态的同情，也没有人会责备斯多亚贤哲没有提供它。每个人都会意识到，没有病态的同情他们会过得更好，并且会重视斯多亚式同情的表达。

如果（假设这在心理上是可能的）我们为了斯多亚式同情而放弃病态的同情，我们会更好吗？斯多亚派认为，一旦我们允许自己拥有日常情绪反应，我们就会承认可取的中性物是我们的善好的一部分；并且，在这种情况下，我们不可能足够认真地对待美德。我们可能会怀疑，斯多亚派是否需要竭尽全力来捍卫美德与理性的恰当的首要性。

九、自我与宇宙

斯多亚伦理学从自然开始,并试图按照自然来描述生活。目前为止我们把"自然"理解为要在一个独立的个体中实现的人的本性;这当然是斯多亚派的部分意图。但他们还想要另一种意义上的"自然",涉及作为一个整体的普遍的自然。正如我们所看到的,他们将世界视为一个有序的整体,由内在于其中的普纽玛引导。他们要求有美德的人"根据自然发生的事情的经验"生活。

斯多亚主义者不仅相对于他自己的利益或他周围的人的利益来设想他自己和他的行为,而且还思考他在整个世界秩序中的位置。他在宇宙大戏中坚定地扮演好角色。[34]

无论愿不愿意我们都会遵循世界秩序,并且即使我们试图逆它而行,我们仍然有能力为了我们自己而理解和接受它。"如果我们愿意,命运引着走;如果我们不愿意,命运拖着走。"(*ducunt volentem fata, nolentem trahunt.*)发挥好我们的作用并不是发挥或未能发挥我们因果上确定的作用,而是带着正确的目标去做,这取决于我们(即使我们是否拥有它们是因果上确定的)。一旦我们应用了斯多亚派的命运、认可和责任的学说,那么斯多亚主义立场中明显的困难就会消失。[35]

斯多亚派将诸神的某些传统属性归于他们的宇宙理性。他们肯定荷马关于在历史事件中"宙斯的意志得到实现"的说法,并且他们将某些可理解的目的归于宇宙原因。如果他们对宇宙理性的理解是要指导他们的道德选择,那么他们必将某种计划归于它。[36]

尽管如此,在斯多亚派眼中宇宙理性规定了什么,或者我们如何发现这一点,仍然不是很清楚。斯多亚派拒绝任何同时承认善的理智和恶的理智的宇宙二元论。但我们可能觉得奇怪,他们是如何排除对观察到的世界特征的这样一种二元解释的。世界的某些方面似乎损害了人类福利。斯多亚派没有推论说贤哲也该试图损害人类的福利，但他们也没有解释为什么贤哲没这样做。在做出道德选择时，他们需要某种理由来选择性地遵循世界的自然进程。

十、结　论

　　斯多亚主义是古典世界中最持久地具有吸引力的哲学体系，对哲学家和一般受过教育的上层阶级来说都是如此。斯多亚主义成功的某些理由无疑不同于其哲学优点。它可以在一个明显合理的框架内吸收许多传统的道德和宗教，从而能够为保守和爱国的人提供慰藉和保证。这些人发现，尽管很难从表面上判断传统的希腊和罗马的道德和宗教价值，但完全拒绝它们也是困难的和危险的。[37] 斯多亚主义的结果可能实际上不如伊壁鸠鲁式退缩的结果那么保守，但现象远不是革命性的。伊壁鸠鲁主义者在罗马共和国后期较不稳定的受教育阶层中享有某种恶名（卢克莱修曾这样写道），而斯多亚主义却适合罗马帝国更为认真、稳重和保守的气质。无论伊壁鸠鲁主义者卡修斯（Cassius），还是斯多亚主义者布鲁图斯（Brutus），都被政治和哲学的理想所推动而去暗杀尤利乌斯·恺撒。但在帝国统治下，伊壁鸠鲁主义者失去了任何集体性的政治关切。虽然斯多亚派不是单纯的顺从者，但他们最终使自己适应了罗马上层阶级的观点。[38]

　　斯多亚主义并不认可或依赖于一种特定的社会或政治结构，就像亚里士多德那样既支持城邦又依赖城邦将他的道德原则应用于社会生活。斯多亚主义者也没有在任何社会结构中被确定一个特定的位置。斯多亚主义既能够吸引非洲人、意大利人和叙利亚人，也能够吸引皇帝、官僚、将军和奴隶（虽然不会吸引那些接受不到通常为上层阶级及其某些更有特权的依附者所提供之教育的人）。斯多亚派的消息以这些方式而很好地适应了希腊世界和罗马帝国的潜在客户。

然而，斯多亚主义的这些特点并不能完全解释它的成功，因为它的成功与它的哲学优点不能完全分开。和伊壁鸠鲁主义迅速凝结成固定的教条不同，斯多亚主义发展了，变得更加复杂、完备与合理。它形成了一个彼此肯定和支持的相互关联的学说体系。柏拉图、亚里士多德和伊壁鸠鲁从来没有做到过这么多，斯多亚派在哲学史上的继承者也没有产生出任何比这更完备、更系统的东西。

斯多亚派面对一些尖锐的批评者，而值得称赞的是，他们认真地对待批评。因此，我们能够对其体系中的主要困难和明显弱点形成某种观念：

（1）斯多亚派试图成为彻底的唯物主义者，这给他们处理形式带来了困难。
（2）斯多亚伦理学似乎是自足性与关心他人的一种不稳定的结合。
（3）通过将神圣的东西等同于自然的东西，斯多亚派至少引发了与他们所解决的一样多的难题。如果神无非是自然的秩序，那么神怎么可能是道德理想或指导源泉呢？如果神只是自然，那么斯多亚派是在把神圣的东西还原为自然的东西，从而证明自己是无神论者吗？

斯多亚派试图在这些问题上回应反驳。对他们的回答不满意的哲学家，部分地通过试图做得比斯多亚派更好而发展出了新的哲学立场。新柏拉图主义和基督教，斯多亚主义的主要哲学继承者，试图纠正他们所认为的斯多亚主义的错误。然而，在这样做的过程中，他们对斯多亚主义给予了相当大的实际上很夸张的赞美。因为他们认为斯多亚派和亚里士多德的体系是科学理性与论证所能提供的最好的体系。他们得出结论说，如果这些体系还不充分，那就必需某种超出科学理性的东西。

在普罗提诺所表达的新柏拉图主义观点中，应用于自然研究的那种科学的、论证的、推论的理性，只是理性的低级表达，从而只能把握终极实在的表面的和误导性的印象。为了达到对终极实在的充分把握，理性必须超越这些由论证和推理所强加的限制，而转向直接的和非论证性的直觉。斯多亚派建立了一个令人印象深刻的科学论证结构，普罗提诺在检查了他们所构建的东西后，相信科学的论证必然达不到完全的真理。

基督徒的反应则更进一步。在新柏拉图主义中，理性超越了日常的科学论证层次，但仍然依赖某种理性的过程和洞见来达到对终极实在的把握。哲学理性的基督教批评家断定：理性，无论在其斯多亚化身中还是在其普罗提诺化身中，都根本不可能把握终极实在。虽然斯多亚派能够表达一些关于神的合理的想法，但他们无法将这些区别于把神等同于自然秩序而导致的关于神的错误。基督徒在理性之外寻求启示：上帝必须启示关于其自身的真理，而人类的理性无法从它自己的资源中发现这个真理。尽管基督教神学试图回答许多也与斯多亚派自然神学有关的问题，但它的答案并不属于自然神学，因为它们不完全依赖于源自自然研究的哲学论证。

然而，哲学家们则倾向于假设，在背离斯多亚主义时，他们也不得不背离那种不会让他们比斯多亚主义更进一步的科学理性。反过来，斯多亚主义，或它的某种改进版本，倾向于诉诸那些既不能接受独断宗教的主张，也不能完全摒弃宗教态度的人。这种对待斯多亚主义的态度从古典世界中幸存下来，并在16世纪随着斯多亚主义的重新发现而复兴。自文艺复兴以来，斯多亚派伦理学和斯多亚派自然观的某些方面吸引了一些人，他们发现既不可能接受基督教，又不可能陷入彻底的无神论。斯多亚贤哲的责任感、他对他人的关心、他的忠诚、他对外部条件的独立性、他对非理性冲动的摆脱，所有这些提供了一种世俗的道德理想，这种理想影响了像斯宾诺莎、休谟和康德那样不同的哲学家。

而且，尽管斯多亚主义看似是基督教的替代品，但它也影响了基督教教义的发展。基督教思想家们想要表明自然理性为信仰奠定了基础。为了表明这一点，他们自然地转向斯多亚派的观点，将宇宙视为一个有序的整体，由内在法则引导，并显现出神圣的理智。圣保罗以斯多亚派的理由论证说，异教徒有某条通达上帝本性的道路。和犹太人与基督徒一样，对于斯多亚派来说，"天堂宣扬上帝的荣耀"和"主的律法是完美的"都是真的。因此，斯多亚派自然宗教很多都被纳入基督教来面向非信徒而捍卫信仰。[39]

相似地，斯多亚主义伦理学展示了一个人如何可能过正直和关心他人的生活，而非投身于世俗的成功或社会的回报。在斯多亚主义伦理学中，基督徒可以看到如何超凡脱俗，又不对世界的状态或维持人类社群所需的实践和制度漠不关心。由于这些原因，斯多亚主义伦理学逐渐被纳入基督教伦理学的阐述中。通过对基督教的这些影响，斯多亚派的观念也开始引导那些本来完全不受纯粹哲学运动影响的人的某些思想和行动。[40]

第十章

普罗提诺

一、柏拉图主义的复兴

公元前 80 年,安提俄库通过建立"老学园"复兴了独断论的柏拉图主义。公元前 1 世纪中叶,安德罗尼库(Andronicus)编辑的新版亚里士多德作品既是对亚里士多德重新产生兴趣的一个征兆,也是一种原因。[1] 公元 1 世纪和 2 世纪,"中期柏拉图主义者"继续了由安提俄库开始的运动。同一时期,阿斯帕修斯(Aspasius,约 100—150)和亚历山大(Alexander,盛期约在 200 年)开始了对亚里士多德的系列评注,这既加深了对这位哲学家的理解,也包括了在亚里士多德与后来的哲学学派之间的关系中对其问题的进一步哲学反思。[2]

普罗提诺的哲学是柏拉图主义和亚里士多德主义复兴的产物。柏拉图的影响是明显的。正如普罗提诺的传记作者波菲利(Porphyry)所写:"斯多亚派和漫步学派的学说不甚显眼地混杂在他的著作中。"他通常以评论柏拉图主义作家或亚里士多德评注者的某些段落开始他的演讲。"但他不说任何直接出自这些书的东西,而是有他自己独特的看法。"他反思的结果集中在论文中,波菲利将其分为六组，每组九篇，因此被称为"九章集"（Enneads，希腊语 ennea，意为"九"）。这些更像是沉思而不是系统的论文，但它们一起呈现了普罗提诺对应该从柏拉图得出的结论的看法。[3]

二、普罗提诺的宇宙

普罗提诺承认三个首要的实在或"本体"（hypostases）：太一（也被称为善）、理智和灵魂。这些是首要的实在，因为宇宙中所有的实在，或具有任何实在性程度的事物，都是它们的显现。普罗提诺的很多论证都试图解释这三个本体的性质，表明其他事物如何显现它们，并证明我们无须承认任何其他本体。[4]

为了看看普罗提诺是否正确，我们需要在两种不同角色中检查这三个本体，这两种角色源自柏拉图《理想国》中区分的"向上"和"向下"的道路。向上的道路将探究者的心灵"从生成（becoming）转向存在（being）"，引导他从对可感世界的排他性专注转向发现善（普罗提诺将其等同于"太一"）。一旦我们发现了善，我们就遵循向下的道路，并理解其他实在如何依赖于善。在普罗提诺看来，我们通过认识灵魂，然后是理智，然后是太一，稳步前进到更高的实在，来遵循向上的道路。然而当我们沿着向下的道路走时，我们从"太一"开始，首先看理智如何从其中出现，然后看灵魂如何从理智中出现。向上的道路逐渐向我们显示存在的实在，向下的道路则表明它们的存在如何解释我们的经验世界。[5]

关于这三个本体的两个难题将集中我们的一些问题。首先，为什么有三个而不是一个？普罗提诺的任务是"让他们［他的听众］转向相反的和首要的东西，并把他们引回到至高的、唯一的和首要的东西上"。他建议我们"把内在于你的神引回到宇宙［字面意思是万有］中的神"。在这个发现中，探究者意识到他自己与太一的统一，并且也意识到在某种意义上太一就是万有。如果是这样，并且如果其他两个假设的实在真的只是对应于构想太一的不充分方式，那么普罗提诺不该只意识到一个实在而却意识到三个吗？[6] 其次，为什么只有三个本体？即使我们允许我们所知道的宇宙包括理智和灵魂，我们也倾向于认为它包含物质体；我们甚至可以相信灵魂和理智可以还原为物质体的特征。普罗提诺的三个本体似乎忽略了最基本的实在。

普罗提诺却强调，恰好只有三个本体，不多也不少。为了表明他没有遗漏任何东西，他颠倒了唯物主义论证的顺序。唯物主义者试图将灵魂和理智理解为身体的特征，而普罗提诺则试图通过参考灵魂和理智来解释物质。如果我们检查我们关于物质的各种信念，我们应该看到它不可能是独立的实在，我们关于它的概念是不融贯的。[7] 这些关于物质和物理世界的相当惊人的主张，为我们提供了理解普罗提诺论证的最佳机会。

三、形式和质料

普罗提诺以质料作为"形式的某种基体和容器"的通常概念开始。跟随亚里士多德，他认为无条件的变化要求质料作为其基体（subject）。既然最基本的东西即四大元素（土、气、火、水）能够变化，这些变化也要求一个物质基体，它必须完全没有属于其自身的肯定性质。因此，质料必须是完全不确定的，我们只能不确定地设想它。诚然，这就是为什么质料对于物体来说是必要的，因为仅仅可感知属性的结合不足以产生一个物体。我们必须假设质料是物体所有变化的基础，即使它本身不能被作用。[8]

这种表明变化需要赤裸裸质料的论证有可议之处。跟随亚里士多德，普罗提诺正确地论证说，如果同一个基体 x 从 F 变为 G 是可能的，那么无论 F 还是 G 对于 x 都不可能是本质性的。然而，仍然可能为真的是，x 本质上要么是 F、要么是 G（即使一个平面既非本质上是红色，也非本质上是绿色，也非……等等，但它本质上仍然具有这样或那样的颜色）；此外，可能正是"x 是 F"使得 x 能够变为 G（为了变成白色的，一个平面必须一开始不是白色的）。普罗提诺似乎认为，如果 x 既不是本质上 F 的，也不是本质上 G 的，那么 x 本质上既不是 F 也不是 G，从而变化的终极基体必须是无条件的（unqualified）。既然这个论证是站不住脚的，那么他就没有表明变化要求无条件的质料。他似乎误解了基体与其属性的关系。[9]

尽管来自变化的论证失败了，但普罗提诺还从感觉的缺陷出发进行了论证。我们可能天真地以为感觉向我们保证质料本身具有可感知的属性。但事实上，感觉本身并不能告诉我们任何关于物质的事情。因为我们从幻觉和感知错误的经验中知道，即使没有任何外在的东西与它们相关联，我们也能够意识到这些可感知的属性。因此，可感知的属性只是现象，而不是外在质料本身的属性。"通过感觉认识的是物的影像，感觉并不把握物本身，因为它［物本身］始终是外在的。"外在的东西是质料，它本身没有我们在感知中赋予它的任何属性。[10]

普罗提诺对他使用来自感知错误的论证过于自信了。因为它最多支持我们无法知道质料是否具有可感属性的怀疑主义结论，但普罗提诺太轻易地得出了一个更为确定的结论，即我们知道质料不可能具有可感属性。然而，他可能跟随德谟克利特，为这个结论提供某种进一步的论证。[11]

然而，如果我们接受普罗提诺的结论，我们仍然可能反对说，无条件的质料，没有肯定的性质，几乎不能算作存在者。普罗提诺非常同意，因为他把质料称为完全的缺失和非存在。我们所认为的物理实在的基础被证明是非实在。[12]

普罗提诺不仅从我们对外部世界的日常经验，而且从我们对美的意识方面来处理形式与质料之间的这种对比。他从柏拉图对我们通过不同类型的美逐渐上升到美的理型的论述开始，但他修改了柏拉图的论述以契合他自己的形而上学观点。他认为，审美意识的对象，即产生我们独特反应的对象之美，不是质料，也不是物质对象本身的任何属性，而是形式。帕特农神庙的美不在于它的颜色或大小，因为我们可以找到相同颜色和大小的丑陋事物；但是，如果我们拆除建筑物，并以不同的顺序安排相同的部分，美就会被毁掉。因此，只要在这些材料中保持相同的结构和秩序，帕特农神庙的美就一直存在。就它揭示了形式的优越性而言，我们对美的经验证实了我们分析质料和形式的结果。[13]

四、灵　魂

至此，对常识的反思揭示了形式的实在性和质料的非实在性。普罗提诺现在遵循亚里士多德的建议，超出了亚里士多德自己的意图，并将形式与灵魂等同起来。因此他推断，通过证明形式的实在性和质料的非实在性，他同样证明了灵魂的实在性和身体的非实在性。他推断，唯一的实在是依赖于心灵的，本质上是某个灵魂的意识对象。[14]

尽管我们起初可能会假设有许多灵魂——苏格拉底的、你的、我的，等等，普罗提诺却拒绝这种常识观点，而相信只有一个灵魂。他认为，通常对许多灵魂的信念依赖于对质料的信念。因为我们通过它们所属的不同身体来区分不同的灵魂，如果我们承认身体的非实在性，那么我们就无法识别不同的物质身体。从这个意义上说，普罗提诺比柏拉图更像是一个唯物主义者，因为他挑战了柏拉图的假设，即，即使没有身体，苏格拉底仍然是一个特殊的灵魂。[15]

我们可能仍然很难放弃对多个灵魂的信念。你的经验不可能像我自己的经验那样为我所接触到，而我无法接触到它们似乎意味着你和我有两个不同的灵魂。普罗提诺否认任何这样的含意。我们通常相信一个身体里只有一个灵魂，但我们并不期望身体的每一部分都能觉察到其他的每一部分，或者灵魂会觉察到身体的每一个扰动。相似地，如果我们开始相信在你的和我的（所谓的）两个身体里只有一个灵魂，那么我们仍然可以通过将它们归因于一个灵魂的不同状态来解释我们的经验中的明显差异。对一个灵魂的各种状态之间的复杂关系的反思（如通常所设想的那样）会摧毁我们对多个灵魂的信心。因此，我们不再犹豫地去接受质料的非实在性的后果，并由此承认一个单一的灵魂（普罗提诺式的本体）。这并不是说，许多灵魂的显现只是一种幻觉，因为它们表面上的多元反映了灵魂本身中的某种真正的多元。将个体灵魂称为本体灵魂的一部分是错误的，但它们中的每一个，都部分地表达了作为一个整体的本体灵魂所充分表达的东西。[16]

然而，灵魂并不是最高层次的实在，即使我们意识到它，我们的实在的概念仍然是有缺陷的。因为灵魂的存在模式是时间性的，除了时间序列，我们不能设想有意识的生活。时间是"从一种生活方式转向另一种生活方式的变化中的灵魂的生活"。既然时间是非实在的，那么灵魂也不可能是实在的一部分。

虽然时间依赖于灵魂，但它也需要一个变化的世界来让灵魂意识到它。在此限度内，普罗提诺同意柏拉图使时间依赖于宇宙中的有序变化。时间的实在性取决于物质宇宙的实在性，反之，物质的非实在性意味着时间的非实在性。我们对我们自身经验的时间性的信念（事实上，我们无法以非时间的方式思想我们的经验），仅仅反映了我们对有关质料的虚假信念的深深依恋。[17]

我们首先将自己设想为具有时间序列经验的不同灵魂，每个灵魂都依附于某一点质料。但渐渐地我们发现，我们对自己的这种看法是没有任何根据的。当我们从我们虚假的信念中解脱出来时，我们不再将自己视为本质上时间性的意识状态序列。我们不再把自己设想为灵魂，而是理智（Intellect）。

五、理　智

拒绝物质宇宙和时间，要求拒绝所有关于时空和可感知对象、属性和事件的知识的主张。不涉及时间、感觉和质料，我们所能认识的只是不可感的、非物质的、不变的柏拉图式的理型。普罗提诺将这些视为理智的认识对象。

在柏拉图看来，理型是外在于心智的，它们独立于任何认识它们的心灵而存在，并且是由认识者发现而不是发明的。但是，这种关于独立性和外在性的主张产生了心与心相互外在的主张也会产生的问题。在这两种情况下，普罗提诺都相信，既然任何清晰的外在性观念都适用于时空的、可感知的、物质的东西，而不适用于其他东西，那么非空间性的理型就不可能在任何事物之外存在；而且，既然我们通过感知外在对象来认识它们，那么，如果非空间性的理型是外在于我们的，我们就无法认识它们。因此，理型必须在理智之内，并且是其一部分。尽管普罗提诺（像往常一样）没有明确批评柏拉图，但他含蓄地批评他使理型过于类似日常可感对象。[18]

另一方面，他同意柏拉图说理型不是理智的任意创造。正如没有理智就没有知识对象，同样，没有理型，理智也不会是其之所是。柏拉图的回忆论，正如普罗提诺所解释的，描述了理智对其自身本质和结构的发现，而不是对外在于它的东西的发现。[19]

我们可以假设理智从前提论证到结论，或者它制定定义并追踪它们的后果。但是这种关于理智的推论性概念本质上是时间性的，因此，在普罗提诺看来是极不充分的。但这很难避免，因为理智知道自己和作为其各部分的不同对象，并且我们把我们对这类多元性的意识设想为推理性的和时间性的意识。[20]

因此，我们尚未达到一种充分的实在概念。恰如灵魂包含看似依赖于质料的时间性存在，同样，理智似乎也包含看似依赖于时间的推论理性，从而最终依赖于质料。如果我们不诉诸我们已经拒绝的概念就不能设想实在，那么我们就不能找到正确的实在概念。从而，我们也就不能将灵魂或理智设想为终极实在的部分。

六、太一

为了表明我们如何能够超越我们关于理智的概念，普罗提诺诉诸柏拉图所谓的推理知识和直觉知识之间的对比。直觉知识不需要推理，也无须对一种处境的不同方面进行任何时间延伸的概览过程。它是一种适用于永恒的认知模式，而永恒是一种非时间的存在模式，在其中，"整体总是对它呈现，不是此一时这个，彼一时那个，而是万物一起呈现"。以时间模式获取知识的正常方式是在不同时间检查对象的各个部分。但在非时间模式中，知识需要对象全都一起呈现，以便一目了然（我们可以大致地说）。由于直觉知识一目了然每一事物，因此不需要推理；并且既然它不区分对象的不同方面，那么它就不会以通常的方式将概念应用于对象。[21]

如果直觉的理智不承认多，那么它的对象一定是绝对单一的，因此普罗提诺称它为"太一"。但是"一"要从严格否定的意义上去理解，因为它仅仅包含对多的否定，普罗提诺的意思并非说它只是一个对象，或者它只有一种属性。因为他同意柏拉图的观点，即作为一而存在就是作为某一个东西而存在——一棵树、一条狗、一个美的理型，等等。因此，如果"太一"是某一个东西，那么至少必须有两个概念适用于它，从而我们就引入了多。类似地，我们不能说太一是一个存在者，因为任何东西，不作为这个或那个东西而存在，就不可能存在。遵循柏拉图（正如他所假设的那样），普罗提诺将"太一"（the One）等同于"善"（"好"，the Good），因为它"超越存在"，是我们关于理型的推论知识之基础的直觉知识的绝对单一对象。它不是一个存在者，而是我们所谓的诸存在者的来源；它不是一种善（好），而是其他诸善（好）的原因。[22]

对知识终极目标的这一解释仍然未能消除多。因为只要理智将自己与它的对象区分开来，它就仍然承认多，并将概念应用于它所意识到的对象（它仍然将主体设想为"我"，与"我所意识到的客体"对立，从而必须使用必要的概念来做出这种区分）。它必须认识到这种区分是不允许的，从而必须停止将自己与它的对象区别开来。此外，普罗提诺认为，我们对于任何我们仅通过某种中介思想或形象把握的对象不可能有知识。我们对外部可感对象没有知识，因为我们并不直接认识它们，而是依靠感觉印象来接触它们。相似地，如果理智必须接受它的对象的印象，并且它本身并不与它们相等同，那么它就不能声称对它们有知识。[23]

普罗提诺的美的概念还提供了另一个理由来反对在认识者和认识对象之间进行任何区分。我们最初在形式而不是质料中发现美；我们对美的欲望使我们寻求关于理智的纯粹形式和非物质对象的知识，让自己摆脱感官的幻觉和干扰。既然我们对可理知实在的渴望将我们引向太一，那么太一也是美的终极源泉和爱的首要对象。跟随柏拉图，普罗提诺不是将我们对美的态度视为某种客观的沉思或理智的愉悦，而是视为狂热的欲望。当爱者发现爱的最高对象是"善"也就是太一时，他就发现了他与爱的对象的同一性；因为不发现我们与太一相同一，我们也就不能发现太一。正如贝克莱所言：

> 普罗提诺说，至高的存在，因为他排除了所有的多样性，所以永远相同呈现，然后，当我们从世界和可感对象中被忆起和抽离出来、对他呈现时，我们是最自由的，脱离了一切变异。[24]

在我们将自己与"太一"相等同时，我们达到了我们从常识和可感世界进步的极限。普罗提诺试图向我们表明，进步的每个阶段都是由我们目前的实在概念——物质的、时间性的或多元的——中的某种冲突或不足所强加给我们的。但我们可能想知道结果是否值得付出努力。因为，如果我们被等同于一个不可能有任何谓词真正适用于它的"太一"，甚至连"一"或"存在（或'是'）"都不适用，那么这个结果似乎就类似于根本没留下任何东西。

普罗提诺不同意他没有给我们留下任何东西。尽管太一超越了我们赋予它的所有属性，但如果我们将柏拉图所有理型的属性都归于它，而非仅仅其中某些理型或无一理型，那么我们就达到一个并非不准确的解释。关于太一的否定结论不应该让我们认为我们对它毫无发现。

七、从太一中流溢

普罗提诺关于太一的观点的积极方面，在从较高本体衍生较低本体的"向下的道路"中显现得更清楚。这条道路不是时间性的衍生过程，普罗提诺强调它仅表示优先和依赖的关系。他将它描述为从较高实在中"流溢"或"辐射"，不包含较高实在的任何变化或减少。[25]

太一的整全性和完满性不可避免地和永恒地导致它产生一些东西。普罗提诺有时暗示，理智就是太一理解其自身的方式。虽然如果我们认为它是在理智中被表达的，我们就不能完全或正确地把握它，但这是我们把握它的最好可能方式。相似地，灵魂为理智所认识到的实在增加了变化和时间性。尽管这两者严格说来不能应用于理型的世界，但为了理解它像什么，我们需要它们；因此，推论理性是理智的必然产物。如果不将其表达为理型，我们就无法说出太一像什么；同样，如果没有我们作为时间性过程来设想的推论思维和推理，我们就无法说出理型像什么。[26]

既然普罗提诺认为质料是非存在和幻觉，那么他就拒绝将它置于实在之中。尽管如此，他还是承认某种更进一步的流溢阶段。他不得不解释为什么我们认为我们处在物质世界中，以及为什么我们不同时接受他的实在观。他提到灵魂的"鲁莽"，和"归属于其自身"的欲望。想要肯定其个体性，它将其自身附系于不同的身体，从而将自身划分为诸个别的灵魂。[27]

有时普罗提诺似乎对灵魂的自我主张感到后悔，并将其视为一种原始的反叛行为，类似于《创世记》中的"堕落"。但他似乎同样认为，自我主张是不可避免的和有益的。如果我们要把握理型，我们需要概念性的推论思维。对此，除非作为单一意识中的一个过程，否则我们无法把握；在把握这样一个过程时，灵魂会肯定并个体化其自身。它在与不同质料结合的不同灵魂中个体化其自身，因为普罗提诺相信这是区分不同个别灵魂的唯一方法。[28]

对普罗提诺观点的这一解释表明，质料是灵魂以某种方式与自身相联结的预存实在。他的某些其他评论也暗示了这一点。质料是恶的根源，也是（正如柏拉图在《斐多篇》中所说的）灵魂健忘和错误的根源。如果它对灵魂有这种效果，那么它似乎具有实在的因果影响。然而，如果灵魂的自我主张是恶的根源，并且如果质料是一种幻觉，是一个自欺欺人的灵魂的虚构，那么它在恶中的作用似乎非常轻微。[29]

一个灵魂与一个特定身体的联结可能会导致它完全将其自身等同于这个具身的个体，从而它可能会忘记它与作为一个整体的灵魂的同一性，从而忘记与理智和太一的同一性。但质料本身不必为这个错误负责；因为对质料的实在性的信念可能只是灵魂过于重视其自身个体性的结果，而一旦错误的信念被消除，灵魂与质料的联系就不必伤害到它。[30]

八、质料与恶

普罗提诺关于质料的苛评,可能暗示他将把整个物质宇宙作为恶的而予以拒绝。他明显出世的态度似乎鼓励了宇宙论上的二元论,即,将物质世界视为宇宙中与善相冲突的恶的产物。他允许可见的宇宙,作为物质的宇宙,展示更高实在所没有的冲突与不和谐。我们可以推断,世界的坏的方面来自物质的顽固性,而好的方面来自理性的存在。但这个结论将给予质料那种普罗提诺所否认的一定程度的独立实在性。他论证说,恶对于整体的善是必要的;没有它们,善就不会在物质世界中活跃起来,因为善是对恶的回避。[31]

普罗提诺用两个类比——有机体和戏剧——来为恶的存在辩护。一个有机体有不同的部分,这些部分具有高级和低级功能,有时存在明显的冲突,但实际上为实现整体的善而合作。同样,在一部戏剧中,不同的演员扮演不同的角色,有优有劣,但他们的角色都是为整部剧的完美而设计的。反对者从物质世界的明显的恶出发,论证天意关注不公平地被选择的部分,而不关心整体的特征。此外,如果我们看到痛苦、死亡和身体上发生的任何其他事情相对不重要,那么我们就不会高估各种恶。[32]

但如果一个恶人的全部作为促进了更大的善,并且如果他只是扮演了一个他在宇宙戏剧中被要求扮演的角色,那么,他的行为如何还是恶的,他又如何可能正当地为它而受到责备?普罗提诺面临同样为斯多亚派提出的责任问题。无论如何,如果没有恶来为它做解释,那么他又如何可能坚持质料或灵魂的自我主张来解释恶呢?[33]

在这一点上,我们必须更切近地考察普罗提诺的个人概念。他的学说中的几个问题在这里交汇,并且很难找到一个清晰或一致的观点。

九、灵魂与自我

普罗提诺将一个特定的具身的人视为身体和灵魂的复合体,这是灵魂下降到质料和个体中的结果。但这种下降并不彻底。属于我们每个人的灵魂并非全都已降入身体,它的一部分仍然与理智世界保持联系,即使我们没有意识到这一点。[34]

普罗提诺和亚里士多德一样,将具身的人称为"复合体"或"动物";但这种复合体既包括灵魂,也包括活的身体,而活的身体还有更进一步的灵魂或"灵魂的影子"。第二种灵魂,而非第一种灵魂,才是日常物理生命的原因。普罗提诺拒绝亚里士多德关于灵魂作为身体的实现的概念,即活的身体的实体性的但不可分离的形式。他同意灵魂是实体,但坚持它是可分离的;它不可能在一个身体之中,即任何日常意义上的"在……之中",因为它是非物质的,从而不可能在任何地方。[35]

既然普罗提诺相信非物质的灵魂,那么他就不得不解释灵魂为何明显易于受到身体或外部世界中的变化的影响。感官知觉和情感似乎是身体或外部刺激的心理效应,我们可能对这些刺激如何能够影响非物质的灵魂感到好奇。然而,在普罗提诺看来,只有身体受到影响,而灵魂只是注意到发生在身体上的事情,而非其自身受到影响。他相信"我们"实际上与推理的灵魂相同一,从而我们的其他方面(如我们通常对我们自身的设想)是"我们的",但不是"我们"的部分。严格说来,我们不受身体的影响,但我们把它作为一个密切的依附者而关心它。[36]

普罗提诺想将恶解释为灵魂依附于身体的结果，而不承认身体影响灵魂。因此，他声称恶的灵魂通过它自己的自由选择，通过过于关注身体的欲望而依附于身体；再一次，身体似乎为恶提供了机会而非原因。要治疗对身体的这种过度依附，美德的训练是必需的。有些美德需要训练"复合体"，即那个属于我们每个人的活生生的动物；但较高的美德是净化灵魂，不再关心身体。[37]

这些较高的美德所追求的善好是沉思，因为普罗提诺同意亚里士多德论证的一个方面，认为沉思的价值远高于行动。亚里士多德不能将沉思视为我们的全部善好，而不违反他自己的善好应该完整的要求。因为纯粹的沉思似乎遗漏了人类整体的合法目标，包括行动和道德美德。普罗提诺无须承认这个困难。因为，在他看来，沉思的理性是为真正属于我们自己的理性灵魂所特有的，它是我们的全部善好，身体所遭受的不幸和痛苦并不真正属于我们。因此，他同意苏格拉底、伊壁鸠鲁和斯多亚派的观点，认为有美德的人即使受到折磨也是快乐的。但他在一个更基本的问题上不同意他们的观点，因为他不认为折磨真的发生在有美德的人身上——它发生在理性灵魂自行脱离了的动物身上。[38]

普罗提诺说得好像沉思者会践行公认的道德美德。但是，如果我们培养对身体的冷漠，那么我们何不让它作恶呢？我们可能会认为，沉思者可以将自己从对身体的关注中解脱出来，而不会太认真地对待它的欲望。那么他何不放纵它们，而不必再费力地约束它们？普罗提诺需要解释为什么这种不节制与一种投身于沉思的生活不相容。他回答说，不节制的人自诩的超脱掩盖了对身体满足的持续吸引力。但为了捍卫这个回答，并因此表明不节制和不义的生活不可能也是沉思和超然的生活，他似乎被迫在身体和灵魂之间假定一种比他愿意承认的更紧密的联系。[39]

普罗提诺肯定我们要对我们的行为负责,并拒绝斯多亚派的决定论,因为他认为它与这种责任不相容。但他承认,我们身体的运动在很大程度上是外在地被决定的;有时他认为仅当我们在正确的理性下行动时,才能自主自由地行动;有时他又用亚里士多德的术语强调说,我们的行为取决于我们自己,从而要正当地对它们负起责任。在第三种情况下,他只是坚持即使恶人不对恶行负责,也不应该原谅他们。[40]

这些主张并不构成明确一致的观点。如果我们同意普罗提诺仅将我们自身等同于我们的理性,并将身体视为某种外在于我们自身的东西,那么我们可能会争辩说,我们对它的所作所为没有合理的关注,从而不为它的所作所为而受到合法的责备。普罗提诺拒绝这种论证路线,正如他拒绝对习俗美德的批评一样,但他自己的观点似乎并没有给他留下他所需要的那种答复。

普罗提诺将自我与理性灵魂相等同,使我们注意到他自己的伦理理想中的悖论。他从某个方面描述了我们自己的实现和满足,但这是一种不同寻常的满足。如果我把自己设想为一个理性的灵魂,那么我仍然没有把握到最高层次的实在,而一旦我达到了最高层次,我就不再相信自我和太一之间有任何区别。如果我面对终极实在的真理,我与身体分离的结果是最终失去对我自身独特实在的任何感觉。我们可能会好奇,在那种情况下,面对真理对我们来说是不是好的。普罗提诺从未思考过理论与实践之间的任何这类鸿沟,但既然他的理论以我们自身的毁灭来威胁我们,那么他似乎把这个问题强加给了我们。

十、普罗提诺的意义

普罗提诺追求柏拉图的一种倾向，即主张理性灵魂的要求凌驾于身体和感官的要求之上。我们注意到《斐多篇》和《理想国》的思想路线有时与柏拉图的其他信念难以平衡，而在普罗提诺身上，这些思想路线得到了充分发展。他对身体与灵魂、形式与质料、感觉与思想的看法，都声称要揭示常识中的不融贯性。他的要找到这些不融贯性的主张是一个严峻的挑战，即使我们不接受他的另类实在概念。

暴露常识中的不融贯之处把普罗提诺引向一种神秘主义的实在概念，而非引向怀疑主义。他声称，只有认识者与被认识者、爱者与被爱者之间的结合，才能完全满足认识和欲望主体的目标和渴望。事实上，他认为这个概念之下的每一个概念都会破坏其自身，因为它依赖于关于物质、时间和个体性的站不住脚的假设。他试图表明推论的、推理的理性的严格使用最终如何拒绝其自身，并迫使我们以比理性本身更能充分满足我们理性愿望的方式来设想实在。

在呈现他的终极实在观时，普罗提诺对自己的描述资源表现出一种不同寻常的自我意识。他提醒我们，他试图言说和思想那不可言说和不可思想的东西。思想和描述涉及话语推理、做出区分、得出结论，这些活动本质上歪曲了所描述的实在的特征。

他比许多哲学家都更加小心地避免将预设空间和时间条件的术语直接应用于终极的、非空间的和非时间的实在。他看到了这些预设是多么普遍。正如我们所看到的，他是比柏拉图或亚里士多德更彻底的经验主义者和唯物主义者。因为他认为，我们经常试图将许多概念应用于非时空的、非物质的东西，而实际上这些概念（如果有的话）仅适用于时空的、物质的东西，这就是为什么我们不能融贯地设想一个非物质的理智识别多个对象并将自己与它们区分开来。在此限度内，普罗提诺同意某些形式的经验主义和唯物主义，拒绝对超出日常经验范围的任何事物给出融贯的解释。另一方面，他拒绝经验主义和唯物主义，因为他认为这同一些概念不能融贯地应用于任何事物。普罗提诺论证的这一方面比大多数怀疑主义论证更具破坏性。

尽管如此，他仍然认为，关于太一的某些不准确的概念要好于其他概念。他对流溢的论述，是他认为我们所能达到的最接近于对解释时空世界现象之非时空实在的描述。虽然我们的概念架构的局限性限制了我们描述终极实在的能力，但对我们经验的解释的要求却迫使我们超越其准确性的限制去利用我们的能力。

普罗提诺认为，我们资源的限制和我们对资源的要求之间的这种冲突是不可避免的，但并非不可容忍；理性让我们既知道有一个无法描述的终极实在，又可以找到正确的方式来错误地描述它。普罗提诺和后来一般的柏拉图主义的这一方面，解释了它对基督教思想家的某种吸引力（跟随犹太哲学家斐洛的引领）。[41] 对于基督教神学来说，与希腊和希伯来的宗教传统不同，它似乎有必要将上帝设想为超越适用于其他实在形式的概念和描述。因此，基督教思想家们发现他们与普罗提诺一样关注描述一个超越的实在，并对任何描述的不足有恰当的意识。基督教的起源令人惊讶，它竟然借鉴了最抽象的希腊哲学体系，而我们必须明白为什么基督教思想会朝着这个特定的方向发展。

第十一章
基督教和希腊思想

一、引　言

从希腊哲学转向基督教思想的前4个世纪，就是引入一个新的庞大主题。但是，如果我们对基督教只字不提，我们就会在对希腊哲学的论述中留下一个严重的缺口。基督教思想的形成从一开始就受到希腊哲学的影响。一些犹太经文，特别是一些经外作品，受到斯多亚主义的影响；斐洛（Philo，约公元前20—约公元50）用柏拉图主义术语解释犹太宗教的尝试，开启了基督教的一个传统。[1]

要预言基督教信仰和希腊哲学的相互影响并不容易。圣保罗极具挑衅性地说：

> 因为犹太人求神迹，希腊人求智慧，但我们宣告基督被钉十字架，这对犹太人来说是冒犯的原因，对外邦人来说是愚蠢的，但对于那些蒙召的人来说，包括犹太人和希腊人，却是上帝的权能和上帝的智慧。

许多希腊人同意他对他们态度的论述；但他认为他们对基督教的印象是肤浅的。同样，基督声称他与他的听众所熟悉的伦理传统有连续性："不要以为我来是要废除律法和先知；我来不是为了废除它们，而是为了完成它们。"基督徒们最终同意，他声称完成人类传统的主张不仅对于犹太法律和先知是真的，对于希腊理性探究同样为真。[2]

在《新约》写成之后的 3 个世纪里，教会被迫在对基督和使徒所教导的对信仰的相互冲突的解释之间做出抉择；基督教神学家们转向希腊哲学，尤其是晚期柏拉图主义，来回答《圣经》中没有明确答案的关于上帝和基督的问题。一些答案体现在《信经》（Creeds）和大公会议的决定中。

虽然起初是哲学影响了基督教，但后来也有反向的影响。即使它使用希腊哲学作为自我表达的手段，基督教也挑战了它的一些最广泛共享的假定。无论哲学讨论的论题还是需要认真对待的答案的范围，都受到信仰的各种主张的影响。一直有一些基督徒谴责所谓基督教的"希腊化"。离经叛道的德尔图良（Tertullian，160—225）的抗议也得到了正统的支持：

> 雅典与耶路撒冷何干？学园与教会何干？异教徒与基督徒何干？……摒弃建立斯多亚主义的、柏拉图主义的和辩证法的基督教的所有企图。

另一方面，有些哲学家不信任教条主义基督教对哲学的影响，实际上对一般理性探究的影响。基督教辩护者奥利金（Origen，185—254）认为回答异教徒塞索斯（Celsus）的攻击很重要，后者抱怨基督徒道：

这就是信仰的结果，它使他们的思想产生了偏见。……他们表明，他们想要并且能够说服的只是愚蠢的、可耻的和笨拙的人，而且只能说服奴隶、妇女和小孩。

奥利金将这一指控视为对基督教的歪曲，而他的态度成了基督教信仰和希腊哲学的正统观点。但这两种观点能被调和似乎从来都非显而易见。[3]

二、早期基督教

基督教导的最早证据来自圣保罗的书信，写于公元50年代至公元66年左右（当时他可能死于尼禄的迫害）。这些书信表明，一些关于基督教导的相当明确的信念已经在基督教社区中被视为理所当然。保罗将基督的教导与他自己从中的推论截然区分开来。他明确期望教会成员认定基督教导了这些确定的教义，并对于教义是什么有坚定的和无可争议的观点。[4] 保罗的书信因此表明基督教导（口头的或书面的）在公元60年代中叶就处于相当成熟的状态。基督教导在这一时期的其他证据可以在圣马可和圣路加撰写的关于基督生平和教导的两份书面陈述的早期版本中找到，如果这些版本（可能）是在保罗死前写成的话。[5]

除此之外，几乎没有证据可以帮助我们确定《新约》各卷的年代，或检查其内容的准确性。[6] 我们有充分的理由将福音书放在公元65年到公元100年之间，但没有任何清晰的理由选择更明确的日期。特别是，我们没有任何历史根据相信第四福音比前三个福音（"对观福音"）晚得多。相信它靠后的理由是，它比对观福音书更受希腊哲学的影响，因此必须靠后。这一论证进路的前提和推论都值得怀疑。

在《新约》之后，"使徒教父"在众多早期基督教作家中首先到来。他们表明，在公元2世纪，教会组织了敬拜、圣礼、事工命令和教义标准。在这一时期，基督教与罗马当局之间的冲突导致了零星的、不系统的迫害，但有时很严重。迫害一直持续到第一个基督教皇帝君士坦丁于313年颁布米兰敕令，要求宽容。从那时起，教会逐渐获得了国教地位，利用其摆脱迫害的方式来迫害非基督徒和异端或分裂的基督徒。

教会在扩大和提高其在社会中的地位的同时，也制定了自己的教义。天主教教义源于冲突和异端，最终迫使人们就教义问题做出决定。尽管教义定义并没有结束教会中的争论，但它们形成了一套正统的教义，表达了基督教信徒的理性承诺。尼西亚大公会议（325年）和卡尔西顿大公会议（451年）或多或少地界定了基本神学论证和定义的时期。[7]

在这里，我们将关注这4个世纪左右的基督教历史的始与终。在描述了《新约》基督教的一些要点之后，我们将转向3个世纪后奥古斯丁与基督教及其竞争对手的相遇，以了解基督教思想在与希腊哲学关系中的发展。

三、基督教的道德教诲

早期的基督教传教士声称耶稣是犹太人所期待的弥赛亚，被罗马人钉在十字架上，并在死后复活。他们要求悔改，他们承诺宽恕。悔改和革新的要求是希伯来先知的传统主题，通常与惩罚的威胁相联系。犹太人期待着一位弥赛亚，一位将他们从异族统治中解放出来的国王，但先知警告他们，弥赛亚的到来将带来惩罚而不是胜利。[8]

关于需要悔改的罪行，希伯来先知持有独特的观点。希腊诸神通常会因违反某些仪式要求或对其地位的轻视而受到冒犯，希伯来神耶和华有时会惩罚类似的仪式错误。然而，先知们经常谴责违反人道和正义的行为，而不是违反仪式法的行为。他们指出不义的社会影响，表明除了被上帝禁止之外，还有理由避免它。[9]

同样，耶稣谴责不区分礼仪律和道德律，或者看不到道德律是优先的和压倒一切的那些人。当他被问到一个标准问题，要求他识别"伟大的诫命"时，他会依次选择爱上帝和爱邻人作为两条最大的诫命。如果耶稣只是坚持道德律的优先性，那么他的观点会有争议，但却相当熟悉。[10]

他的实际态度更为复杂，因为他批评那些遵守通常理解的道德律的人。对自己成功地遵守道德律的合理信念实际上使人更难接受耶稣的教导。出于这个原因，保罗声称自己"摸着律法上的义，无可指摘"，但仍然认为自己是罪人。事实上，他声称"所有人都犯了罪，亏缺了上帝的荣耀"。只有当公认的标准是错误的时候，这种指责才是合理的。[11]

耶稣论证说，道德律要求我们是"至善的"（或"完全地善的"）。他在"你听说这是古人对你说的……"和"但我对你说……"之间提出了一系列对比。"古人"提供了方便实用的原则，告诉我们不要杀人，要爱我们的邻居，恨我们的敌人，等等。对于这些方便的解释，耶稣用至善论的要求取而代之——不加区别地爱别人，避免愤怒和怨恨，而非仅仅其暴力或杀戮的表达。[12]

他诉诸律法的每一项要求的要点和基本原则，然后对方便的解释进行解释和批评。对邻居的爱的要求表达了这样一个事实，即我的邻居是另一个与我有相同需求和权利的人；很容易看出好撒玛利亚人（好心人）表现得像邻居对待受伤的人。我们实际要求低于此的唯一原因是人们不太可能满足律法的全部要求。但这是我们的错，是"我们的心肠刚硬"的结果，而不是律法本身固有的限制。[13]

基本原则更难遵循。耶稣告诉接受并遵守方便规则的人，"如果你想变得至善"，他必须做得更多。但他并不是说至善是一个超越道德律的要求的进一步目标——这恰恰是律法本身所要求的。如果这是耶稣的道德要求的概念，那么他对至善和道德革新的呼吁是相当有争议的。他没有鼓励我们相信我们有能力满足他的标准；但是，如果我们不能满足它们，那么把它们强加到我们身上又有什么意义呢？[14]

四、人　性

圣保罗相信"律法只带来罪的意识"，但只有当我们认为它要求我们无法达到的完美程度时，它才会带来这种意识。希腊道德学家一致认为，有德之人所遵循的标准对普通人来说要求太高了。但是，在他们看来，获得适当知识和品格的人能够遵循可以合理接受的最严格的道德标准。基督教反对这种希腊哲学传统，因为它否认任何普通人有能力获得道德律所要求的那种美德。[15]

保罗对人类能力的估计，部分地源于他的道德律必然鼓励拒绝它的欲望的观点。律法给罪以机会，因为它是权威强加的外在要求；在拒绝它时，我们肯定我们自己和我们的独立意志。按照保罗的观点，人类面对律法的要求，采取的是弥尔顿笔下的撒旦最形象地表达出来的态度——他们重视因故意拒绝道德权威而产生的自我主张（self-assertion）和自由。诚然，希腊道德学家承认各种动机的某些明显的冲突。但从基督教的观点来看，他们对冲突根源的论述是相当肤浅的，因为他们没有认识到我们的反乎道德的自我主张的合理性和必然性。[16]

如果道德只是加剧了律法与人的自我主张之间的冲突，那么基督教的态度可能会显得过于悲观。如果我们认为道德律像耶稣认为的那样苛刻，我们的悲观情绪就会增加。我们可能不会以适度的自我牺牲来反抗，但是当耶稣要求我们再走一英里、转过另一边脸颊、给予任何要求我们的人、爱我们的敌人等等时，我们可能反对说，他走得太远了，超出了任何合理的自我牺牲的程度。如果这些就是要求我们接受的真正的道德理想，那么我们很可能会对我们没有能力遵循它们感到绝望。但也许我们应该彻底否定它们，根本上否认它们是合理的道德理想。

耶稣认为，他的要求表达了真正的道德理想，并要求我们接受。如果我们必须完全依靠我们普通人自己的资源来努力满足这些道德要求，那么绝望是有正当理由的。但我们并不只靠自己的资源。

五、基督的工作

保罗声称律法不能做的事情，和我们遵守道德律所不能做的事情，上帝亲自为我们做："差遣他儿子成为罪身的样式去对付罪，他已经定了罪肉身，使律法的称义在我们身上得以成全，我们不随从肉体,而要随从心灵。"人类靠自己的努力是无法达到这个结果的。洗礼和圣体圣事的核心基督教仪式表达了这样一种信念,即人类道德目标和愿望的实现取决于上帝的行动,而不是道德行动者自身的行动。基督的工作是通过为人类受苦来"救赎"或释放人类自己的罪;人类被"作为白白的礼物,靠着上帝的恩典,通过在基督耶稣里的救赎而被宣告无罪,上帝预定他因信他的血而成为赎罪祭"[17]。

这些隐喻——财务("赎回")、法律("称义")和牺牲("赎罪")——并没有呈现出基督行动的清晰或道德上有吸引力的画面。如果上帝奉献耶稣来安抚或欺骗魔鬼,或者如果耶稣奉献自己作为无辜的受害者来安抚或欺骗上帝,这似乎并不能很好地反映上帝的道德品质,也不清楚为什么它会对人类行动者有许多帮助。然而,基督教教义试图使耶稣钉死在十字架上看起来在道德上是可以理解的。

基督的死被认为至少是模范性的,它展示了一个道德完美的人与世界上的恶做斗争但却没有被它败坏的操守:"他在各方面都受到了与我们相似的考验,没有犯罪,"并且"就他本人而言,通过接受考验,他能够帮助那些正在接受考验的人。"基督表明道德的理想要求是可以实现的。他注视它们,无论付出什么代价,他的正直表明了我们的能力。[18]

但是,虽然这样一个模范可能激励我们更加努力,但保罗向我们保证,努力会失败。基督所代表的极端自我牺牲,可能只会增加我们自我主张的倾向,并鼓励我们更强烈地反抗律法的要求。基督的行为也应该使我们能够更接近他的完美。保罗主张,当某人"在基督里"时,就有了一个新的创造,当他们从圣灵重生时,人类在基督里的程度也达到了基督也在他们里的程度:"你不是在肉体里，而是在灵里，如果神的灵住在你们里面。"上帝赋予我们有效追求完美的能力和愿望。上帝在我们里面行动，同时激励我们的意志和行动。[19]

想理解基督工作有效的一面的尝试产生了与基督教观点根本对立的概念。从一种观点看，它似乎拒绝人类的主动性和自主性。保罗声称骄傲和自夸是被排除在外的，因为真正的人的善其实不是人的成就。我们因上帝的恩典而得救，因信称义，而不是因我们自己的任何行为或功劳。上帝亲自给予我们接受他的恩典并接近那种我们徒劳地为自己达到的完美的意志。[20]

这样一种态度似乎会把人类行动者变成被动的接受者，幸运得足以得到他们完全配不上的恩典的青睐。基督教似乎废除了理性行动者对其自身生活的控制，即希腊哲学家一致欢迎和提倡的那种控制。此外，如果上帝自由地赦免罪，人类行动者似乎就失去了避免罪和寻求道德完美的理由。为什么他们会不同意保罗声称基督已将我们从律法中解放出来，然后推断他已将我们从道德律的要求中解放出来？[21]

这不是保罗想要的解释。基督要求完美，而保罗正是以此为目标。一旦我们理解了基督教的完美所要求的东西，我们就会期待失败。但失败不一定会产生绝望，就像那些试图在没有基督的情况下遵循道德的人，那些"没有希望，没有上帝"的人那样。那些意识到他们没给自己留下资源的基督徒，有更好的理由充分利用自己的资源，正如在其他情况下，合作的保证使人们有理由去完成本来不现实的任务。保罗认为道德律要求完全爱自己的邻居，而不仅仅尊重他的利益。如果一个基督徒必须只依靠自己，那么他接受保罗对律法的解释将是愚蠢的；仅在他依赖上帝的限度内，这才是一个合理的目标。[22]

基督教的历史表明，人们很容易把救赎设想为一种免费的礼物，可以在信徒中产生心理安全感，但对他们的行为没有特别的影响。保罗的道德建议有时是非常笼统和理想化的，规定了对邻居无条件的爱；但有时又是非常具体的，规定了服从统治当局和通行的婚姻与奴隶制度。他的理想可能看起来过于笼统，过于理想化，而无法发挥任何明确的批判功能。如果基督教信徒追随保罗而认为他们需要服从通行的制度，这也就不足为奇了。

在保罗看来，对他的立场的反对是基于对它的误解，并没有发现其中任何真正的错误。他认为，基督教对基督的工作的看法并没有消除人类行动者的道德主动性，也不支持道德被动性。他同意，基督教的道德要求是严厉的；但他否认，对于那些认识到自己并没有被留给自己的资源的基督徒来说，这些措施是不切实际的严厉。这些理想相当笼统，但并不意味着它们是空洞的；如果在实践中不总是很容易说出他们的要求，那么许多其他合理的道德原则也是如此。如果我们接受这个答案，我们就不应该非批判地接受保罗关于基督教道德原则之实际含义的主张。

六、基督的位格

基督教徒自行组成地方性共同体，进行包括洗礼和圣餐在内的仪式，以犹太会堂为模范进行教学和布道，也为了相互支持和实践活动。但他们还寻求对其信仰的理性的和权威的解释，而基督教教士，最早是以主教、牧师和执事的次序组织起来，则从教会获得普遍的认可。基督教思想家试图对基督的位格及其与神的关系形成一个系统的看法，这将解释《新约》关于基督工作的所有主张。教义表述（doctrinal formulas）最终作为天主教教义而被接受，而作为对使徒信仰的真实解释则肯定不被接受，因为它们清晰、易于理解，或立即可信。然而，他们之所以被接受，是因为更清晰、更容易理解、更直接可行的解决方案似乎无法抓住《新约》中关于基督的描述所表达的事实。

通常认为，基督本身并没有声称自己是人类以外的任何东西。最早的基督教资料并不支持这一主张。保罗把基督描述为"看不见的神的形象，万物都是在他里面创造的……因为神的一切的丰盛都乐意住在他里面"。第四福音书将基督视为上帝"话语"（逻各斯）的化身，暗示着上帝本质的一个方面实际上存在于基督中。此外，耶稣关于自己的说法，暗示他比犹太人所期望的弥赛亚更重要。《新约》暗示耶稣为自己宣称了神圣的地位，而另一方面也没有具体的历史证据。[23]

因此，正统的基督教思想家声称从《新约》引申出了基督的神圣性。如果基督不是神，那么"神在基督里，使世界顺从于他自己"的说法就不会是真的。基督的死之所以有效，是因为这是神的行为：通过在他们里面有基督，信徒就有神与他们同在。这些主张将不符合任何独立于信徒之理想和渴望的实在，除非基督不仅仅是一个异乎寻常地显著的人。另一方面，基督必须是真正的人，而非仅仅显得像人的神。如果不是一个人的生与死，他的生与死就没有模范作用。保罗强调尽管基督真的是神，但他真的"倒空了自己"，并且真正获得了成为一个人所隐含的局限性。耶稣有情感、欲望和有限的知识，所有这些属性似乎都是作为人类所必需的，但显然与作为神不相容。[24]

因此，很难看出基督如何既能"与父合一"到他所声称的程度，又能完全是人。要成为一个完全的人，他必须真正区别于父

（而不仅仅是另一个名字下的父）。此外，如果他真的是两个人的联盟，一个人和一个神，那么他就根本不是一个人，因而他的神的特征和人的特征必不能构成两个人。

基督应许圣灵的存在，从而当他不再以身体存在时，他会继续自己的存在。与斯多亚派不同的是，基督徒并不简单地把上帝与宇宙中固有的精神（普纽玛）等同起来，他们将圣灵视为一个本质上超越的上帝的内在方面。他们必须把圣灵的概念融入他们对神和基督的论述中。[25]

七、神的教义

经过一系列漫长的反思、论辩、争议、分裂、异端和迫害，最终在基督教世界的大部分地区对三位一体的教义达成了某种程度的一致。该教义声称，圣父、圣子和圣灵是三个位格（*hupostasis*），不是三位神，而是一个实体（*ousia*）。正如所谓的《亚他那修信经》（5 世纪末？）所说："然而它们不是三个永恒，而是一个永恒；也不是三个非受造者，也不是三个无限，而是一个非受造者和一个无限。"[26]

天主教的立场拒斥了关于人和实体的两种说法：

（1）如果我们将 *hupostasis* 视为亚里士多德的第一实体，而将 *ousia* 视为第二实体，我们可能会认为这些位格如不同的个人与人类的其他成员相关一般相关。这种观点"划分了实体"，因为三个位格必定不只有一个物种之诸成员的种的统一性。因此，它坠入三神论的异端。

（2）如果把 ousia 视为第一实体，我们可能假设三个位格只是同一个体的不同方面，恰如首相和第一财政大臣是扮演不同角色的同一个人。这种观点不能解释位格之间的实在差异；被钉在十字架上的不是上帝。这种观点"混淆了位格"，从而坠入萨贝利人异端。

某些希腊教父试图通过修改第一种观点来达到更令人满意的立场。一个物种的单纯成员资格并不意味着其成员之间在思想、意志或行动上具有特定程度的统一性；但是，不同的人通过相互的爱和知识联系在一起，可能获得某种更接近于思想和意志之统一的东西，那是位格的特征。三位一体的位格在一种难以想象的更大程度上具有某种类似于这种统一性的东西，因此奥古斯丁可以将他们与一个人的不同能力进行比较。两个完美的数学家合作推导同一个定理，他们可能会各自对一系列推论做出贡献，并且为此目的，他们仿佛一个单一的系统那样发挥作用。但他们算是两个心灵，因为这些合作时期是断断续续的。在三位一体的位格中，他们是永久和不间断的，在这一点上，将不同的位格视为构成一个单一的心灵和意志是更合理的。[27]

三位一体的教义是在 325 年的尼西亚会议上制定的：但它并没有解决所有的争端。只有卡尔西顿会议（451 年）制定了基督的神性和人性之间的关系的观点。针对他具有纯粹神性或纯粹人性，或他具有两种并列的本性，或单一的神—人性的观点，会议确定，基督是"同一位基督……被承认为具有两种本性，不可混淆，不可改变，不可划分，不可分割"[28]。

我们可能认为，一个人的灵魂不可能是一个单一人格的成分，他的另一成分是神圣的灵魂，因为人的观点与神的观点是如此不同，以至于两个灵魂将构成两个不同的人，而不是一个单一人格。基督双重本性的教义必须假定，这种自然的假设是建立在人类灵魂将自己的意志与神的意志对立起来的错误概括之上的。然而，基督完美的人类意志与神圣意志如此紧密地协调，以至于没有什么能阻止他们成为一个单一人格的部分或方面。人的灵魂感受到神的灵魂无法感受到的快乐、痛苦和情感，而又缺乏神的灵魂不可缺少的知识，但这些差异并不会造成两个灵魂之间的不和。虽然基督的人的灵魂受苦，而神的灵魂没有，但这不足以成为拒绝相信他们可以构成一个单一人格的充分理由。

说尼西亚表述和卡尔西顿表述仍然模糊不清，未免有些轻描淡写。事实上，这样的教义已经引起了强烈的反应，使基督教神学在信徒和非信徒中声名狼藉。为了证明这种反应是不合理的，不必预先判断这些基督教教义的真理或一致性问题；如果我们看到他们面对应该面对的问题，并且他们提出的答案并不明显不一致，那就足够了。那些认真对待《新约》的宗教或伦理方面的人，无法合理地避免尝试看看它们是否加总成对上帝的一致或可理解的观点。

八、奥古斯丁和他的环境

奥古斯丁（Augustine，354—430）的《忏悔录》比任何其他古代晚期文学作品都更清楚地向我们展示了，通过希腊哲学的观点，以及更广泛地从晚期罗马帝国的文学和文化背景来探讨基督教的情况。[29]

奥古斯丁出生在一个正式接受基督教的帝国，但传统宗教和非基督教的崇拜和哲学保留了很大的影响力。当时和现在一样，对于奥古斯丁这样一个受过教育、好奇和热情的人，官方的天主教会似乎没有太多的东西可以提供。相比狂热的多纳特派分裂者（他们不承认在迫害中表现出软弱的神职人员），还有老练的摩尼教精英（稍后将讨论），天主教徒的身体都显得懒惰和自满。普通基督徒不理解基督教神学，奥古斯丁后来被他从天主教教育中获得的无知和迷信观点所震惊。许多天主教徒毋宁说是名义上接受了基督教，他们相信，一旦接受了洗礼，他们就必须放弃罪恶，为了避免如此严重的不便，他们尽最大努力将洗礼推迟到临终前。奥古斯丁的父母与其社会阶层的其他人将他们的基督教与基本上是异教的、最终是荷马式的追求财富、成功和荣誉的野心结合在一起。对于奥古斯丁来说，恰如那些仰慕高尔吉亚的年轻人，这些野心自然导致他投身于修辞术和公共演讲。

对于一个接受过正规文学教育的人来说，基督教《圣经》听起来既原始又粗俗。对于任何熟悉哲学的人来说，基督教教义听起来都很幼稚且缺乏说服力。令人惊讶的是，奥古斯丁最终接受了天主教。他写下了自己的《忏悔录》，解释了这是如何发生的，以及为什么会发生。"忏悔"无疑包括对罪和错误的忏悔，但也包括对上帝的本性和行为的承认和公开声明（如在"信仰告白"中）。[30]

九、摩尼教的二元论

当奥古斯丁开始学习法律时，他遇到了一群自称为"破坏者"的吵闹的年轻人，他们喜欢蔑视传统道德。他对西塞罗的阅读鼓励他学习哲学。大约同一时期，他加入了摩尼教。这个教派持有一种基本上是二元论的宇宙观，认为宇宙是善的原则与恶的原则之间冲突的结果。斯多亚派对恶的问题的解释中的困难，表明为什么二元论似乎是不合理的解决方案。既然善与恶似乎相互冲突，彼此干扰，我们可能会把这冲突追溯到宇宙原则本身之间未解决的冲突。[31]

这种宇宙论的二元论可以同时为《新约》和《旧约》提供解释。它证明了基督的死和复活的必要性，他是善良上帝的儿子，与《旧约》中的邪恶上帝做斗争。他的追随者是那些认同善与光，并逐渐从这个世界的邪恶方面中净化自己的人。这一观点使基督徒可以将希伯来《圣经》中粗俗和嗜血的一面视为邪恶上帝的罪行的记录。

摩尼教徒非常认真地对待基督是战胜黑暗的光明的主张，他们对这一主张给出了自己独特的解释。他们接受斯多亚唯物主义，把光设想成一团物质粒子，困在人类和其他物质体内。摩尼教的任务是通过适当的饮食和仪式实践，释放其他事物中的光并吸收它。摩尼教的宇宙二元论和唯物主义，是对犹太教和基督教神学中显而易见的问题的容易理解的回答；对仪式纯洁性的严格而明确的要求，预示着与普通道德生活的各种困难和妥协彻底决裂。奥古斯丁发现摩尼教的方式是可信和有吸引力的，这一点儿也不愚蠢。[32]

十、对摩尼教徒的批判

奥古斯丁逐渐对摩尼教体系感到不满，甚至在他找到另一种积极的观点来取代它之前：

最后，我对从那错误的教义中得到任何好处感到绝望，我开始更加松懈和漫不经心地持有那些如果没有更好的教义我就决心要满足的教义。

跟随尼布利迪厄斯（Nebridius），他问摩尼教教徒，如果善的实体拒绝与之斗争，恶的实体（被摩尼教教徒等同于恶的原则的物质实体）会做什么。要么善不会受苦（从而无须自卫），也不会有任何理由去战斗，要么它会遭受一些痛苦的事情。

奥古斯丁认为，如果我们设想了一个脆弱的、可败坏的存在者，那么这个存在者就不是上帝：在设想某种不可败坏的东西时——

> 我能通过我的思想获得比我的上帝更好的东西，除非你是不可败坏的。……那么，详细解释为什么上帝作为实体是不可败坏的，因为如果它是可败坏的，那么它就不是上帝，这有什么意义呢？

他假定我们知道，任何易受伤害、可败坏的存在者都不可能是上帝。虽然这个假设对荷马和许多古典时代希腊人来说似乎很奇怪，但对柏拉图或试图将希伯来人从过度拟人化的上帝概念中解放出来的先知来说，这似乎并不奇怪。[33]

奥古斯丁的假设并不排除宇宙论上的二元论。它最多表明摩尼教徒应该把自己描述为无神论者。关于上帝脆弱性的问题则表明为什么基督教的上帝的概念不能符合宇宙论上的二元论。

十一、新柏拉图主义

当奥古斯丁被摩尼教的观点所吸引时,他认为将上帝视为物质实体没有任何错误;甚至当他拒绝摩尼教的立场时,他也不认为上帝可能会是另外什么东西。宇宙论的二元论使得天主教的道成肉身教义难以接受:如果肉体是恶的,那么上帝的肉身化似乎意味着他的堕落。如果上帝必须被视为一个物质存在者,那么摩尼教对天主教的反对似乎很有力。于是,新柏拉图主义通过建议如何设想非物质实在,为奥古斯丁提出了一个重要的新可能性,即如何构想非物质实在。奥古斯丁把普罗提诺视为柏拉图再世,他在严格的范围内,依靠新柏拉图主义学说,使基督教神学的某些方面更容易理解。[34]

非物质实在的可能性使奥古斯丁更容易设想三位一体中三个位格之间的关系。普罗提诺认为,理智和灵魂在某种意义上是截然不同的实在——不同的东西对它们为真,但它们又都是太一的本性的表达,也是我们形成我们所能形成的最少是不充分的太一概念的最佳方式。奥古斯丁发现,普罗提诺的三个本体之间的关系消除了对基督教三位一体概念的某些反对意见。[35]

把奥古斯丁吸引到摩尼教中来的关于上帝与恶的困难,基于这样一种假设:恶必是一种实体——本身就是某种积极的实在,并且这种宇宙实体必是人类意志中恶的根源。新柏拉图主义也改变了奥古斯丁对这个问题的态度。自然宇宙具有与其物质存在不可分离的诸局限性,但这类局限性并没有让物质世界本身变得恶。他认为,既然万物都来自并依赖于一个完美善良的上帝,那么它就必须是善的:"对于你,恶完全不存在。——不仅对于你,而且对于你的整个造物也一样,恶也不存在。"我们之所以想象某些被造的东西是恶的，是因为我们注意到它们与其他东西冲突，比如洪水摧毁了许多人的劳作。但是，尽管事物相互冲突，它们与整个宇宙并不冲突："上帝禁止我说：我希望这些东西不存在。"

为了解释道德上的恶，奥古斯丁提到人类意志对上帝的反抗。但这种行为不具有独立于上帝的某种实在性，而是人类决定的结果。奥古斯丁必须仍然声称，没有道德上的恶的存在，创造也不会更好。在这里，他对恶的问题的解决遇到了通常的困难。（例如，为什么上帝不能创造出具有不做出错误选择之自由意志的人类？即使某些错误的选择不可避免，为什么他们一定会有他们有时会有的灾难性后果？）尽管如此，他仍然可以合理地宣称，新柏拉图主义开启了某些可能的立场，使我们免于在摩尼教立场和基督教粗俗版本之间做出没有吸引力的选择。[36]

十二、新柏拉图主义与基督教

奥古斯丁发现，在新柏拉图主义者的书中，他从未读到过有关道成肉身的内容。有一次他重读了圣保罗，尤其是他给罗马人的信，他开始把这视为一道严重的鸿沟。保罗拒绝那种放弃肉体和对日常生活的道德和社会关注的道德和精神成长的观点；在他看来，这种放弃只会增加自我内部的冲突。奥古斯丁越是被新柏拉图主义吸引，就越是强烈地感受到冲突。

他同意，新柏拉图主义的神秘主义将灵魂引向对终极实在的某种意识。但他发现，新柏拉图主义的训导只允许对这目标的稍纵即逝的一瞥。对身体的排斥并没有阻止他大部分时间回到身体。就他以摩尼教的净化或新柏拉图主义的神秘主义为人生指南而言，他拒绝了基督教关于人类无法以其自身的资源实现其自身的善的主张："因为我还没有谦虚到接受谦卑的耶稣是我的神；我也不知道他的弱点会教给我什么。"一旦他意识到自己的无能，他就接受了道成肉身。[37]

奥古斯丁对基督教的道德要求感到震惊。他曾尝试过以摩尼教和新柏拉图主义的方法来抛弃肉体，或将自己的真实自我与肉体分离，并将其视为不受欢迎的附属物，而这些方法都没有阻止他被肉体的要求所分散注意力。但是，如果保罗的要求仅仅是一种道德要求，那么它就会像奥古斯丁已经尝试过的摩尼教和新柏拉图主义的至善论的建议一样不切实际。保罗的要求不同。它意味着一个人接受自己无法实现自己的善。[38]

十三、奥古斯丁的最后观点

奥古斯丁最终接受的天主教信仰在先知以赛亚看来是不可理解的，对圣保罗来说是陌生的，它更类似于我们所熟悉的历史上的基督教，而不是《新约》的信仰。奥古斯丁是通过摩尼教和新柏拉图主义达到的，他最终接受的基督教版本深受希腊哲学思想的影响。尽管如此，它对于希腊人仍然是"愚昧"，它仍然基于创造和道成肉身的教义，从正统基督教的观点来看，基督教神学中所有最不可信的方面都不可避免地随之而来。

《忏悔录》最后三卷专门讲述上帝在创造中的性质和行为，现在应该不足为奇了。因为创造显示了奥古斯丁在《忏悔录》中发现的上帝的本性。在创造中，上帝在某个时候做了某件事情，改变了事物过去的存在方式，因为他想这样做。然而，在奥古斯丁看来，上帝是永恒的、不变的、非物质的和自足的，在这些方面，他就像新柏拉图主义的终极实在。这样一个存在者怎么可能在时间中行动呢？如果他什么都不需要，为什么他会想要改变事物呢？如果是他创造了这个世界，为什么这个世界会如此糟糕？

奥古斯丁强调，尽管很难解释上帝是如何以及为什么创造世界的，但他确实创造了世界，正如《创世记》所说，"它是非常好的"。这既不是一种幻觉，也不是一种与善的上帝对立的恶的实体。虽然奥古斯丁在解释恶是人类自由选择的产物时面临严重困难，但他并没有诉诸宇宙论上的二元论所提供的直观上更简单的答案。他坚持认为，世界和人性的创造者也派他的儿子将人性从自由选择的不良后果中解脱出来，道成肉身是创造中开始的工作的延续和完成。

既然他人是造物的一部分，奥古斯丁对创造物质宇宙的上帝的信仰要求他将对他人的关注扩展到他早年生活的关注之外。摩尼教和新柏拉图主义者拒绝关注日常社会生活，而青睐一小群精英追求放弃肉体的生活。然而，奥古斯丁余生的大部分时间都是作为一名牧师和主教向普通人传教，管理他的教区。在教会有组织的教学中，基督教教义影响了受教育阶层以外的人，这些人基本上不受整个希腊哲学史的影响。

并非所有人都会同意，当奥古斯丁回到天主教时，他做出了正确的选择。从希腊哲学的角度来看，他的选择似乎是一种退却而非前进。巴门尼德、赫拉克利特及其后继者邀请他们的听众用理性判断他们的论辩，奥古斯丁有时似乎接受这个标准；他想要像确信 $7 + 3 = 10$ 那样确信天主教教义的真理性。然而，教会甚至不主张满足他对理性证明的要求，也没有通过他最初想要的那种证明来消除他的疑虑。可以理解，奥古斯丁的皈依似乎是重新陷入了前苏格拉底自然主义者试图摧毁的那种盲目信仰和迷信。基督教上帝的拟人化方面，三位一体和道成肉身的无望的模糊性，以及基督教教义中关于罪、恩典和信仰的反人本主义倾向，所有这些似乎都构成了一种只能向人性和理性探索绝望的盲目信仰自荐的观点。[39]

奥古斯丁和教会的许多其他教父有共同的目标，即，想要表明基督教和希腊哲学之间所谓的对立是基于一个错误。保罗认为，对于那些尽可能认真对待犹太和希腊伦理学道德洞见的人来说，基督教的罪与恩典的教义是可以理解的。相似地，奥古斯丁认为理性的探究表明了信仰的必要性。理性的探究向我们展示了将上帝视为非物质实在的可能性；它向我们表明一种在我们自己内部和他人之间没有冲突的道德生活的可能性，但它不能向我们表明如何实现它为我们提供的理想。在奥古斯丁看来，基督教展示了如何实现哲学家只能希望的目标。因为这个理由，他声称基督教的到来不是为了毁灭，而是为了完成。

注 释

以下缩写常用于作者和作品。其他任何形式的缩写均可从上下文中获得理解。

Ar.	Aristotle
DK	Diels, H., and Kranz, W., eds., *Die Fragmenteder Vorsokratiker*, 10th edn., Berlin, 1952.
EN	Aristotle, *Nicomachean Ethics*
Gorg.	Plato, *Gorgias*
Il.	Homer, *Iliad*
Met.	Aristotle, *Metaphysics*
NEB	*New English Bible with Apocrypha*, Oxford and Cambridge, 1970.
OCD	Hammond, N. G. L., and Scullard, H. H., eds., *Oxford Classical Dictionary*, 2nd edn., Oxford, 1970.
Od.	Homer, *Odyssey*
ODCC	Cross, F. L., and Livingstone, E. A., eds., *Oxford Dictionary of the Christian Church*, 2nd edn. (revised), Oxford, 1983.
Phd.	Plato, *Phaedo*
Rep.	Plato, *Republic*
RSV	*New Oxford Annotated Bible with Apocrypha (Revised Standard Version)*, New York, 1977.
Sextus, AM	Sextus Empiricus, *Against the Mathematicians*
Sextus, P	Sextus Empiricus, *Outlines of Pyrrhonism*
SVF	Von Arnim, H., ed., *Stoicorum Veterum Fragmenta*, 4 vols., Leipzig, 1905–1924.
Thuc.	Thucydides

第一章 导 言

[1] 希腊对后来思想的影响：Bolgar in Finley [1981]，ch.15。

[2] 没有可向英文读者推荐的完整古典哲学史。但是，Hussey [1972]; Crombie [1964]; Ackrill [1981]; Long [1974] 和 Wallis [1972] 合在一起提供了很好的介绍。

[3] 本书中的一些缺失可以通过阅读 Lloyd [1970]; [1973] 以及 Sambursky [1960] 来弥补。

[4] 某些英译本列于"参考文献"中古典作家的名下。"洛布古典丛书"（the Loeb Classical Library series）翻译了许多作品（良莠不齐；希腊语—英语或拉丁语—英语文本对照）；我在"参考文献"中将这些称为 Loeb。"企鹅经典"（Penguin Classics）系列包含大量被翻译成当代英语的古典作家作品，尽管其中一些因过于松散而不适合用于对哲学作家的研究。

[5] Boardman [1986] 是对整个古典世界的很好的概览，附带有用的参考书目和年表。对于特定的人物和事件，OCD 和 ODCC 很有用；我没有频繁引用它们。

第二章 荷 马

[1] 荷马简介：Bowra [1972]; Griffin [1980]。

[2] 克塞诺芬尼 B10（引用方法参见本书第三章注 [4]）。参见本书第三章第七节。

[3] 我用罗马数字标注《伊利亚特》各卷，用阿拉伯数字标注《奥德赛》各卷。

[4] 奥古斯丁：*Confessions* i. 14。公开朗诵《荷马史诗》：Lycurgus, *in Leocratem* 102。又见 [Plato], *Hipparchus* 228b; Cicero, *De Oratore* ii.34; Plutarch, *Pericles* 13.11。

[5] 参见 Plato, *Apology* 29b-d; Aristotle, *EN* 1116a21-b30; Lucretius, iii. 18-24（对比 *Od.* 6. 41-46）。斯多亚派的芝诺（Zeno the Stoic）为荷马的一致性写了一篇详尽的辩护：*SVF* i.274。斯多亚派的克吕西普用对荷马和其他诗人的引述和讨论"填满了整本书"：*SVF* ii. 907。贺拉斯说荷马比哲学家更清楚、更好地论述了什么是道德上的善和什么是有用的：*Epistles* i. 2. 1-4。

[6] 参见 Herodotus ii. 53; Xenophanes B10-15; Heracleitus B 40, 42, 56-57, 106; Plato, *Rep.* 606e-607a。

[7] 希罗多德的估计：ii. 53。对荷马的一种可能参考：*Homeric Hymn to Apollo* 165-172, Thucydides iii. 104。

[8] 英雄：v. 392-394, xii. 443-449, xx. 285-287。善：17. 220-223（对比 13. 45-46, 18. 131-140), xx. 240-243。关于上层阶级的善（*agathos*, "good"，

好),参见 i. 80, 15. 324。遗传:xiv. 113, xxi. 106-108 (对比 vii. 107-114), 4. 611-614, 18. 275-280, 21. 335。参见 Theognis 183-196, 315-318, 429-438, 699-718, 865-869; Plato, *Meno* 95c; Adkins[1960], 77。帕里斯:vi. 325-368, 518-529。对荷马伦理学的不同看法:Adkins [1960], ch. 3; Long [1970]; Adkins [1971]。(译文中出现的"好""善""善好""利益""至善"等术语都是对 good 或 goods 及其比较级、最高级形式的翻译;这些词在汉语伦理学语境中有微妙的区别甚至对立,在希腊伦理学语境中则无,这里的不同翻译只是为了行文流畅,没有语义差别。——译者注)

[9] 阿喀琉斯:xi. 783-784。美德:ii. 364-367, vii. 107-114, xiii. 235-237, xv.641-644。阿喀琉斯:i. 412。计划:xviii. 105-106。亚里士多德论他人取向:*EN* 1095b22-130, 1159a22-24。

[10] 阿喀琉斯:i. 254-258, ix. 104-113, 247-259。赫克托尔:vi. 440-481, xii. 241-243, xxii. 220-232。

[11] 阿喀琉斯:xvi. 21-35, xxi. 74-113, xxiv. 39-54, 486-512。祈求:xxiv. 477-479, i. 488-527, viii. 371, 9. 266-271; Griffin [1980], 24f。库克罗普斯:9. 172-176, 187-192, 287-295, 447-455。

[12] 阿喀琉斯:xix. 203-214。赫克托尔:vi. 431-439, 459-463, xxii. 99-110。

[13] 荣誉:ix. 315-322, 408-416, xviii. 95-126。

[14] 求婚者:21. 320-335。对比 Adkins [1960], 39。赫西俄德:*Works and Days* 156-169, 294。

[15] 忒耳西忒斯:ii. 211-277。英雄:xii. 310-328; Adkins [1960], 34-36。

[16] 荷马的诸神(和希腊一般宗教):Guthrie [1950]; Lloyd-Jones [1983], chs. 1-2; Dodds [1951], chs. 1-2; Griffin [1980], 172-178; Burkert [1985], ch. 3。

[17] 诸神的目标:xxiv. 33-76, vi. 297-311, xxi. 210-252, i. 8-52。

[18] 自然过程:xxi. 211-513。阿摩司(Amos)3:6; Vlastos [1975], 10-13。

[19] 对荷马诸神的批判:本书第三章第十一节; Plato, *Rep.* 379b-387c;本书第六章第十八节。赫拉克勒斯的不同方面:xviii. 115-119, 11. 601-626; Guthrie [1950], 235-241。

[20] 神圣幸福:i. 584-600, 6. 41-46。

[21] 阿喀琉斯:ix. 412-416。

[22] 宙斯的崛起:xiv. 200-204, xv.185-199; Hesiod, *Theogony* 453-731。宙斯的力量:viii. 1-29 i. 5。宙斯的意志:xii. 230-243, xiii. 620-639, I. 76-79。

[23] 命运:xvi. 431-461, xxii. 167-185, xvi. 458-461, xxiii. 115-119。

[24] 命运:本书第九章第五节。

[25] 正义:xvi. 384-393。

第三章　自然主义运动

[1]　引自 Aristotle, *Met.* 1000a9-20; *De Caelo* 298b25-29; *Met.* 983b20-21。论自然本性（*phusis*），参见 Vlastos [1975], 18-20。自然主义哲学家常被称为"前苏格拉底诸家"（Presocratics），这多少有点误导，因为某些较晚的哲学家是苏格拉底的同时代人。亚里士多德论苏格拉底及其前辈：本书第七章第一、二节。对前苏格拉底诸家的最好引介：Hussey [1972]。较长的讨论：Guthrie [1962], i-ii; Barnes [1979]。原文的翻译，参见 Kirk [1983]; Barnes [1987]; McKirahan [1994]。宇宙论大问题：Furley [1987]; [1989], ch. 18。

我们可以阅读希罗多德的完整历史和医学作家的完整论文，但其他自然哲学家仅以残篇、引文或解释而为我们所知。最早的主要材料来源是柏拉图，尤其是亚里士多德。亚里士多德的学生塞奥弗拉斯特（Theophrastus）的历史考查，是许多后来幸存下来的自然主义者论述的来源。斯多亚派和伊壁鸠鲁派从他们所青睐的自然主义者那里获得灵感——斯多亚派从赫拉克利特，伊壁鸠鲁派从原子论者。基督徒引用自然主义者对异教诸神的批评。然而，在古代晚期，没有任何大哲学流派密切研究自然主义者，其作品的文本变得稀缺。辛普里丘（Simplicius，约 500—540）提到巴门尼德文本的稀缺性作为完整抄录冗长段落的一个理由（*Commentary on Aristotle's Physics* 144. 25-28）。

[2]　关于自然主义思想的科学特征，参见 Cornford in Furley [1970], ch. 2; Vlastos [1995], vol. 1, chs. 1-5。

[3]　Ar. *Met.*983b6-17. 关于绝对的生成，参见本书第七章第三节。

[4]　阿那克西曼德：DK 12 A 10; Ar. *Physics* 187a20-23。泰勒斯（参见 Ar. *Met.* 983b19-984a5）提出水是万物的起源和本质。据推测，他通过诉诸诸如溶化、冷凝和蒸发等过程来解释这些现象，但他似乎没有解释固体物质是如何从水中出现的，如果首先只有水的话。阿那克西曼德包含对立面的、质上不确定的原始材料回答了对泰勒斯的这一反驳：对立面以不同的方式相互作用，更有可能解释我们所观察到的现象。

我引用了关于自然哲学家的证据，或者来自古代的材料，如果这很容易获得（比如亚里士多德）或特别值得注意；或者来自 DK，如果前者行不通时。DK 为每位哲学家提供了一个数字编号，并将关于他的证据分为间接证词（A）和假定的直接引用（B）。因此，上引文献指的是第 12 号阿那克西曼德的残篇 A10。我通常省略哲学家的编号。这些参考文献也可以在其他文集中找到（参见本章注 [1]）。

[5]　不义：DK A 14, B 2-3; Ar. *Physics* 203b10-14; DK A 9, B 1。生成：Ar. *Phys.*

203b18-20。

[6] DK 22 B 30.

[7] 河流：Plato, *Cratylus* 402（参见 DK B 91）。转化：Ar. *De Caelo* 298b29-33, *Physics* 253b9-21。柏拉图报告的准确性得到 Guthrie [1962] i.488-492 的辩护，却遭到 Kirk [1983]194-197 的攻击。

[8] 关于这些例子，参见 DK B 51, 53, 60, 61, 67。

[9] 参见 Ar. *Eudemian Ethics* i 235a25-29; DK B 80, 54。

[10] 希罗多德（的《历史》）包含神谕（i. 53）；梦（viii.12, 17-18）；神的惩罚（viii. 106）。对后世读者来说，早期的历史学家似乎以一种相当神话化的方式对待他们的主题，对不太可能或证据不足的故事持非批判的态度："因为当他们说那些公开讲神话的人赢得了良好的声誉时，他们认为，如果他们以真实的历史为幌子，讲述他们从未见过也从未听过——至少不是从任何知道事情的人那里听到的东西，他们也会使其撰述令人愉快。他们唯一的目的是写出听上去很愉快和美妙的东西。"（Strabo xi. 6.3）这一判断确认了史诗在早期历史写作中的影响，它很可能表达了我们对希罗多德部分叙事的反应。

最好的简介：De Ste Croix [1977]。希罗多德自然主义的局限：Lloyd [1979], 29-32。

[11] 雅典人：v. 78。斯巴达人：vii. 104. 4-5。

[12] 埃及人：ii. 35. 2。希腊人：vii. 102. 1。波斯人：ix. 132. 3（参见 [Hippocrates], *Airs, Waters, Places* 24）。

[13] 柏拉图将这种自然主义态度归于科斯岛的希波克拉底：*Phaedrus* 270c-e（参见 *Protagoras* 311b; [Hippocrates], *Ancient Medicine* 22. 1-17）。《希波克拉底文集》中论文的作者归属和年代存在争议。介绍：Lloyd [1970], ch. 5; [1978], 9-60。

[14] *Epidemics* i. 23, *Breaths* 2, *Airs, Waters, Places* 2。关于 *idea*，参见本书第五章第三节。

[15] 神圣的疾病：*Sacred Disease* 1-2（节选）。关于这篇论文，参见 Lloyd [1979], 15-29。关于 *nomizein* 和 *phusis*，参见本书第四章第十一节。

[16] 自然与变化：*Airs, Waters, Places* 22 and 6。

[17] 缪斯女神看到了发生的事情，并告诉诗人（Homer, *Il.* ii. 483-487; *Od.* 22. 347, 11. 363-368, 13. 487-489）。但缪斯告诉诗人的可能是真相，也可能是似是而非的谎言（Hesiod, *Theogony* 24-28）。为了区分真假，诗人必须依靠记忆——缪斯之母（*Theog.* 50-54）。此外，对准确记忆的检验是传统。荷马讲的是传统故事；如果他声称从缪斯女神那里"忆起"赫克托尔杀

死了阿喀琉斯并且特洛伊人赢得了战争，那么他的故事就不会被接受。关于缪斯和诗人，参见 Snell [1953] ch. 7; Macleod [1983], 4-6。

[18] 赫卡泰（Hecataeus）: F1a in Jacoby [1923]（对比 Herodotus v. 36）。克塞诺芬尼: DK 21 B 10; Sextus Empiricus, *AM* i. 289, ix. 193。赫拉克利特: Ar. *Eudemian Ethics* 1235a25-29; Diogenes Laertius ix. 1; DK 22 B 56-57, 106。

[19] 阿那克西曼德: DK 12 A 27。克塞诺芬尼: DK 21 A 32-33。对比 Ar. *Meteorologica*. 352b17-19。又见 Herodotus ii. 12; Strabo i. 3. 4; Guthrie [1962], i. 387。观察: Lloyd [1979], ch. 3; Vlastos in Furley [1970], ch. 3; Vlastos [1975], 84-87; Barnes [1979], 47-52。

[20] 人类的起源: DK 12 A 30。

[21] 地图: Herodotus iv. 36. 2, v. 49. 1, 50. 3。对比 DK 12 A 6; Stobaeus i. 1. 11; Guthrie [1962], i. 387。

[22] 拒绝假设: [Hippocrates], *Ancient Medicine* 1-2。观察检验: Lloyd [1979], 24。论及可能的实验: Herodotus ii. 3（对比 10, 28）; [Hippocrates], *Art* 13, *Heart* 8, *Sacred Disease* 14; Ar. *Meteorologica* 358b35-359a5; *Parxa Naturalia* 470b22-24, 471a31-b5; Aristophanes, *Clouds* 144。

[23] 赫拉克利特论"历史"（*historia*，意为"探究"）与"博学"（*polumathiê*）: B 129, B 40。希罗多德的警示: ii. 29, 99, vii. 152（对比 ii. 123), iv. 195, iv. 42。历史: 本书第七章第二节。

[24] 传统信仰对观察挑战的反应: Lloyd [1979], 17-19。一般法则: Heracleitus, DK 22 B 94。

[25] Hume, *Inquiry concerning Human Understanding* viii, p. 86.

[26] 逻各斯（*logos*）: DK 22 B 50; Sextus Empiricus, *AM* viii. 129-134; DK B 89; Marcus Aurelius iv. 46。感觉: Sextus, *AM* vii. 126。

[27] 正义: Homer, *Od.* 9. 112-115, 174-176; Hesiod, *Works and Days* 274-285; Plato, *Protagoras* 323a-d。

[28] 克塞诺芬尼: DK 21 B 2。Pindar, *Isthmians* 3.13-14. 梭伦: Plutarch , *Solon* 23.3, 24.5; Murray [1980], 192-197。

[29] 梭伦: Ar. *Constitution of Athens* 2.2 (trans. Moore [1983])。恶法: fr. 4 (West [1980]), 17-20, 30-31 (part in Woodruff [1995], 25)。参见 Murray [1980], 179, 189。

[30] 克里斯提尼: Herodotus v. 66; Murray [1980], 254-258。

[31] 梭伦: Ar. *Constitution of Athens* 5.3, 7.1, 9.1; Heracleitus B 43-44, 114。

[32] 自然主义神学: Vlastos [1975], ch. 1。

[33] Homer, *Il.* xvi. 385-392; Hesiod, *Works and Days* 213-247; Xenophanes B 11, 12, 14, 16; Sextus, *AM* i. 289, ix. 193; Heracleitus B 5, 14, 15, 96。根据 Hero-

dotus vi. 84，斯巴达人声称他们的国王克莱奥米尼（Cleomenes）发疯不是因为有神在惩罚他，而是因为他采纳了斯基泰人（Scythian）和非希腊人喝不加水的酒的习惯。

[34] 泰勒斯：Ar. *De Anima* 411a7-8。克塞诺芬尼：Ar. *Met.* 986b21-25; DK 21 A 11-12, 14-16, 23-26, B 32; [Hippocrates], *Sacred Disease* 1, 21; Heracleitus B 94, 32, 67。

[35] 参见 Xenophanes B 23。基督教作家：Clement, *Stromateis* v. 109; *Protrepticus* 34; Origen, *contra Celsum* vii. 62。

[36] 神的特征：Herodotus ii. 52-53; Xenophanes A 31, B 25-26; Heracleitus B 78, 83, 102; Plato, *Hippias Major* 289a-b。

[37] 耶和华：Exodus 3: 13-15。对神的不同看法：I Samuel 5: 1-4; Exodus 7: 8-13; I Kings 14: 6-20; Psalms 96: 5, 19: 1-5, 22: 6-7, 89: 5-14, 104; Amos 9: 5-6; Job 38-41; Psalms 44: 23-26, 59: 4-5, 79, 40: 6-8, 17-23, 51: 15-17; Isaiah 40: 28。

[38] 引起纷争的诸神：Herodotus i. 32, iii. 40, vii. 46。一个奇怪的巧合使波利克拉底（Polycrates）相信他无法避免神的嫉妒：iii. 42。嫉妒：vii. 10, v. 92; Homer, *Od.* 5. 118。智慧：iii. 108。

[39] 薛西斯：Herodotus vii. 11, 17, 18。

第四章　对自然主义的怀疑

[1] 参加戏剧节：Plato, *Gorgias* 502b-d; Pickard-Cambridge [1968], 263-265。埃斯库罗斯论荷马：Athenaeus, *Deipnosophistae* viii. 347e。悲剧的好译本，参见 Grene [1959]。导论：Taplin [1978]; Lloyd-Jones [1983], chs. 4-6。

[2] 克里斯提尼：本书第三章第十节。公民大会和将军：Thuc. ii. 65. 3, iv. 27-28。厄菲阿尔特：Ar. *Constitution of Athens* 25. 2-4; Davies [1978], ch. 4。与斯巴达的阴谋：Thuc. i. 107. 4。《奥瑞斯忒亚》：Dodds [1973], ch. 3; Macleod [1983], ch. 3。

[3] 荷马式的动机。伊菲革涅亚：*Agamemnon* 265-267。克吕泰涅斯特拉：1412-1425, 1438-1447。埃癸斯托斯：1577-1611。奥瑞斯忒斯和伊莱克特拉：*Choephori* 491-509。复仇女神和阿波罗：*Eumenides* 778-792。宙斯：*Ag.* 160-183。复仇女神：*Eum.* 490-516。

[4] 责任：Homer, *Il.* xix. 86-89; Aeschylus, *Ag.* 1468-1480, 1485-1488, 1497-1508; Dodds [1951], ch. 1。

[5] 梭伦相信无辜的子孙因他们的祖先犯下的罪行而受苦，参见 13. 31-32 (West [1980])。对照 Aeschylus, *Seven against Thebes* 653-719, 750-762。对比

Herodotus iii. 42（参见本书第三章第十一节）。神的正义的结果：Aesch. *Persians* 800-831; Sophocles, *Trachiniae* 1276-1278; Aesch. *Ag.* 180-183; *Cho.* 935-941, 1065-1076。

[6] 奥瑞斯忒斯：*Ag.* 1633-1635, *Cho.* 973, 1044-1047, *Eum.* 585-613。

[7] 难以置信的论证：*Eum.* 566-741, 778-792, 794-807, 824-836, 848-869, 881-915。共同的善：895-915。

[8] 赫拉克利特论法律与正义：本书第三章第十节。

[9] 隐匿的秩序：DK 22 B 54。5 世纪中期的留基波和德谟克利特都对原子论的形成做出了贡献，但他们的贡献并不容易区分，我为了方便只提及德谟克利特。参见 Kirk [1983], 403-406。

[10] 冲突的现象：Annas [1986], chs. 3-4。等价性：Sextus, *P* i. 10, 202。对比 Theophrastus, *De Sensu* 69-70。

[11] 赫拉克利特的解决方案：Sextus, *P* ii. 63。赫拉克利特实际上可能无意违反不矛盾律，但他的许多继任者认为他违反了它。惯例与实在：Sextus, *AM* vii. 135, 138。

[12] 原子与复合体：Ar. *Met.* I042b9-i5; Theophrastus, *De Sensu* 63。

[13] 阿那克萨戈拉：Sextus, *AM* vii. 140。参见 Guthrie [1962], ii. 459; Barnes [1979], ii. 68-74。原子与感觉：Theophrastus, *De Sensu* 65-67。
德谟克利特的原子论显然类似于由 17 世纪科学和哲学所发展出来的物质"微粒"概念，后者部分地受到希腊原子论的影响。参见 Sambursky [i960], ch. 5; Barnes [1979], ii. 40-42。

[14] 留基波：DK 67 B 2。必然性：Plato, *Laws* 889b-c（参见本书第三章第八节、第八章第七节）。爱笑的哲学家德谟克利特：Lucian, *Vitarum Auctio* 13。又见 DK 68 A 21; Cicero, *De Oratore* ii. 255; Horace, *Epistles* ii. 1. 194; Guthrie [1962], ii. 387 n.。

[15] 决定论与唯物主义，参见本书第七章第九节、第八章第六节、第九章第五节。

[16] 社会的发展：Aeschylus, *Prometheus Bound* 442-506; Diodorus Siculus, i. 8. 1-3, 9. 参见本书第八章第九节。Guthrie [1957], chs. 2-4。

[17] 修昔底德的第一位英译者、哲学家霍布斯说，修昔底德比他读过的所有其他作家都更令他愉悦（"sed mihi prae reliquis Thucydides placuit"）：Hobbes [1839], i. p. lxxviii。修昔底德导论：Brunt [1963]; De Ste Croix [1972], 5-34. 修昔底德与德谟克利特：Hussey [1985]。

[18] 人性与修昔底德的历史：Thuc. iii. 82. 2, i. 22. 4。修昔底德表达了自己的观点：（i）在叙述过程中不经常发表评论，以及（ii）在其总体观点［因为其

与（i）的一致性］可以合理归因于他的演讲子集中（与那些明确代表他不接受的观点的演讲相反）。修昔底德表达自己的观点是通过（i）其叙述过程中不频繁的评论，和（ii）一系列其一般观点［因为与（i）一致］能合理地归之于他的发言（与那些显然代表他不接受的观点的发言形成对比）。

[19] 关于稀缺性，参见 Hume, *Inquiry into Morals* iii. 183。自由和对他人的统治：Thuc. i. 141. 1; Herodotus i. 210; Polybius v. 106。霍布斯论权力：*Leviathan*, ch. 11。又见 chs. 13-14。

[20] 社会契约：Plato, *Rep.* 358e-359a（对比 Ar. *Politics* 1280a35-b11；本书第八章第九节；Guthrie [1962], iii, ch. 5）。同等的强制：Thuc. v. 89。

[21] 权力与恐惧：Thuc. i. 23. 6, i. 88。

[22] 革命、战争和人性：Thuc. iii. 82. 1-2, 84. 2。

[23] 安全：Thuc. i. 76. 2, v. 89, vi. 83. 2-4。斯巴达人：ii. 8. 4, iii. 57. 4, 68. 1, v. 104, 105. 4。

[24] 伯里克利和修昔底德：i. 140. 1, ii. 60. 1, ii. 63. 2-3, 65. 9。雅典民主制：ii. 65, iv. 27-28, v. 16. 1, vi. 24. 3。这些关于民主制的观点部分地解释了修昔底德对人民领袖克莱昂的强烈敌意。（克莱昂也可能导致修昔底德在其军事行动失败后被流放，参见 iv. 106. 3-4。）

[25] 密提林：Thuc. iii. 36. 3。霍布斯：Hobbes [1975], 13。参见 "*Is democratia ostendit mihi quam sit inepta et quantum coetu plus sapit unus homo*"（"他向我展示了民主制是多么愚蠢，而一个人比一群乌合之众聪明得多"），Hobbes [1839], p. lxxviii。

[26] 正义之为愚蠢：Thuc. iii. 83. 1; Plato, *Rep.* 348c, 400e。

[27] 正义的受益者：Plato, *Rep.* 343c, 367c; *Gorg.* 483b-484b（参见本书第四章第十五节）。

[28] 法律：Aeschylus, *Eumenides* 885-891; Plato, *Protagoras* 337c-d; Antiphon, DK 87 B 44A, p. 349; Xenophon, *Memorabilia* i. 2. 39-46。

[29] 感官与心灵：DK 68 B 125; Sextus, *AM* vii. 137。怀疑主义者（*skeptikos*）与中止判断：Sextus, *Pi.* 8-10。参见本书第八章第三节。亚里士多德：*Met.* I009b11-12。怀疑论：Annas [1986]; Williams in Finley [1981], ch. 9。主要来源是塞克斯都·恩披里柯。

[30] 普罗泰戈拉与德谟克利特：DK 68 B 156。尺度：Plato, *Theaetetus* 152a。相对性：*Theaetetus* 152d。（诉诸相对的属性——对于鱼是健康的，对于人是不健康的，等等——来支持相对主义以反对客观主义，这包含了一种混淆，但这种混淆可能出现在普罗泰戈拉那里。）关于普罗泰戈拉，参见 Guthrie [1962], iii. 181-192。主要来源是 Plato's *Theaetetus*。参见 McDow-

ell [1973]; Levett [1990]。

[31] 对死者的处理：Herodotus iii. 38。

[32] 多样性：Sextus, *P* i. 148-63; Ar. *EN* 1094b14-16, 1134b18-27。怀疑主义者的态度：Sextus, *P* i. 17。

[33] 普罗泰戈拉：Plato, *Theaetetus* 167c, 172b; *Protagoras* 325c-326e。

[34] *Oligoi* = 少数；因此 oligarchy = 少数人的统治，特别是少数富人的统治。民主制与寡头制：Ar. *Politics* iv. 4。

[35] 雅典民主制：Jones [1957], chs. 3, 5。希腊民主制的毁灭：De Ste Croix [1981], 300-326。雅典的罗马人：Ferguson [1911], 455。阿尔西比德：Thuc. vi. 89. 6。

[36] 在公民大会上发表演讲：Aeschines, *in Timarchum* 23; Demosthenes 18. 170; [Xenophon], *Constitution of Athens* 1. 6（"老寡头"，参见 Moore [1983]）。高尔吉亚：Plato, *Gorg.* 452c-453a; Diodorus Siculus xii. 53（为 Jebb [1893], i. p. cxxv 所引用）。

修辞术的正式研究始于公元前 5 世纪 60 年代暴君倒台后的西西里岛（Cicero, *Brutus* 46）。伯里克利被认为是第一个"将书面发言带到法庭上的人——其前辈都是即兴演讲的"（*Souda* s. v. Pericles; Jebb [1893], i. p. cxxviii 有引用），而广受欢迎的领导人克莱恩应该已经开始使用夸张的语调和手势技巧（Ar. *Constitution of Athens* 28. 3）。修昔底德报道的辩论（尽管这些演讲可能是历史学家自己的创作）表明了雅典人精于此道。对比 Thuc. i. 86, iv. 84. 2 论斯巴达人。三十僭主（参见本书第四章第十五节）使得"教授演说术"成为非法：Xenophon, *Memorabilia* i. 2. 31。

[37] 希腊词 *sophistês*（与 *sophos* / 智慧的同源）仅意指"专家"，不一定带有任何不利的暗示。参见 Guthrie [1962], iii, ch. 3。智者的教学：Plato, *Hippias Major* 285c-d; *Protagoras* 347a。普通教育（*paideia*）：*Apology* 24d-25a; *Protagoras* 318d-319a, 324d-326e; *Meno* 91a, 92e。对智者的态度：*Protagoras* 314e-315a; *Meno* 91b-92c。智者与修辞术家的对比：*Gorg.* 465b-c。民主程度较低的城邦对智者的教育主张持怀疑态度：*Hippias Major* 284b, 285d-e。

关于智者的证据被收集在 DK 中，英译本见 Sprague [1972] 和 Woodruff [1995]。柏拉图的对话也是一大来源。简短概述：Dodds [1973], ch. 6。

[38] 安提丰：Thuc. viii. 68. 1。安提丰的智者身份有争议（参见 DK 87 A 2）。参见 Morrison in Sprague [1972]。安德荣：Plato, *Gorg.* 487c; Craterus 342 F5 (in Jacoby [1923], iii.b); Rhodes [1982], 19 n.。

[39] 卡密德斯和克里提阿斯：Plato, *Charmides* 153c, 154b; Lysias xii. 53; Xenophon, *Hellenica* ii. 3. 2, *Memorabilia* i. 2. 12, ii. 49; Rhodes [1982], 429f。克里提阿斯的戏剧《西绪弗斯》（有时被归于欧里庇得斯；DK 88 B 25）：

Sextus, *AM* ix. 54. 卡瑞丰：Plato, *Apology* 21a, *Charmides* 153b。

[40] 捍卫民主制：Thuc. vi. 38. 5-39. 2。捍卫习俗道德：Anonymus Iamblichi = DK 89 § 6。对法律和民主制的攻击：Xenophon, *Memorabilia* i. 2. 45; Plato, *Gorg*.483c-d, 484a。

[41] 不义的危险：Anonymus Iamblichi § 7（参见注 [40]）。

第五章　苏格拉底

[1] 参见 *Laches* 187e-188a; *Gorg.* 481c。历史上的苏格拉底：Lacey in Vlastos [1971a]; Vlastos [1991], chs. 2-3。

关于苏格拉底（他本人没有写过任何哲学著作），有四个主要证据来源：（1）阿里斯托芬，在《云》中，旨在调侃（并不完全成功）；他没有试图做到准确，而是流露出恶意和误解。（2）色诺芬是一名政治上保守的军人，有思想兴趣和有限的哲学敏锐度。他的"苏格拉底"给出了尊重习俗的道德和政治建议。（3）人们普遍认为，最早的一组柏拉图对话（*Apology, Crito, Euthyphro, Laches, Charmides, Ion, Hippias Minor, Lysis, Euthydemus*；在某种程度上还有 *Protagoras* 和 *Gorgias*）代表历史上的苏格拉底，而"中期"（*Meno, Hippias Major, Cratylus, Phaedo, Symposium, Republic*）和"晚期"（*Parmenides, Phaedrus, Theaetetus, Sophist, Statesman, Timaues, Philebus, Laws*）对话中的"苏格拉底"旨在呈现柏拉图自己的观点，与历史上的苏格拉底无关。早期的对话通常很短，对话性强，往往很幽默，并且主要关注伦理。中晚期对话较长，主题更丰富，认识论和形而上学更多，独白更多（在不是以"苏格拉底"为主角的对话之一《法律篇》中尤其如此）。（4）亚里士多德支持这种划分，因为他以柏拉图的"早期"对话而不是其他对话来描述苏格拉底的观点，参见本书第六章第五节。这些早期的对话可能是苏格拉底观点的可靠指南。柏拉图对话的年代，参见 *OCD* s. v. Plato; Vlastos [1991], 46。

[2] 智者：本书第四章第十四节；*Meno* 91b-92e。

[3] 青年：*Charmides* 155d-e。克里提阿斯：Aeschines, *in Timarchum* 174。演讲发表于公元前 345 年。除非这个故事得到广泛相信和熟悉，否则这种言论对他的案子毫无帮助。关于三十僭主，参见本书第四章第十五节。阿尔西比亚德论民主制，参见本书第四章第十三节。

[4] 起诉：*Apology* 19b, 23d, 24d。对苏格拉底的审判：Finley [1968], ch. 5。

[5] 某些雅典公众欣然接受了阿里斯托芬的指控（*Clouds* 365-411, 614-628），即自然主义者的思辨拒绝宙斯，而支持一些关于机械力控制世界的胡说八道。一个冒犯了城邦诸神的雅典人可能会激起神对整个城邦的愤怒（参见

荷马《伊利亚特》和埃斯库罗斯《阿伽门农》的开篇）。许多雅典人可能会相信以此来解释他们在伯罗奔尼撒战争中的失败。

[6] 宇宙论：*Apology* 19d。宗教：26d。败坏：29d-30b。
[7] 面对死亡：*Apology* 28b-29a。三十僭主：32c-d。神的命令：28d-29a。不服从的威胁：29c-30c。服从：*Crito* 50c-51c; Kraut [1984]。论证：*Crito* 46b。
[8] 拉凯斯：*Laches* 190b-c。游叙弗伦：*Euthyphro* 4b-e, 5c-d。苏格拉底的论证：Robinson in Vlastos [1971a], ch. 4; Vlastos [1994], ch. 1。
[9] 单一的论述（Single account）：*Laches* 191c-192b; *Euthyphro* 6d-e。模式、形式：*Euthyphro* 5d-e, 6e; *Meno* 72a-e。特征（理念）：本书第三章第六节。
[10] 模仿：*Meno* 92c。
[11] 争论：Thuc. iii. 82. 4。
[12] 苏格拉底不承认有知识：*Charmides* 165b-c; *Euthyphro* 5c; *Lysis* 223b; *Gorg.* 509a。
[13] 拉凯斯：*Laches* 191a-c,193d。
[14] 水母：*Meno* 80a。代达罗斯：*Euthyphro* 11b-d。寻求真理：*Charmides* 166d; *Gorg.* 486d-e。
[15] 虔敬与诸神：*Euthyphro* 10a-11b。
[16] 先知：Isaiah 1:11-17; Micah 6:6-8; Psalm 50。献祭：Plato, *Rep.* 365d-366a。
[17] 关于柏拉图对这一主题的发展可能受到苏格拉底的启发，参见本书第六章第十八节。
[18] Kant, *Foundations*, Ak. p. 408. 关于基督教伦理学，参见本书第十一章第三节。
[19] 虔敬：*Euthyphro* 11e-15e。勇敢：*Laches* 194C-197e。
[20] 美德的统一性：*Laches* 198a-199e。对勇敢的训练：190c-d。困惑：199e-200c。但可对比 *Protagoras* 360d。反应：Isocrates, *Helen* 1。
[21] 自利与幸福：*Euthydemus* 278c, 280b。关于 *eudaimonia*（幸福），参见本书第七章第十节。自利与正义：*Crito* 48b。参见 *Apology* 28b-d, 41c-d; *Gorg.* 470c, 504e-505b, 507c；本书第六章第十二至十四节。
[22] 苏格拉底论不朽，参见本书第六章第十节。
[23] 苏格拉底式的技巧：*Rep.* 539b-c。
[24] 事实上，阿里斯托芬极不可能想要用《云》去捍卫他以嘲弄和讽刺的语词所描绘的传统道德。
[25] 亚里士多德：*Parts of Animals* 642a30；本书第七章第二至三节。西塞罗：*Tusculan Disputations* v. 10。弥尔顿：*Paradise Regained* iv. 272-280。参见 Guthrie [1962], iii. 417-425。

第六章 柏拉图

[1] 柏拉图的生平与政治观点：*Epistles* vii. 324d, 325c-326a。被归于柏拉图的第七封信是他传记的主要材料来源（尤其是西西里之旅，其政治意义尚不明确且具有争议）；这封信可能是伪造的，但在文本中提到的几点上可能是正确的。关于柏拉图的专著：Kraut [1992], esp. ch. 1; Crombie [1964]; Gosling [1973]; Irwin [1995]。关于苏格拉底与柏拉图，参见本书第五章第一节。

[2] 柏拉图对苏格拉底的曲解的简短陈述，参见 Robinson [1969], 85 f.。更完整的陈述，参见 Popper [1966], i. 194-197, 305-313。

[3] 自我审查与诘问：*Apology* 38a; *Crito* 46b-c; *Gorg.* 480d-e, 508e-509a。

[4] 定义的优先性：*Meno* 71a-c。美诺的问题：79e-80e。

[5] 奴隶的进步：*Meno* 82b-d; 82e, 84a-b（确信）；83a-e（困惑）；84d-85b（成功）。真诚：83d。

[6] 真信念：85c。

[7] 先前的知识：85d-86a。关于回忆，参见 Vlastos [1995], vol. 2, ch. 11; Fine in Kraut [1992], ch. 6。

[8] 知识与信念：85c, 98a（参见 *Euthyphro* 11c-d）。苏格拉底：*Gorg.* 454c-e, 465a。参见 Annas [1981], ch. 8; Cross [1964], ch. 8。

[9] 怀疑论，参见本书第四章第十节。

[10] 定义、形式与标准：*Meno* 71b, 72c; *Euthyphro* 6d, 6e。事物的正确命名将反映它们所分有的实在属性（*Cratylus* 387d）。

[11] 理型的实在性：*Phd.* 65d, *Cratylus* 439c。对立面：*Phd.* 74a-c; *Hippias Major* 293a-b。稳定性：*Phd.* 78c-d, *Rep.* 485b。分离：*Symposium* 211b。亚里士多德：*Met.* 987a32-b10, 1078b9-1079a4, 1086a32-b11。理型论：Cherniss in Vlastos [1971b], i, ch. 2; Vlastos [1973], chs. 2-3; Annas [1981], ch. 9。

[12] "既是 F 又是非 F"：*Laches* 192c; *Charmides* 161a; *Rep.* 331c-332a。

[13] 赫拉克利特：本书第三章第九节论感觉、第六节论流变。感觉：*Rep.* 523a-525a, 479a-c。流变：*Phd.* 78d-e。共在与流变更合理地适用于行为或对象的（例如）属性或类型而非个别事物；柏拉图的意思可能是，明亮的颜色使一些东西美、使另一些东西丑，而非主张每一个个别的有明亮颜色的东西既是美的又是丑的。

[14] 独立存在或许捕捉到亚里士多德用"分离"所意指的东西，但柏拉图几乎不用这个术语，也不清楚他是否在这个意义上用它来表示理型与感性事物之间的关系（参见 Fine [1993], ch. 3）。

[15] 自我谓述的明显证据：*Phd.* 74e-75a; *Protagoras* 330c-d; *Symposium* 211a-b。

亚里士多德，参见本书第七章第四节。柏拉图的《巴门尼德篇》提出了关于理型与自我谓述的某些困难。参见 128e-135a, and esp. 132a-b（"第三人"论证，参见 Vlastos [1973], eh. 4）。

[16] 参见本书第三章第四节（赫拉克利特）、第四章第十二节（怀疑论与约定论）。

[17] 日喻、线喻和洞喻：*Rep.* 507a-521c, 531c-534e; Annas [1981], ch.10; Fine in Everson [1990], ch. 5。

[18] 囚徒：515c-e。灵魂转向：518d。

[19] 假设：*Phd.* 100a, 101d; *Rep.* 510b-511a; *Meno* 86c。其使用尤其属于数学家的特点：*Rep.* 510b-e, 533b-c。

[20] 辩证法：511b-d, 533a-b, 534b-d。普罗提诺论线喻：本书第十章第六节。

[21] 冲突的现象：本书第四章第四、十、十二节。

[22] 循环：参见本书第九章第二节。

[23] 苏格拉底：*Apology* 29d-30b; *Crito* 47e-48a。不朽：*Apology* 40c-41c; *Crito* 54b-c。[*Alc*]. 129a-130e（可能不是柏拉图写的）朝二元论方向发展苏格拉底的观点。

[24] 二元论：*Phd.* 64c, 79a-81b。关于《斐多篇》：Gallop [1975], Bostock [1986]。

[25] 回忆：*Phd.* 72e-76e。死亡：64c-68b。美德：68c-69d。

[26] 苏格拉底的灵魂：*Phd.* 115c-e。感觉：65a-66a, 66b-d。

[27] 感官欲望：*Phd.* 66a, 94b-e。正如柏拉图在《斐多篇》中所设想的，灵魂并不包括所有那些我们称之为"精神的"或"意识的"的状态。非理性的欲望和感觉印象是有意识的和精神性的，但柏拉图将它们归于身体而非灵魂。

[28] 柏拉图似乎看到了一些对他在《斐多篇》中所持观点的反对意见，参见 *Rep.* iv. 608d-612a, *Phaedrus* 245c-246d。但他并未放弃他的二元论。

[29] 不义的好处：*Rep.* 343c, 360e-361d。对正义的追问：367c。苏格拉底：本书第五章第七节。特拉绪马库斯：本书第四章第十一节。

[30] 对特拉绪马库斯的答复以对最好城邦的描述开始，而之所以最好，是因为它旨在确保其中每个群体和整体的福利（420b-421c）。城邦的美德是实现这些目标的状态；个体灵魂中的对应状态，即实现对整个灵魂及其部分来说的善，将是灵魂的美德。

[31] 欲望的冲突：*Rep.* 439b。同样的论证支持柏拉图对第三部分的信念，即"情感"或"激情"部分，与愤怒以及荣誉和羞耻感有关（439e-441c）。

[32] 感觉：*Rep.* 602c-603a。理性部分：442c, 588b-c。

[33] 美德：*Rep.* 442b-d。正义：433c-d, 442e-443b, 444e-445b。

[34] 正义的类型：Sachs in Vlastos [1971b] ii, ch. 2; Vlastos [1973], ch. 5; Irwin

[1995], ch. 15。
- [35] 日常的正义：*Rep.* 442e-443a。真正利益：本书第七章第十二节。
- [36] 对理型的爱：*Symposium* 210a-212a; *Phaedrus* 249d-256e。爱的非人格对象：*Symposium* 209a-e。同一个术语 kalon 同时对应于"令人钦佩的"（如应用于行为和人）和"美丽的"。柏拉图式的爱：Vlastos [1973], ch. 1。
- [37] 爱理型：*Rep.* 490b。传播：*Symposium* 208a-c, 211e-212a。即使不朽可供作为纯粹理智的我们所用，但不为我们作为在肉体生命中拥有的欲望、记忆等的复合体所得。如果这就是《会饮篇》的意思，那么它不必与《斐多篇》中的不朽学说相冲突。
- [38] 统治：*Rep.* 500d, 519c, 520e-521a, Kraut [1973]; Kraut [1992], ch. 10。
- [39] 苏格拉底的政治观点：*Crito* 52d-53a; *Protagoras* 319b-d; *Gorg.* 517b-519a。哲学家–统治者：*Rep.* 473d-e（参照 *Protagoras* 357d-e; *Meno* 99e-100a）。
- [40] 阶层斗争：*Rep.* 422e-423a, 586a-b。民主制：*Gorg.* 517b-519d, 521d-522a; *Rep.* 557e-558c, 488a-490a, 493a-d。修辞术：*Gorg.* 464b-465c。
- [41] 哲学家的知识：*Rep.* 519b-521b。教育：416d-417b, 462-465。挑选：415a-c。妇女：451b-457b, 540b。理想城邦：Annas [1981], ch. 7; Vlastos [1995], vol. 2, ch. 10。
- [42] 下层阶级：463a-b, 590c-591a。
- [43] "自由的"论证得到 Williams（[1972], 20-26）清晰的阐述和批评。另见本书第四章第十四节论普罗泰戈拉。
- [44] 修辞术的衰落：Tacitus, *Dialogues* 37-41。
- [45] 目的论：*Phd.* 96d-99c; *Rep.* 508d-509b, 517b-c。行为与目的：*Phd.* 98c-d, 99a-b。参见本书第四章第五节、第七章第七节。
- [46] 匠神：*Timaeus* 27e-30b, 48c（参见 *Cratylus* 390b-c; *Rep.*596b）。有目的的秩序：*Laws* 889a-890a。心灵作为原因：891c-899d。
- [47] 神的完美性：*Timaeus* 29e。荷马的诸神：*Rep.* 377b-392a。漫游因：*Timaeus* 48a-b。
- [48] 怀疑论的学园：Long [1974], 88-90; Sedley in Barnes [1980], 10-12。教条主义的柏拉图主义：Dillon [1977], ch. 1。
- [49] 数学：*Rep.* 522e-525e。界限：510c-511d。柏拉图的使用：Vlastos [1975], ch. 3。
- [50] Bentham [1839], 135.

第七章　亚里士多德

- [1] 苏格拉底：*Met.* 987a29-b7; *Parts of Animals* 642a30。自然：*Parts of Animals*

i. 5。不错的亚里士多德导论：Ackrill [1981]; Barnes [1982]。对这种思想的几个方面的较长篇幅的讨论：Lear[1988]; Irwin [1988]。

[2] 《蒂迈欧篇》与生物学：本书第六章第十八节。

[3] 亚里士多德思想的发展：Ross and Owen in Barnes [1975], i, chs. 1-2。

[4] 经验：*Generation and Corruption* 316a5-10; *Prior Analytics* i. 30。柏拉图：*Phd.* 99d-e。

[5] 探究（*Historia*）：*Parts of Animals* 646a8-12；本书第三章第七节。

[6] 亚里士多德和他的学派还编制了德尔斐和奥林匹亚竞赛获胜者名单，以修正更可靠的年表，参见 Barnes [1984], 2387。关于佚失的政制，参见 Barnes, 2453-2458 中的残篇。

[7] 希罗多德：*History of Animals* 523a16-29; *Generation of Animals* 756b6。自然的运动：*De Caelo* i. 2, iv. 1, Sambursky [1960], ch. 4, Dijksterhuis [1961], 24-32。蜜蜂：*Generation of Animals* 760b28-33。亚里士多德的某些"观察"，例如 *Parva Naturalia* 459b28-460a33，惊人地不准确。

[8] 共同信念：*Topics* 104a3-15。辩证法：*Topics* i. 2。方法：*EN* 1145b2-7。第一原理：*Topics* 101a36-b4。

[9] 变化：*Physics* 189b39-190a21, 190a31-b17。*Physics* i-ii: Charlton [1970]。

[10] 这里的希腊词是 *anthrôpos*（拉丁语 *homo*）= man = human being（人）。另一个希腊词 *anêr*（拉丁语 *vir*）= man = adult male（成年男人）。用 human being 翻译第二实体术语 *anthrôpos* 会在亚里士多德术语的语法特征上误导我们。

[11] 第一实体：*Categories* 2a11-14, 4a10-13。第二实体：2b29-3a6。非实体：*Categories* 4。参见 Ackrill [1963]。关于亚里士多德的实体概念，参见 Witt [1989]。

[12] 分离与自我谓述：本书第六章第七节。第三人：*Met.* 1038b35-1039a3。对比 *Topics* 178b36-179a10。加倍：*Met.* 990a34-b8。

[13] 质料 = *hulê*，字面意思"木头"；参见 *Physics* 191a7-12; Plato, *Philebus* 54b-c。

[14] 青铜与雕像：*Physics* 245b9-12; *Met.* 1033a16-23。

[15] 关于赫拉克利特，参见本书第三章第四节。亚里士多德对河流的答复，参见 *Generation and Corruption* 321b16-32；本书第八章第六节。

[16] 阿那克萨戈拉：DK B 17。质料作为实体：*Physics* 193a9-12, 17-21。

[17] 原因：*Physics* 194b16-195a3, Ackrill [1981], ch. 4。希腊词 *aition*［因此"原因学的"（aetiological）］对应"原因"（cause）和"解释"（explanation）两者。我将根据语境适当地同时使用这两个术语。"目的"（End）或"目

标"(goal)等于希腊语 *telos*，拉丁语 *finis*，因此标签"目的因"或"目的论解释"适合这类因果关系。并非所有四因都总是恰当的。（普遍的）三角形有一个形式因，陈述其定义，但没有动力因（既然它不生成），也没有目的因（既然它并不促进任何目的或目标）。

[18] 形式作为本质：*Physics* 193a30-b21。目的因：*Physics* 198b32-199a8。柏拉图：本书第六章第十八节；Sorabji [1980], chs. 9-11。

[19] 他根本不相信自然物种是生成的；它们一直存在。*Generation of Animals* 73b632-732a2。

[20] 柏拉图论定义：本书第六章第五节。

[21] 德谟克利特：*De Anima* 406b17-22, 24-25。关于《斐多篇》98d-99b，参见本书第六章第十八节。与柏拉图的深层吻合：*De Anima* 407b27-408a28, *Phd.* 85e-95a。

[22] 灵魂作为形式：*De Anima* 412a3-28, 412b10-413a3, 403a24-b7。组分：*Met.* 1041b11-33。参见本书第九章第三节。统一性：*De Anima* 412b6-8。有时是有形式的事物，有时是形式本身，被说成是实体。死尸：412b20-22。对比 *Parts of Animals* 640b30-641a5。参见 Ackrill [1981], ch. 5; Irwin in Everson [1991], ch. 4。

[23] 亚里士多德本人论证理智的非物质特征，参见 *De Anima* iii. 4。

[24] 构成性的和消除性的原子论：本书第四章第五节。

[25] 人的责任：本书第四章第八节、第九章第五节。

[26] 自爱：*EN* 1168b15-19。参见本书第五章第八节、第六章第十二节。

[27] 关于 *eudaimonia* 和 happiness（幸福）的关系，参见 Ackrill in Rorty [1980], ch. 2; Kraut [1979]。

[28] 增加：*EN* 1097b16-20。美德：1095b31-1096a2（对比 1153b19-21）。对比 *Rep.* 361b-d。苏格拉底：本书第五章第七节。快乐：1174a1-4。

[29] 功能：*EN* 1097b22-1098a20。参见 Nagel in Rorty [1980], ch 1。

[30] 中庸（The mean）：*EN* 1106a14-b28。亚里士多德并没暗示我们只该有适度的情感或食欲；在适当的场合，有美德的人应该极端高兴或极端愤怒。

[31] 勇敢：*EN* 1115b7-24。节制：1119a11-20。智慧：1140a25-28。

[32] 自足性：*EN* 1097b7-11。

[33] 友谊：*EN* 1156b7-12。

[34] 柏拉图的城邦：*Politics* 1261a15-b15, 1263a40-b14。

[35] 城邦：*Politics* 1280b29-1281a4。

[36] 体力劳动：*Politics* 1328b34-1329a2, 1329a24-26。奴隶制：1254b16-1255a3。妇女：1260a9-24。

[37] 沉思：*EN* x. 6-8; Plato, *Rep.* 520c。诸神：1177b26-1178a8。不受伤害：1177a20-b1, 1178a23-b7。人性：178b5-7。沉思不是全部快乐的主张是极有争议的，参见 Hardie [1980], ch. 16; Kraut [1989]。
[38] 自足性：*EN* 1097b14-15。
[39] Yeats, 'Among School Children'，参见：Yeats[1950]。关于柏拉图主义者阿提库斯对亚里士多德的批判，参见 Dillon [1977], 248-250。
[40] 继承者：本书第十章第一节。
[41] Hume, *Inquiry concerning Human Understanding* i, p. 7.
[42] Ptolemy, *Almagest* i. 7; Cohen [1958], 125; Lloyd [1973], 116.

第八章 伊壁鸠鲁主义

[1] 希腊化时期哲学通论：Sedley in Barnes [1980], ch. 1; Long [1974]; Annas [1993]（关于伦理学）。Long [1987] 是卓越的，它包含了本章和下一章引用的许多文本，其评注是解决这些问题的可靠指南。一个很好的短篇文本合集：Inwood [1988]。
[2] 在阿富汗发现了一处刻着德尔斐箴言"认识自己"（参见 Plato, *Charmides* 164c-165b）的碑刻。参见 Walbank [1981], 61, Austin [1981], 314f。
[3] 参见《使徒行传》(Acts of Apostles) 14: 11; Jones [1940], 285-290。后来用"异教徒"(pagan；拉丁语 *pagus*，village）称呼非基督徒，以此表示城邦和国家之间的这种划分。
[4] 七十士译本：Barrett [1956], 208-216; *ODCC* s. v. Aristeas。
[5] Polybius ix. 28-29; Walbank [1981], 91f.
[6] Polybius xviii. 14. 6-7. 政治生活：Jones [1964]。
[7] 亚历山大里亚与雅典：Lloyd [1973], chs. 1-2。教育：Jones [1940], 220-224。
[8] Horace, *Epistles* ii. 1. 156-157（指涉文学）。
[9] 凯法洛斯：Plato, *Rep.* 330d-e。安全：Diogenes Laertius x. 141。名声：对比 Plato, *Symposium* 208c-d。竞争：Lucretius ii. 39-54, iii. 1053-1075。对死亡的深层恐惧：iii. 1053-1056, 1068。
[10] 研究自然的目的：Lucretius ii. 58-60 Diogenes Laertius x. 143。关于 *phusiologia*（自然研究），参见本书第三章第一节。
[11] 怀疑论：本书第四章第十二节、第六章第九节、第九章第二节。
[12] 标准：Sextus, *P* ii. 14-16; ii. 18-20。最极端的怀疑主义者是追随皮浪的皮浪主义者。学园怀疑主义者采取了一条较为温和的路线，参见本书第六章第十九节、第十章第一节；Annas [1986]。我们关于希腊化时期怀疑主义的证据主要来自塞克斯都·恩披里柯后来的汇编（参见 Annas [1994]）。关

于怀疑主义学派和斯多亚学派，参见 Striker, Annas, and Barnes in Everson [1990]。

[13] 安宁：Sextus, *P* i. 12, 25-29。伊壁鸠鲁：Diogenes Laertius x. 146。
[14] 感觉：Diogenes Laertius x. 146-147; Sextus, *AM* viii. 9; Diogenes Laertius x. 52。笛卡尔：*Meditation* i。
[15] 伊壁鸠鲁论冲突的现象：Taylor in Barnes [1980], ch. 5。梦幻等等：Plato, *Theaetetus* 158b-e。
[16] Lucretius, ii. 112-141, 308-332, 826-833。
[17] 经验的等价性：Diogenes Laertius x. 87, 91, 94。
[18] 感觉：本书第三章第八节，第七章第二、三、十五节。
[19] 灵魂：Lucretius iii. 417-829。
[20] 复合体：Diogenes Laertius x. 69; Lucretius i. 670-671。参见本书第三章第四节、第七章第五节。
[21] 诸神：Plato, *Laws* 899d-900b。设计：Cicero, *De Natura Deorum* i. 43; Lucretius v. 195-234, 1161-1240。
[22] 对诸神的感知：Sextus, AM ix. 43-46; Lucretius v. 1169-1182。诸神的位置：Lucretius v. 146-155, 75-78; Cicero, *De Divinatione* ii. 40。
[23] 神的幸福：Diogenes Laertius x. 123; Lucretius iii. 1827; Homer, *Od.* 6. 42-46; Ar. *EN* 1178b8-23。柏拉图：本书第六章第十八节。
[24] 决定论：参见本书第三章第九节。
[25] Aristotle：*EN* 1111a22-24。命运：Diogenes Laertius x. 134。
[26] Aristotle：*EN* 1110a14-18, 1113b3-21。
[27] 偏斜：Lucretius ii. 251-293; Furley [1967]; Long [1987], 106-112。
[28] 参见：本书第九章第五节。
[29] 快乐：Diogenes Laertius x. 126; Cicero, *De Finibus* i. 30; Ar. *EN* 1172b9-25。
[30] 感官的快乐：Diogenes Laertius x. 142；本书第六章第十四节（卡里克勒斯）。
[31] 美德：Diogenes Laertius x. 132, 148。
[32] 正义：Diogenes Laertius x. 141, 150-151；本书第四章第七节、第六章第十二节。社会的进化：Lucretius v. 958-961, 988-1027。参见本书第四章第六节、第七章十三节。
[33] 参见本书第七章第十节。
[34] 死亡：Diogenes Laertius x. 124（对比 125-126）; Lucretius iii. 830-868。参见 Nagel [1979], ch. 1。
[35] 美德：Cicero, *De Finibus* ii. 69-71。

[36] 某些伊壁鸠鲁主义者试图回应关于友谊的反对意见，声称除了任何进一步的工具性好处外，有智慧的人还会从朋友的陪伴中找到快乐（Cicero, *De Finibus* i. 65-70）。但是很难看出，根据纯粹的伊壁鸠鲁主义，这样的快乐如何能被证明为正当。

[37] 关于伊壁鸠鲁主义者的政治活动，参见本书第九章第十节。

第九章　斯多亚主义

[1] 斯多亚派对于亚里士多德有多大程度的认识存在争议，参见 Long [1974], 9f., Sedley in Barnes [1980], 5。关于斯多亚派的文本和卓越讨论，参见 Long [1987]。关于斯多亚派的不同领袖和斯多亚主义的发展，参见 Sandbach [1975], chs. 7-8。芝诺（Zeno, 公元前 344—前 262）、克灵缇斯（Cleanthes, 公元前 331—前 232）和克吕西普斯（Chrysippus, 约公元前 280—前 207）是斯多亚派的三位奠基者；尽管在他们的学术生涯中，斯多亚体系在大约一个世纪内有了长足的发展，但我并没有试图区分他们的个人贡献。

[2] 关于逻各斯的意义，参见本书第三章第十节论赫拉克利特（对斯多亚主义有巨大影响）。

[3] 参见 Plutarch, *De Communibus Notitiis* 1036b, *De Stoicorum Repugnantiis* 1059b, Diogenes Laertius iv. 62, Sextus, *AM* vii. 159。

[4] Sextus, *AM* vii. 151-152, 248-260, 401-411。（特别是第 257 页论一种强迫认可的现象。）

[5] 无穷后退：本书第八章第三节。关于循环论证的相关反驳：本书第六章第九节。

[6] 斯多亚主义中的系统：Diogenes Laertius vii. 40。更深入的讨论，参见 Annas in Barnes [1980], ch. 4。

[7] 形式与普纽玛（*pneuma*）：Diogenes Laertius vii. 134, 138-9; Plutarch, *De Stoicorum Repugnantiis* 1053f- 1054b; Sambursky [1960], ch. 6。

[8] 参见 Cicero, *Academica* i. 39。关于（1）和对它的回应，参见 Plato, *Sophist* 247d-249b。

[9] 然而，人们可能通过诉诸对怀疑论的答复（本章第二节）背后的系统性考虑，尝试进一步为（2）辩护。

[10] 字母与音节：Ar. *Met.* vii. 17。参见本书第七章第八节。

[11] 亚里士多德论形式：本书第七章第八节。

[12] 世界之为一个动物：Cicero, *De Natura Deorum* ii. 22。普纽玛（*Pneuma*）：Plutarch, *De Stoicorum Repugnantiis* 1053b, Diogenes Laertius vii. 148-149;

Virgil, *Aeneid* vi. 724-732。

[13] 克灵缇斯：Stobaeus, *Eclogae* i. 1. 12。斯多亚派的观点与赫拉克利特相近，参见本书第三章第十二节。和赫拉克利特一样，他们与传统的诸神观念相去甚远。但与他不同的是，斯多亚派更愿意强调他们对经过恰当设想的传统诸神的接受。

[14] 参见本书第八章第七节。休谟对话的结尾呼应了西塞罗《论神性》的结尾（或许具有讽刺意味）。参见 Kemp Smith [1935], 77f.。关于伊壁鸠鲁，参见 Hume, *Dialogues x* 和 *Inquiry concerning Human Understanding* xi。

[15] 参见 Plutarch, *De Communibus Notitiis* 1049f-1051b。

[16] 决定论：Sextus, *AM* ix. 200-3; Plutarch, *De Communibus Notitiis* 1056b-c; Alexander, *De Fato* 22（很好的讨论载于 Sharpies [1983]）。宙斯与命运：Epictetus, *Enchiridion* 53; Seneca, *Epistles* 107. 10。

[17] 懒人论证：Cicero, *De Fato* 28-30。认可：参见上述第二节；Cicero, *De Fato* 39-43; Alexander, *De Fato* 13。

[18] 赞扬与责备：Alexander, *De Fato* 35, 37。

[19] "享乐主义"（epicure）的古代对应者：Horace, *Epistles* i. 4. 15-16。

[20] 诉诸自然：本书第四章第十五节、第八章第九节。

[21] 理性的发展：Diogenes Laertius vii. 85-6, Cicero, *De Finibus* iii. 16-26。

[22] 幸福：本书第七章第十节。美德与幸福：Cicero, *Tusculan Disputations* v. 80-82; Diogenes Laertius vii. 127。苏格拉底：Cicero, *Paradoxa Stoicorum* 4。美德作为唯一的善：Cicero, *De Finibus* iii. 42-48。

[23] 这种反驳似乎针对犬儒派，苏格拉底的门徒［其中"疯掉的苏格拉底"第欧根尼（Diogenes, 约公元前 400 —约前 325）最为臭名昭著；Diogenes Laertius vi. 54］，他们将苏格拉底的美德与幸福的概念视为其逻辑结论。由于犬儒派接受苏格拉底关于好人不受伤害的说法，他们对美德之外的一切都完全漠不关心（参见本书第五章第七节）。斯多亚派的芝诺是犬儒派克拉特斯（Crates, 约公元前 365—前 285）的学生（Diogenes Laertius vi. 91, vii. 2），他受到了犬儒派伦理学的影响。

[24] 中性物：Diogenes Laertius vii. 102, 104; Sextus, *AM* xi. 59-64; Cicero, *De Finibus* iii. 50-58。

[25] 批评：Cicero, *De Finibus* iii. 41; iv. 40-48, 78。

[26] 在《论目的》(*De Finibus*, 即关于终极善的不同观点）中，西塞罗提出斯多亚主义论证来表明美德等同于幸福，除了美德之外的一切都与幸福无关。在《论义务》(*De Officiis*) 中，他对实践伦理进行了详细的解释（源自斯多亚派的帕纳提乌斯），表达了斯多亚派对可取的中性物的关注。

[27] 社会的基础: Cicero, *De Finibus* iii. 62-70; *De Officiis* i. 11-23; *De Legibus* i. 28-34; ii. 早期斯多亚派: Diogenes Laertius vii. 32-34, 188; Sextus, *P* iii. 200。晚期观点: Cicero, *De Officiis* i. 21-22, 114; ii. 73。

[28] 关于罗马的哲学与政治生活, 参见 Griffin in Barnes [1989], ch. 1。对撤离政治与战争的欲望和对私人生活的安宁与不受打扰状态的欲望, 至少与伊壁鸠鲁派的观点是一致的 (尽管显然不局限于伊壁鸠鲁主义者), 参见 Horace, *Epodes* 16, Virgil, *Eclogues* 1。贺拉斯的斯多亚主义情怀: *Odes* i. 23. 1-8; iii. 3. 1-8。关于维吉尔, 参见, 例如 *eneid* vi. 724-732 (关于本章第四节讨论的学说)。参见 Clarke [1956], ch. 6。

[29] 参见 Epictetus, *Discourses* iii. 24. 84-94; *Enchiridion* 7, 15。苏格拉底: *Discourses* iii. 23. 32, iv. 1. 159-169; *Enchiridion* 33. 12。

[30] 从皇帝和元老院 (正式地) 共同统治到形成完整君主制的过程一直持续到公元 1 世纪; 历史学家塔西佗在其《编年史》中对此进行了描述并表示遗憾。在皇帝和元老院之间的这场冲突中, 一些斯多亚主义者以反对皇帝而出名。在奥古斯都统治时期, 斯多亚主义受到了官方的欢迎和鼓励。但在他的继任者尤其是尼禄 (Nero, 54—68) 和多米提安 (Domitian, 81—96) 的统治下, 斯多亚派经常被合理地怀疑为反对帝国政策; 参见 Brunt [1975]。著名的斯多亚主义者塞涅卡 (Seneca, 约公元前 4—公元 65) 是尼禄的高官, 但最终失宠, 自杀身亡。作为皇帝宠臣的成功生涯所需要的观点似乎与斯多亚主义的美德不相容。

[31] 自杀: Diogenes Laertius vii. 130; Cicero, *De Finibus* iii. 60-61。

[32] 情感: Cicero, *Tusculan Disputations* iv. 28-32; *De Finibus* iii. 35; Epictetus, *Enchiridion* 5。

[33] 同情: Lactantius, *Divinae Institutiones* vi. 10; Milton, *Paradise Regained* iv. 299-308。

[34] 普遍的自然: Diogenes Laertius vii. 87-89; Cicero, *De Finibus* iii. 31, iv. 14。扮演某人的角色: Cicero, *Tusculan Disputations* i. 118; Epictetus, *Enchiridion* 17; Marcus Aurelius, ii. 9。

[35] 命运: Seneca, *Epistles* 107. 10。

[36] 宙斯的意志: Plutarch, *De Stoicorum Repugnantiis* 1050a。

[37] 参见, 例如, 斯多亚派对占卜的辩护: Cicero, *De Divinatione* i. 82-87。

[38] 伊壁鸠鲁派的政治活动: Momigliano [1941]。斯多亚派: Brunt [1975], Sandbach [1975], ch. 9。

[39] Romans 1: 18-23; Acts 17: 27-28; Psalm 19: 1, 7; Justin, *Apology* ii. 10, 13。

[40] 圣安布罗斯的《论义务》(*De Officiis*) 是以西塞罗同名作品为蓝本的。

第十章 普罗提诺

[1] 安德罗尼库（Andronicus）：Plutarch, *Sulla* 26. 1-2; Strabo xiii. 1. 55。这两段文字都表明，他还试图区分亚里士多德著作中的真作与伪作；它们可能极大地夸大了在安德洛尼库版之前对亚里士多德的普遍的无知。他编辑的版本可能产生于公元前 40 年左右。亚里士多德著作的希腊评注：Sorabji [1990]。

[2] 晚期柏拉图主义：本书第六章第十九节。亚里士多德研究：本书第八章第一节；Merlan in Armstrong [1967], 114-123（极片面）。中期柏拉图主义：Dillon [1977]；较简短的，参见 Merlan in Armstrong [1967], ch. 4; Wallis [1972], ch. 2。

[3] Porphyry, *Life of Plotinus* 14（参见 Armstrong [1966]，唯一可靠的英译本）。对普罗提诺的简短论述：Armstrong [1967], chs. 12-16; Wallis [1972], ch. 3; Emilsson in Everson [1991], ch. 8; O'Meara [1993]。

[4] 本体：v. 2. 1。晚期希腊哲学中的 *hupostasis* 大致与亚里士多德（参见第七章第四节）中的 *ousia*（实体）意思相同，但在某些语境中，它变得更加专门化。关于普罗提诺的使用，参见：Atkinson [1983], 55-58。我用首字母大写表示普罗提诺的本体（Hypostases）的名称，在关于一般的灵魂而非在其特定的普罗提诺的角色等的评论中使用首字母小写。

[5] 两条道路：Plato, *Rep.* 518b-c, 532a-b。

[6] 引回到"太一"：v. 1. 1. 23-25; Porphyry, *Life of Plotinus* 2. 26-27。

[7] 只有三个本体：ii. 9. 2-3。

[8] 质料与变化：ii. 4. 1. 1-2; ii. 4. 6. 14-20; ii. 4. 8; ii. 4. 10-12; iii. 6. 6-7。

[9] 基体与属性：ii. 4. 6。

[10] 质料与感觉：v. 5. 1. 17-20; iii. 6. 7. 33-41; iii. 6. 13. 38-55。参见 Berkeley, *Siris* § 316（普罗提诺的几处有利参考之一）；Sorabji [1983], 290-294。

[11] 德谟克利特：本书第四章第五节。

[12] 质料的地位：i. 4. 14; ii. 4. 16. 3; ii. 5. 4. 11-12; ii. 5. 5. 25-26。

[13] 美：Plato. *Symposium* 210-211（参见本书第六章第十五节）；Plotinus i. 6, esp. i. 6. 2. 17-18。

[14] 形式与灵魂：ii. 6. 2. 14-15; ii. 7. 3。

[15] 柏拉图论灵魂：本书第六章第十一节。

[16] 一个灵魂中的经验：iv. 9. 2; iv. 8. 3-4; iv. 3. 6. 15-17。

[17] 时间、变化与灵魂：iii. 7. 11. 43-45; iii. 7. 11. 58-59; iii. 7. 13. 23-30。对比 Plato, *Timaeus* 37d-38b。普罗提诺正确地假设，由于我们经验的时间顺序，我们开始意识到时间；我们可以通过比较我们经验的序列和其他规律性变

化的序列——时钟或天体的运动——来计算某事物需要多少时间。但他似乎从这些是我们时间意识的条件,论证出它们是时间存在的条件。这个论证是站不住脚的。参见 Sorabji [1983], ch. 6。尽管如此,普罗提诺可能有权宣称,一旦我们不相信物质宇宙的实在性,我们就没有任何理由相信时间的实在性。

[18] 理型与理智:Plato, *Parmenides* 132b-c; Plotinus v. 5. 1. 42-49; v. 4. 2. 44-48; v. 6. 1; v. 9. 5. 10-20; v. 9. 6. 1-3。

[19] 理智依赖于理型:v. 5. 2. 1-12; v. 9. 5. 14-19; v. 9. 5. 29-35; vi. 5. 7. 1-6; vi. 5. 10. 38-42。回忆:参见本书第六章第三节。

[20] 多元性:v. 3. 11。

[21] 直觉知识:i. 8. 2. 8-20; iv. 4. 12. 1-30; iii. 7. 3. 16-18; vi. 9. 4. 1-11; Sorabji [1983], 152-156。普罗提诺从柏拉图《理想国》511c-d 中引申出这一对比,尽管这可能不是柏拉图的本意,参见本书第六章第八节。

[22] 太一:v. 3. 12; vi. 8. 8. 12-19; vi. 9. 5. 24-46。参见 Plato, *Parmenides* 137c-142a。超越存在的善:v. 5. 6. 8-22; vi. 7. 21-22。参见 Plato, *Rep.* 509b。关于新柏拉图主义对《理想国》和《巴门尼德篇》的解释,参见 Dodds [1928], Hardie [1936], 112-130。

[23] 理智及其对象:v. 5. 1. 51-69。

[24] 爱与美:i. 6. 6. 13-33; i. 6. 7。参见阿里斯托芬的幽默暗示:Plato, *Symposium* 190c-192e。普罗提诺比柏拉图更认真地对待与爱的对象结合的欲望。贝克莱:*Siris* § 358。

[25] 流溢:iii. 2. 1. 20-27; iv. 3. 9. 14-19; v. 1. 6. 19-25; iii. 8. 10; v. 1.6. 28-40。

[26] 太一、理智、灵魂:ii. 9. 3. 8; v. 1. 6. 38-40; v. 1. 7. 5-8; ii. 9. 1; v. 1. 7. 39-48。

[27] 鲁莽:v. 1. 1. 4-9; iii. 7. 11. 14-19; iv. 8. 4. 10-22。灵魂的这些活动本身不能轻易地被归于普罗提诺的本体本身(因此我没有将"灵魂"的首字母大写)。然而,从事这些活动的灵魂也不能完全脱离本体,这大概是本体的一个方面。普罗提诺观点中更多的模糊之处在这里出现。

[28] 自我主张(Self-assertion):iv. 8. 5; v. 8. 6; iv. 3. 13。在阐述关于灵魂"堕落"这个难题时,普罗提诺引用了柏拉图。因为柏拉图似乎把灵魂的具身视为一种令人遗憾的囚禁,并将其视为宇宙的智慧的和仁慈的设计的一部分(iv. 8. 1. 27-51)。

[29] 质料与恶:ii. 4. n. 16-25; i. 8. 3. 31-40; i. 8. 14. 41-50。

[30] 身体的影响:v. 1. 1. 1-23。

[31] 质料与恶:iii. 2. 2. 1-45; ii. 3. 18; i. 8. 7; i. 8. 15. 1-9。斯多亚派:本书第九章第四节。诺斯替派坚持宇宙论上的二元论;有些人把恶的力量等同于

《旧约》中的上帝，也有的等同于柏拉图的匠神，而把善的力量等同于《新约》中的上帝。他们诉诸柏拉图《斐多篇》中明显的彼岸世界，以支持他们自己对感性世界的攻击（ii. 9. 6. 10-28）。普罗提诺诉诸《蒂迈欧篇》，认为他们完全误解了柏拉图（ii. 9. 6. 43-53）。关于诺斯替主义，参见 *ODCC* s. v.; Armstrong [1967], 243-245。

[32] 对整体的关注：iii. 2. 14. 7-20; iii. 2. 16. 28-52; iii. 2. 15。又见 Plato, *Laws* 817b-d; Marcus Aurelius xii. 36。

[33] 责备：iii. 2. 16. 1-11。斯多亚派：本书第九章第五节。

[34] 灵魂与理智：iv. 8. 8; v. 1. 10. 5-18; vi. 2. 22. 28-33; i. 4. 10. 24-34。

[35] 身体与灵魂：iv. 4. 18. 8; iv. 7. 8(5); iv. 7. 8(4). 14; iv. 7. 9-10; iv. 3. 20。

[36] 身体"影响"灵魂：i. 8. 15. 13-28; iv. 3. 26. 1-14; iii. 6. 1. 1-24; iii. 6. 3. 1-25; iii. 6. 4. 1-37。参见本书第九章第三节。"我们"：i. 1. 7. 7-24; i. 1. 9-10; ii. 3. 9. 11-32; vi. 4. 14. 16-31; iv. 4. 18. 11-21。

[37] 依附于身体：i. 1.9. 1-16; iii. 6. 2. 22 33, 54-68。美德：i. 1. 10. 11-14; i. 2. 2-3; i. 2. 6. 12-28; i. 6. 6（参见 Plato, *Phd.* 69b-c）。

[38] 沉思：i. 4. 7-10。参见本书第七章第十四节。外部伤害：i. 4. 13-14。

[39] 脱离身体：ii. 9. 15. 34-40; ii. 9. 18. 1-14。

[40] 责任：iii. 1. 7; iii. 1. 10. 4-15; iii. 2. 10; iii. 2. 17. 13-17。参见本书第八章第八节、第九章第五节。

[41] 斐洛与基督教思想：Chadwick in Armstrong [1967], chs. 8-11。

第十一章　基督教和希腊思想

[1] 斯多亚派的影响，参见 Ecclesiastes; Wisdom 7:22-8:10; 9:9; 11:17; 4Maccabees 1:1-3:18, 13:1-18。(4 Maccabees 在 RSV 中最易获得。) 斐洛：本书第十章第十节。尽管许多虔诚的犹太人抵制与希腊世界的任何文化或宗教上的同化（参见 1 Maccabees 1:1-2:42），但犹太思想家继续部分地用希腊术语思考，一些非犹太人对犹太教感兴趣，有时足够强烈的兴趣导致他们的皈依。参见 Acts 6:1, 9; 8:27-40; John 12:20。保罗在非犹太人的塔尔苏斯城和耶路撒冷接受了犹太教律法教育（参见 Philippians 3:5）。参见 Momigliano in Finley [1981], ch. 11。

早期教会史：Chadwick [1967]。有用的资料集：Barrett [1956]; Stevenson [1957]; Bettenson [1963]。*ODCC* 非常有用。最常用的《圣经》译本是 RSV 和 NEB（包含经外书的版本，对此见 RSV 引言或 *ODCC*）。

[2] 保罗：1 Corinthians 1. 23-24。一种怀疑主义的希腊观：Lucian, *De Morte Peregrini* 13。基督徒的回应：Justin, *Apology* i。律法和先知：Matthew 5:17。

[3] 德尔图良: *De Praescriptione Haereticorum* 7。奥利金: *contra Celsum* iii. 38, 44（附有奥利金的答复）。进一步可参见 Armstrong in Finley [1981], ch. 12。

[4] Suetonius, *Claudius* 25（对比 Acts 18:2）可能暗示公元 49 年罗马就有基督徒。他们肯定在 64 年罗马大火后受到尼禄的迫害（Tacitus, *Annals* xv. 44），而且基督教的传统强调，圣彼得和圣保罗在这场迫害中死去（Eusebius, *Ecclesiastical History* ii. 25）。保罗论基督的教导: 1 Corinthians 7:10-12, 25; 11:25; 15:3。

[5] 传统中将圣马可描述为"彼得的解释者"（Eusebius, *Ecclesiastical History* ii. 39），意味着马可至少在公元 66 年之前为他的书获得了一些材料。圣路加的书《使徒行传》（Acts of Apostles，希腊语中没有定冠词）可能是在保罗死前写成的（其中没有提到保罗的死，但如果路加知道保罗的死的话，应该提一下）；在序言中，路加提到了他对基督生平和教导的记述（Acts 1:1）。

[6] 《约翰福音》必定在公元 2 世纪初已经存在，可能是福音书的莎草纸残篇的年代（这也是已知最早的《新约》抄本，参见 *ODCC* s. v. Rylands）。关于《新约》经典的形成，参见 Eusebius, *Ecclesiastical History* iii. 24-25。

[7] 礼拜: Justin, *Apology* i. 65-67。教义与牧师: Clement, *1 Corinthians* i. 44. 1; Eusebius, *Ecclesiastical History* iv. 22. 2-3。米兰赦令: Lactantius, *De Mortibus Persecutorum* 48。关于所谓的"尼西亚信经"（可能源于 381 年），参见: *ODCC* s. v.。

[8] 基督教的布道: Acts 3:12-26; 7:2-53; 10:34-43。先知: Isaiah 1:10-20; Amos 5:18; Joel 1:14-22; Malachi 4:1-6; Luke 3:7-17。

[9] 仪式冒犯: 参见《伊利亚特》和埃斯库罗斯《阿伽门农》的开篇; I Samuel 13:8-14; 14:37-45; 15:9-35。与仪式冒犯对立的道德冒犯: Hosea 6:6; Micah 6:6-8; Jeremiah 7:22-23; Isaiah 1:11-15; Amos 2:6-7; Psalms 40:6-8; 50:7-23; 51:16-19。参见本书第五章第五节。

[10] 道德律的优先性: Matthew 15:1-20; Luke 6:1-11, 11:42; Matthew 22:35-40; Luke 10:27; Leviticus 19:18; Deuteronomy 6:5。

[11] 耶稣: Matthew 19:1-22; Mark 2:15-17; Luke 18:9-14。保罗: Philippians 3:6; 1 Timothy 1:15; Romans 3:23。（NEB 对于阅读保罗书信特别有用，尽管不如 RSV 那样贴近希腊原文）。

[12] 完美: Matthew 5:21, 27, 31, 33, 38, 43, 48。

[13] 爱邻人: Leviticus 18:9; Luke 10:36-37。心肠刚硬: Matthew 19:9; Romans 7:12。

[14] 对完美的要求：Matthew 19:21。当保罗根据"不可贪恋"的命令衡量自己时，他想到的是基本原则，而不是十诫中体现的更方便的规则，对比 Romans 7:7 和 Exodus 20:17。

[15] 罪的意识：Romans 3:20; Luke 18:9。

[16] 撒旦：Milton, *Paradise Lost* i. 258-263；对比 Augustine, *Confessions* ii. 6。Plato, *Gorg*. 483e-484a 或许是最贴切的预示。

[17] 称义（即无罪）：Romans 8:3-4。洗礼：John 3:3; Romans 6:3; 2 Corinthians 5:17。圣体圣事：John 7:53。救赎：Romans 3:24-25。

[18] 道德操守：Hebrews 4:15；2:18；对比 Luke 4:1-13。

[19] 新的创造：2 Corinthians 5:17。圣灵：John 3:5; Romans 8:5。意志和行动：Philippians 2:12。

[20] 骄傲：Romans 3:27。恩典和信心：3:24, 28; 7:24。

[21] 参见《罗马书》6:1："我们要留在罪中，好使恩典倍增吗？"

[22] 完美：Matthew 5:48; 19:21; 1 Corinthians 9:24-27; Philippians 4:12-16。失败：Luke 17:7-10。希望：Ephesians 2:12。爱与律法：Romans 13:8-10。

[23] 神的丰盛：Colossians 1:17, 19; 2:9。神的道：John 1:1-14; 1 John 1:1-10。上帝的道通过他明确的命令创造了天地（Psalms 33:6; 104:7）。斯多亚派认为逻各斯不是一系列明确的命令，而是维持世界秩序的内在理性。参见本书第九章第四节。这种斯多亚派的观点影响了 Wisdom 7:22-28:1, 9:1-2, 11, 17-20。圣约翰结合了这些不同的逻各斯概念。弥赛亚：Mark 1:34, 43; 5:19, 43; 7:36; 8:30; John 6:14-15; Luke 24:21。上帝之子：Matthew 4:3, 16:16; Mark 14:61; Luke 22:70。最强烈的主张：Mark 2:7; John 8:58（对比 Exodus 3:14）；14:9。

[24] 顺从：2 Corinthians 5:19。倒空：Philippians 2:7。

[25] 圣灵：John 14:16。圣灵的活动：Genesis 1:1; John 3:5-8。斯多亚派：本书第九章第三节。

[26] *Hupostasis*（本体）与 *ousia*（实体）：本书第十章第二节。三位一体：Kelly [1977], chs. 9-10; Prestige [1952], chs. 8-11。争论：Stevenson [1957], 340-68。

[27] 奥古斯丁：*De Trinitate* ix. 1-8, x. 17-19。

[28] 查尔西登：Bettenson [1963], 73。

[29] 关于奥古斯丁，参见 Chadwick [1986]; Markus in Armstrong [1967], chs. 20-27。Bourke [1974] 是有用的选集。

[30] 临终洗礼：*Confessions* i. 11。《圣经》：iii. 5。

[31] 破坏者：iii. 3。西塞罗：iii. 4。摩尼教徒：iii. 6。这个教派（据说是由 3 世

纪的波斯圣人摩尼创立）认为自己是比"半基督徒"（他们这样称呼普通天主教徒）更真实的基督徒（Augustine, *contra Faustum* i. 3）。他们延续了诺斯替主义的一些主题。参见本书第十章第十节。斯多亚学派：本书第九章第四节。

宇宙论上的二元论可以追溯到阿那克西曼德和其他前苏格拉底哲学家中对立面的斗争，以及早期的伊朗资料。它在《旧约》或《新约》中并不突出（参见 Genesis 3:4; Job 1:6-13; Daniel 10:13; Jude 9; Revelation 12:7）。但它可能很容易吸引基督徒，参见弥尔顿《失乐园》中的撒旦。

[32] 回收光的摩尼教饮食：iii. 10。
[33] 松懈：v. 7, 10。对摩尼教信仰的批判：iv. 3, v. 3-7, vii. 6（占星术）。尼布里迪乌斯：vii. 2; Augustine, *Acta cum Felice* ii. 22。不可败坏：vii. 4。对比 Isaiah 40:28。
[34] 上帝作为物质实体：v. 10, vi. 3。道成肉身：v. 10。米兰的主教圣安布罗斯教导奥古斯丁，以寓言的意义、"从属灵的角度"解释《旧约》，以避免其中一些更粗糙的表面含义（v. 14）。可能他向奥古斯丁介绍了由维克托利奴斯（Victorinus）翻译成拉丁文的"柏拉图主义者（即新柏拉图主义者）的书"（vii. 9, viii. 3）。普罗提诺和柏拉图：Augustine, *contra Academicos* iii. 41。
[35] 与三位一体的对应不可能严格；一个正统的基督徒很难会说第二人称和第三人称在某种程度上是虚幻的，或者最终不如第一人称真实。
[36] 自然的恶：vii. 13。恶的意志：vii. 16。
[37] 道成肉身：vii. 9。保罗：vii. 21。神秘主义：vii. 17, ix. 10。谦卑：vii. 18。
[38] 道德命令：viii. 12; Romans 13:13。
[39] 巴门尼德，参见 DK 28 B 7。赫拉克利特：本书第三章第九节。奥古斯丁论理性与信仰：vi. 4, vi. 5, vii. 5, viii. 1, viii. 7。

参考文献

这只是在注释中所引用作品的一个列表。关于某些特定主题的、更为详细的延伸阅读建议，在注释中都已给出。

作者名字之后的日期用来表示作品的初版时间；所引作品均来自那些最容易找到的资料，人们可以从这些资料中发现这些作品的初始出版地。

在注释中，那些由多位作者合著的作品，只标注了其中的一位作者。

译文和版次均列于古代作者的名下。

Ackrill [1963]: *see* Aristotle.

Ackrill, J. L. [1981] *Aristotle the Philosopher*, Oxford.

Adkins, A. W. H. [1960] *Merit and Responsibility*, Oxford.

Adkins, A. W. H. [1971] 'Homeric values and Homeric society', *Journal of Hellenic Studies*, 91 (1971), 1-14.

Aeschylus, tr. in *Complete Greek Tragedies*, D. Grene and R. Lattimore eds.,4 vols., Chicago,1959.

Alexander, tr. R. W. Sharpies, *Alexander of Aphrodisias on Fate*, London,1983.

Annas, J. [1981] *An Introduction to Plato's Republic*, Oxford.

Annas, J. [1993] *The Morality of Happiness*, Oxford.

Annas [1994]: *see* Sextus.

Annas, J., and Barnes, J. [1986] *The Modes of Scepticism*, Cambridge.
Aristophanes, *Clouds*, tr. and ed. A. H. Sommerstein, Warminster, 1982.
Aristotle, *Works of Aristotle* (complete tr.), ed. J. Barnes, 2vols., Princeton,1984.
Aristotle, *Athenian Constitution*, tr. and ed. J. M. Moore, in *Aristotle and Xenophon on Democracy and Oligarchy*, 2nd edn., London, 1983.
Aristotle, *Athenian Constitution*, ed. P. J. Rhodes, Oxford,1982.
Aristotle, *Categories and De Interpretatione*, tr. and ed. J. L. Ackrill, Oxford,1963.
Aristotle, *Nicomachean Ethics*, tr. T. Irwin, Indianapolis,1985.
Aristotle, *Physics i-ii*, tr. and ed., W. Charlton, Oxford, 1970.
Armstrong [1966]: *see* Plotinus.
Armstrong, A. H., ed. [1967] *The Cambridge History of Later Greek and Early Mediaeval Philosophy*, Cambridge.
Atkinson, M. J., ed. [1983] *Plotinus: Ennead v I*, Oxford.
Augustine, *The Essential Augustine* (selections), tr. and ed. V. J. Bourke, Indianapolis, 1974.
Augustine, *Confessions*, tr. E. B. Pusey, London, 1907.
Austin, M. M. [1981] *The Hellenistic World*, Cambridge.
Barnes, J. [1979] *The Presocratic Philosophers*, 2 vols., London.
Barnes [1984]: *see* Aristotle.
Barnes, J. [1987] *Early Greek Philosophy* (tr.), Harmondsworth.
Barnes, J., Schofield, M., and Sorabji, R., eds. [1975] *Articles on Aristotle*,4 vols., London, 1975–1979.
Barnes, J., Burnyeat, M. P., and Schofield, M., eds. [1980] *Doubt and Dogmatism*, Oxford.
Barnes, J., and Griffin, M., eds. [1989] *Philosophia Togata*, Oxford.
Barrett, C. K., ed. [1956] *The New Testament Background*, London.
Bentham, J. [1839] *Deontology*, ed. A. Goldworth, Oxford, 1983.
Berkeley, G., *Siris*, in *Collected Works*, A. A. Luce and T. E. Jessop, eds.,vol. 5, Edinburgh, 1953.
Bettenson, H., ed.[1963] *Documents of the Christian Church,*2nd edn., Oxford.
Boardman, J., Griffin, J., and Murray, O., eds. [1986] *Oxford History of the Classical World*, Oxford.
Bostock, D. [1986] *Plato's Phaedo*, Oxford.
Bourke [1974]: *see* Augustine.
Bowra, C. M. [1972] *Homer*, London.

Brunt, P. A. [1975] 'Stoicism and the Principate', *Papers of the British School at Rome,* 43 (1975), 7-35.

Brunt, P. A. [1963] Introduction, in *Thucydides* (tr. B. Jowett, ed. Brunt), New York.

Burkert, W. [1985] *Greek Religion,* Oxford.

Chadwick, H. [1967] *The Early Church,* Harmondsworth.

Chadwick, H. [1986] *Augustine,* Oxford.

Charlton [1970]: *see* Aristotle.

Clarke, M. L. [1956] *The Roman Mind,* London.

Cohen, M. R., and Drabkin, I. E., eds. [1958] *A Source Book in Greek Science,* Cambridge, Mass.

Crombie, I. M. [1964] *Plato: the Midwife's Apprentice,* London.

Cross, L. L., and Livingstone, E. A., eds. *Oxford Dictionary of the Christian Church,* 2nd edn. (revised), Oxford, 1983.

Cross, R. C., and Woozley, A. D. [1964] *Plato's Republic*, London.

Davies, J. K. [1978] *Democracy and Classical Greece*, London.

De Ste Croix, G. E. M. [1972] *The Origins of the Peloponnesian War*, London.

De Ste Croix, G. E. M. [1977] 'Herodotus', *Greece and Rome*, 24 (1977), 130-148.

De Ste Croix, G. E. M. [1981] *The Class Struggle in the Ancient Greek World*, London.

Descartes, R., Meditations, in *Philosophical Writings of Descartes*, tr. J. Cottingham et al. (2 vols., Cambridge, 1985).

Diels, H., and Kranz, W., eds., *Die Fragmente der Vorsokratiker*, 10th edn., Berlin, 1952.

Dijksterhuis, E. J. [1961] *The Mechanization of the World Picture*, Oxford.

Dillon, J. M. [1977] *The Middle Platonists*, London.

Dodds, E. R. [1928] 'The *Parmenides* of Plato and the origin of the Neoplatonic One', *Classical Quarterly*, 22 (1928), 129-142.

Dodds, E. R. [1951] *The Greeks and the Irrational*, Berkeley.

Dodds, E. R. [1973] *The Ancient Concept of Progress and Other Essays*, Oxford.

Everson, S., ed. [1990] *Companions to Ancient Thought, 1: Epistemology*, Cambridge.

Everson, S., ed. [1991] *Companions to Ancient Thought, 2: Psychology*, Cambridge.

Ferguson, W. S. [1911] *Hellenistic Athens*, London.

Fine, G. [1993] *On Ideas: Aristotle's Criticism of Plato's Theory of Forms*, Oxford.

Finley, M. I. [1968] *Aspects of Antiquity*, London.

Finley, M. I., ed. [1981] *New Legacy of Greece*, Oxford.

Furley, D. J. [1967] *Two Studies in the Greek Atomists*, Princeton.

Furley, D. J., and Allen, R. E., eds. [1970] *Studies in Presocratic Philosophy*, i, London.

Furley, D. J. [1987] *The Greek Cosmologists*, vol. 1, Cambridge.

Furley, D. J. [1989] *Cosmic Problems*, Cambridge.

Gallop [1975]: *see* Plato.

Gosling, J. C. B. [1973] *Plato*, London.

Grene [1959]: *see* Aeschylus.

Griffin, J. [1980] *Homer on Life and Death*, Oxford.

Guthrie, W. K. C. [1950] *The Greeks and their Gods*, London.

Guthrie, W. K. C. [1957] *In the Beginning*, London.

Guthrie, W. K. C. [1962] *A History of Greek Philosophy*, 6 vols., Cambridge, 1962–1981.

Hammond, N. G. L., and Scullard, H. H., eds., *Oxford Classical Dictionary*, 2nd edn., Oxford, 1970.

Hardie, W. F. R. [1936] *A Study in Plato*, Oxford.

Hardie, W. F. R. [1980] *Aristotle's Ethical Theory*, 2nd edn., Oxford.

Herodotus, tr. A. De Selincourt, Harmondsworth, 1954.

Hippocrates, tr. W. H. S. Jones (Loeb), 4 vols., London, 1923–1931.

Hippocrates, tr. *Hippocratic Writings*, ed. G. E. R. Lloyd, Harmondsworth,1978.

Hobbes, T. [1839] *Opera Latina*, ed. W. Molesworth, vol. 1, London.

Hobbes, T., *Leviathan*, London, 1651 (and many editions).

Hobbes [1975]: *see* Thucydides.

Homer, *Iliad*, tr. R. Lattimore, Chicago, 1951.

Homer, *Odyssey*, tr. R. Lattimore, New York, 1967.

Hume, D., *Inquiries concerning the Human Understanding and concerning the Principles of Morals*, ed. L. A. Selby-Bigge, 2nd edn., Oxford,1902.

Hume, D., *Dialogues on Natural Religion*, ed. N. Kemp Smith, Oxford, 1935.

Hussey, E. L. [1972] *The Presocratics*, London.

Hussey, E. L. [1985] 'Thucydidean history and Democritean theory', in *Crux*, R A. Cartledge and F. D. Harvey eds. (London, 1985), 118-138.

Inwood, B., and Gerson, L. P., tr.[1988] *Hellenistic Philosophy: Introductory Readings*, Indianapolis.

Irwin, T. H. [1988] *Aristotle's First Principles*, Oxford.

Irwin, T. H. [1995] *Plato's Ethics*, Oxford.

Jacoby, F., ed. [1923] *Die Fragmente der Griechischen Historiker*, Berlin and Leiden,

1923-1958.

Jebb, R. C. [1893] *The Attic Orators*, 2 vols., London.

Jones, A. H. M. [1940] *The Greek City*, Oxford.

Jones, A. H. M. [1957] *Athenian Democracy*, Oxford.

Jones, A. H. M. [1964] 'The Hellenistic age', *Past and Present*, 27 (1964), 1-22.

Kant, I., *Foundations of the Metaphysics of Morals*, tr. L. W. Beck, Indianapolis, 1959.

Kelly, J. N. D. [1977] *Early Christian Doctrines*, 5th edn., London.

Kemp Smith [1935]: *see* Hume.

Kirk, G. S., Raven, J. E., and Schofield, M. [1983] *The Presocratic Philosophers* (tr. and comm.), 2nd edn., Cambridge.

Kraut, R. [1973] 'Egoism, love, and political office in Plato', *Philosophical Review*, 82 (1973), 330-344.

Kraut, R. [1979] 'Two conceptions of happiness', *Philosophical Review*, 88 (1979), 167-197.

Kraut, R. [1984] *Socrates and the State*, Princeton.

Kraut, R. [1989] *Aristotle on the Human Good*, Princeton.

Kraut, R., ed. [1992] *Cambridge Companion to Plato*, Cambridge.

Lear, J. [1988] *Aristotle: the Desire to Understand*, Cambridge.

Levett [1990]: *see* Plato.

Lloyd, G. E. R. [1970] *Early Greek Science*, London.

Lloyd, G. E. R. [1973] *Greek Science after Aristotle*, London.

Lloyd [1978]: *see* Hippocrates.

Lloyd, G. E. R. [1979] *Magic, Reason and Experience*, Cambridge.

Lloyd-Jones, H. [1983] *The Justice of Zeus*, 2nd edn., Berkeley.

Long, A. A. [1970] 'Morals and values in Homer', *Journal of Hellenic Studies*, 90 (1970), 121-139.

Long, A. A. [1974] *Hellenistic Philosophy*, London.

Long, A. A., and Sedley, D. N. [1987] *The Hellenistic Philosophers*, Cambridge.

McDowell [1973]: *see* Plato.

McKirahan, R. D. [1994] *Philosophy before Socrates*, Indianapolis.

MacKenna [1962]: *see* Plotinus.

Macleod, C. W. [1983] *Collected Essays*, Oxford.

Milton, J., *Complete Poems and Major Prose*, ed. M. Y. Hughes, New York, 1957.

Momigliano, A. D. [1941] Review in *Journal of Roman Studies*, 31 (1941), 149-157.

Moore [1983]: *see* Aristotle.

Murray, O. [1980] *Early Greece,* London.
Nagel, T. [1979] *Mortal Questions,* Cambridge.
New English Bible with Apocrypha, Oxford and Cambridge, 1970.
New Oxford Annotated Bible with Apocrypha (Revised Standard Version), New York, 1977.
O'Meara, D. J. [1993] *Plotinus: an Introduction to the Enneads,* Oxford.
Pickard-Cambridge, A. W. [1968] *The Dramatic Festivals of Athens,* Oxford.
Plato, *Collected Dialogues* (almost complete tr.), E. Hamilton and H. Cairns, eds., Princeton, 1961.
Plato, *Euthyphro, Apology, Crito, Meno, Phaedo,* tr. G. M. A. Grube, Indianapolis, 1981.
Plato, *Gorgias,* tr. and ed. T. Irwin, Oxford, 1979.
Plato, *Phaedo,* tr. and ed. D. Gallop, Oxford, 1975.
Plato, *Republic,* tr. G. M. A. Grube, Indianapolis, 1974.
Plato, *Theaetetus,* tr. J. McDowell, Oxford, 1973.
Plato, *Theaetetus,* tr. M. J. Levett, ed. M. F. Burnyeat, Indianapolis, 1990.
Plotinus, tr. A. H. Armstrong, 7 vols., London, 1966–1988.
Popper, K. R. [1966] *The Open Society and its Enemies*, 2 vols., 5th edn., London (1966; 1st edn. 1944).
Prestige, G. L. [1952] *God in Patristic Thought,* 2nd edn., London.
Rhodes [1982]: *see* Aristotle.
Robinson, R. [1969] *Essays in Greek Philosophy,* Oxford.
Rorty, A. O., ed. [1980] *Essays on Aristotle's Ethics,* Berkeley.
Sambursky, S. [1960] *The Physical World of the Greeks,* 2nd edn., London.
Sandbach, F. H. [1975] *The Stoics,* London.
Sextus Empiricus, tr. R. G. Bury (Loeb), 4 vols., London, 1933–1949.
Sextus Empiricus, *Outlines of Scepticism,* tr. J. Annas and J. Barnes, Cambridge, 1994.
Sharpies [1983]: *see* Alexander.
Snell, B. [1953] *The Discovery of the Mind,* Oxford.
Sorabji, R. [1980] *Necessity, Cause, and Blame,* London.
Sorabji, R. [1983] *Time, Creation, and the Continuum,* London.
Sorabji, R., ed. [1990] *Aristotle Transformed,* London.
Sprague, R. K., ed. [1972] *The Older Sophists* (tr. and comm.), Columbia, S.C.
Stevenson, J., ed. [1957] *A New Eusebius,* London.
Taplin, O. [1978] *Greek Tragedy in Action,* London.

Thucydides, tr. R. Crawley, London, 1876.
Thucydides, tr. T. Hobbes, ed. R. Schlatter, New Brunswick, 1975.
Vlastos, G., ed. [1971a] *The Philosophy of Socrates,* Garden City.
Vlastos, G., ed. [1971b] *Plato,* 2 vols., Garden City.
Vlastos, G. [1973] *Platonic Studies,* Princeton.
Vlastos, G. [1975] *Plato's Universe,* Seattle.
Vlastos, G. [1991] *Socrates: Ironist and Moral Philosopher,* Cambridge.
Vlastos, G.[1994] *Socratic Studies,* Cambridge.
Vlastos, G. [1995] *Studies in Greek Philosophy,* 2 vols., Princeton.
Von Arnim, H., ed., *Stoicorum Veterum Fragmenta,* 4 vols., Leipzig, 1905–1924.
Walbank, F. W. [1981] *The Hellenistic World,* London.
Wallis, R. T. [1972] *Neoplatonism,* London.
West, M. L., ed. [1980] *Delectus ex Iambis et Elegis Graecis,* Oxford.
Williams, B. [1972] *Morality,* New York.
Witt, C. [1989] *Substance and Essence in Aristotle,* Ithaca.
Woodruff, P, and Gagarin, M., tr. [1995] *Early Greek Political Thought from Homer to the Sophists,* Cambridge.
Yeats, W. B., *Collected Poems,* London, 1950.

译者后记

牛津大学出版社于1966年开始出版一套大型平装本丛书，名为"牛津平装本大学文库"（Oxford Paperback University Series，简称OPUS），旨在"为人文科学领域的广泛主题提供简洁、原创和权威的引介"，由各个领域的顶级专家为普通读者和学生撰写，包括中国读者所熟悉的"过去的大师"（Past masters）系列等众多小巧精美、雅俗共赏的图书。OPUS在1988—2001年出版了一套全新的8卷本《西方哲学史》，卷次如下：

1. 《古典思想》（*Classical Thought*, Terence Irwin）
2. 《中世纪哲学》（*Medieval Philosophy*, David Luscombe）
3. 《文艺复兴哲学》（*Renaissance Philosophy*, B.P Copenhaver & C.B.Schmitt）
4. 《理性主义者》（*The Rationalists*, John Cottingham）
5. 《经验主义者》（*The Empiricists*, R.S.Woolhouse）
6. 《英语哲学》（1750—1945）（*English-Language Philosophy 1750—1945*, John Skorupski）
7. 《1750年以来的欧陆哲学》（*Continental Philosophy since*

1750, Robert C.Solomon）

8. 《当代哲学：1945 年以来的英语哲学》（*Contemporary philosophy: philosophy in English since 1945*, Thomas Baldwin）

牛津大学出版社显然很明智，因为时至今日，没有一位哲学家具备撰写一部从古希腊到当代的西方哲学史所需的全部知识，哪怕黑格尔或罗素再世，也无能为力。按编者的目标，这 8 卷本要以断代的方式为哲学史提供一个全面和最新的概述，不仅要将这些思想置于其直接的文化背景中，而且还要着眼于它们对于 20 世纪思想的价值和相关性；每卷部头都不大，200 页左右，深入浅出、言简意赅，可谓大师手笔。作者无疑都是各领域的权威学者，都和本卷的作者特伦斯·欧文一个级别。那么，欧文是什么级别呢？

特伦斯·欧文（Terence Irwin），1947 年生，本科在牛津大学学习古典学、哲学和古代史，1969—1973 年在普林斯顿大学跟随古希腊哲学大师弗拉斯托斯（Vlastos）完成博士学位论文（《柏拉图的道德理论》）并一举成名；历任哈佛大学助理教授（1972—1975）、康奈尔大学古典学和哲学讲席教授（1975—2007）、牛津大学哲学史教授（2007—2017）；他是美国艺术与科学院（American Academy of Arts and Sciences）和英国国家学术院（British Academy）双院院士。

欧文在古希腊哲学和伦理学史两个领域均有杰出贡献，代表作有《柏拉图的伦理学》（1995；中文版，陈玮、刘玮译，译林出版社，2021）、《亚里士多德的第一原理》（1988）和三大卷近 3000 页的皇皇巨著《伦理学的发展》（2007—2009）；他译注的柏拉图《高尔吉亚篇》（1979）和亚里士多德《尼各马可伦理学》

（1985）是无可替代的经典。当年他被导师弗拉斯托斯称赞对原始材料的掌握有着惊人的完备和准确，也是利用这一独特天赋，他还编著了古希腊哲学原著选读类型的书籍，例如《古典哲学读本》（1999；中文版，宋继杰、张凯译，商务印书馆，2023年即出），以及与夫人盖尔·法恩（Gail Fine）教授合编的《亚里士多德著作选》（1995）等。显然，欧文始终在"深究"和"普及"两个层次上奉献自己。

《古典思想》是适合初学者的最佳古代哲学史（茱莉亚·安娜斯的评论）。作为西方古代哲学的导论或简史，它的时间跨度从荷马到奥古斯丁，近1100年：把荷马史诗作为早期希腊哲学的背景介绍，以苏格拉底、柏拉图和亚里士多德为中心，但也关注前苏格拉底诸家和古代晚期主要的希腊化哲学流派（例如伊壁鸠鲁主义、斯多亚主义和普罗提诺的新柏拉图主义），最后以早期基督教神学及其"道成肉身"和"三位一体"教义的哲学意义结尾。但更重要的是，欧文在本书中显示出哲学问题意识的多样性和复杂性，从宇宙论、自然哲学、知识论、本体论、伦理学到政治哲学和神学，无所不包，所有讨论的理论都被视为对哲学的重要贡献，读者可以发现自己从头到尾都被哲学问题所吸引。（《古典哲学读本》中更是以哲学问题而非时间或人物、学派为次序编排章节）。所以，如果毫无哲学背景的读者被这本古代哲学史导论引向了哲学，那是一点儿也不稀奇的，或许这正是欧文的初衷。

我于2009—2010年赴牛津大学哲学系访学一年，其间最重要的事情就是每周五傍晚在赖尔会议室参加特伦斯·欧文和戴维·查尔斯（David Charles）共同主持的"古代哲学进展工作坊"，聆听来自世界各地的学者报告最新研究成果，大开眼界。欧文本人著述的新颖、精深与清晰令我叹服，回国后开设的本科新生古希腊哲学课程即以他的这本《古典思想》（通史性质的）和《古典哲学读本》（原著选读性质的）作为配套教材，长达 10 年之久，清华大学人文学院每年都有 30 余名学生从中受益。

因此，当我的同事张卜天教授为中信出版社策划相关丛书时，我大力推荐这本《古典思想》并有幸与他合译全书。他翻译了序言、第一章至第七章第十节，我翻译了第七章第十一节至第十一章、全书注释，并统校全书。感谢卜天的信任，合作非常愉快，我从他的译文中学到了很多东西，促使我修订了《古典哲学读本》中的很多译法。

最后，如果我们所译的这本《古典思想》能够成为这套《牛津西方哲学史》中文版的良好开端，那将是对欧文教授的最好回报，因为他的这本书在很大程度上为这套哲学史立下了标杆。

宋继杰

2023 年 6 月 11 日

于清华大学人文楼办公室